Nachhaltiger Tourismus an Nord- und Ostsee
Steuerungsnotwendigkeiten und -möglichkeiten der Landes- und Regionalplanung

AM Nr. 340
ISBN: 978-3-88838-340-3
ISSN 0946-7807
Alle Rechte vorbehalten • Verlag der ARL • Hannover 2008
© Akademie für Raumforschung und Landesplanung
Druck: poppdruck, 30851 Langenhagen

Bestellmöglichkeiten:
über den Buchhandel

VSB Verlagsservice Braunschweig GmbH
Postfach 47 38
38037 Braunschweig
Tel. (0 18 05) 7 08-7 09
Fax (05 31) 7 08-6 19
E-Mail: vsb-bestellservice@westermann.de
Onlineshop der ARL: www.ARL-net.de

Verlagsanschrift:
Akademie für Raumforschung und Landesplanung (ARL®)
Hohenzollernstraße 11, 30161 Hannover
Tel. (05 11) 3 48 42-0, Fax (05 11) 3 48 42-41
E-Mail: ARL@ARL-net.de
Internet: www.ARL-net.de

Akademie für Raumforschung und Landesplanung

ARBEITSMATERIAL DER ARL

Nachhaltiger Tourismus an Nord- und Ostsee

Steuerungsnotwendigkeiten und -möglichkeiten der Landes- und Regionalplanung

Götz von Rohr (Hrsg.)

Nr. 340　　　　　　　　　　　　　　　　　　　　　Hannover 2008

Autorinnen und Autoren
zugleich Mitglieder der Arbeitsgruppe
„Nachhaltige Tourismusentwicklung an Nord- und Ostsee"
der Landesarbeitsgemeinschaft Bremen, Hamburg, Niedersachsen,
Schleswig-Holstein

Baptista, Sonia Caroline, Projektkoordinatorin, Turist Marketing Sønderjylland, Åbenrå/ Dänemark

Burow, Beate, Dipl.-Geogr., Geschäftsführerin des Umweltrates Fehmarn, Burg, Geschäftsführerin der Arbeitsgruppe

Fuchs, Oliver, Dr.-Ing., Verwaltung des Niedersächsischen Landtags, Hannover, Korrespondierendes Mitglied der ARL

Hansen, Michael, Direktor der Turist Marketing Sønderjylland, Åbenrå/Dänemark

Helle, Rainer, Leiter des Tourismusreferats im Ministerium für Wissenschaft, Wirtschaft und Verkehr des Landes Schleswig-Holstein, Kiel

Homp, Catrin, Geschäftsführerin des Tourismusverbandes Schleswig-Holstein, Kiel

Kottkamp, Rainer, Dr., Leiter des Tourismusreferats im Wirtschaftsministerium Niedersachsen, Hannover

Liebrenz, Frank, Dipl.-Geogr., Referatsleiter, Abteilung Landesplanung und Vermessungswesen des Innenministeriums Schleswig-Holstein, Kiel, Korrespondierendes Mitglied der ARL

Péron, Hiltrud, Dipl.-Geogr., Fachbereich Planung und Bauordnung, Landkreis Friesland, Jever

Rohr, Götz von, Prof. Dr., Geographisches Institut, Christian-Albrechts-Universität Kiel, Ordentliches Mitglied der ARL, Leiter der Arbeitsgruppe

Schmidt, Carola, Dr., Amt für Raumordnung und Landesplanung Vorpommern, Greifswald, Korrespondierendes Mitglied der ARL

Scholich, Dietmar, Prof. Dr.-Ing., Generalsekretär der ARL, Hannover

Seitz, Annette, Dipl.-Ing., M.A., Metropolregion Bremen–Oldenburg im Nordwesten, Geschäftsstelle beim Landkreis Diepholz, Syke

Smit, Pieter, Direktor des VVV (Fremdenverkehrsverein), Ameland/Niederlande

Stellfeldt-Koch, Christina, Dipl.-Ing., M.A., Projektleiterin FORUM GmbH, Oldenburg

Stenert, Theodor H., Dipl.-Ing., Ministerialrat a. D., Oldenburg

Die Arbeitsgruppe hat die Entwürfe mehrfach mit den Autorinnen und Autoren und mit den LAG-Mitgliedern diskutiert (interne Qualitätskontrolle). Die von der Arbeitsgruppe verabschiedeten Beiträge wurden darüber hinaus vor der Veröffentlichung einer Evaluierung durch eine externe Fachbegutachtung unterzogen (externe Qualitätskontrolle) und nach Berücksichtigung der Empfehlungen der externen Begutachtung dem Sekretariat zur Drucklegung übergeben. Die wissenschaftliche Verantwortung für die Beiträge liegt allein bei den Autorinnen und Autoren.

Sekretariat der ARL: Prof. Dr.-Ing. Dietmar Scholich (ARL@ARL-net.de)

INHALT

Vorwort
Nachhaltige Tourismusentwicklung als Anforderung an Landes- und Regionalplanung – das Beispiel der deutschen Nordsee- und Ostseeküsten ... VI

Catrin Homp, Carola Schmidt, Annette Seitz, Christina Stellfeldt-Koch	Küstentourismus in Norddeutschland – Daten und Fakten	1
Götz von Rohr	Trends im touristischen Nachfrageverhalten in ihrer Bedeutung für die Nord- und Ostseeküste	18
Catrin Homp	Allgemeine Trends im touristischen Angebot am Beispiel von Schleswig-Holstein	28
Christina Stellfeldt-Koch, Annette Seitz	Ausgewählte Trends im küstentouristischen Angebot am Beispiel von Niedersachsen	41
Michael Hansen, Sonia Caroline Baptista	Tourismus im südlichen Jütland – Entwicklung, Ziele und Handlungsbedarfe	52
Pieter Smit	Tourismus auf den Westfriesischen Inseln – Entwicklung, Ziele und Handlungsbedarfe	61
Rainer Helle	Tourismusstrategie 2006 des Landes Schleswig-Holstein	67
Frank Liebrenz	Die Integration des Tourismus in die Landes- und Regionalplanung Schleswig-Holsteins	79
Hiltrud Péron, Rainer Kottkamp, Theodor Stenert	Die Integration des Tourismus in die Landes- und Regionalplanung in Niedersachsen	87
Carola Schmidt	Die Integration des Tourismus in die Landes- und Regionalplanung Mecklenburg-Vorpommerns	102

Nachhaltige Tourismusentwicklung an Nord- und Ostsee: Empfehlungen ... 113

Kurzfassungen/Abstracts ... 119

Vorwort

Nachhaltige Tourismusentwicklung als Anforderung an Landes- und Regionalplanung – das Beispiel der deutschen Nordsee- und Ostseeküsten

Der Tourismus spielt an der deutschen Nord- und Ostseeküste bei der Steuerung der Raumentwicklung durch die Landes- und Regionalplanung eine an Bedeutung zunehmende Rolle. Verantwortlich dafür ist, dass der Tourismus als Wirtschaftsbereich einer überdurchschnittlichen Dynamik unterliegt. Der Freizeitsektor ist ganz allgemein einem starken Wandel unterworfen, was die Konsumgewohnheiten, Angebotsformen und weltweiten Rahmenbedingungen von Freizeit und Urlaub betrifft.

Auch an der deutschen Nord- und Ostsee muss man darauf reagieren. Die Folge ist eine fast unüberschaubare Vielzahl touristischer Projekte, die mehr oder weniger ausgereift der Öffentlichkeit, der planenden Verwaltung, den finanzierenden Institutionen und der Landes- und Kommunalpolitik präsentiert werden. Diese Projekte werden fast ausschließlich in unmittelbarer Küstennähe und dabei sehr häufig außerhalb geschlossen bebauter Areale lanciert, betreffen also raumplanerisch extrem sensible Zonen, bei deren Beurteilung und planerischer Abwicklung hohe Sorgfalt gerade auch in der Rahmen setzenden Landes- und Regionalplanung erforderlich ist.

Eine zweite zentrale raumplanerische Aufgabe ergibt sich daraus, dass in den gewachsenen touristischen Zentren der Nord- und Ostseeküste Angebotsstrukturen bestehen, die sich über Jahrzehnte entwickelt haben, auch in Mecklenburg-Vorpommern nun schon bald über einen Zeitraum von 20 Jahren. Insbesondere in Schleswig-Holstein und Niedersachsen ist zu beobachten, dass Hotels und Pensionen, Kurinfrastruktureinrichtungen, Ladenzentren oder Straßenräume, aber auch das ganz allgemeine Ortsbild zu einem mehr oder weniger großen Teil eher den Anforderungen der 70er und 80er Jahre entsprechen. Hier besteht erheblicher Investitionsbedarf, der die Leistungsfähigkeit der Eigentümer vielfach überfordert. Eine zentrale Aufgabe der touristischen Entwicklungsplanung besteht also darin, tragfähige neue Projekte in die gewachsenen touristischen Zentren quasi hineinzuziehen, sie in den örtlichen Charakter zu integrieren und die Vorbildfunktion zur Attraktivitätssteigerung der Orte und insbesondere ihrer touristischen Hauptaufenthaltsbereiche zu unterstützen. Hier sind Landes- und Regionalplanung erneut in erheblichem Maße gefordert. Je konsequenter – und damit auch restriktiver – die Anforderungen an Projekte im Außenbereich in Verbindung mit Natur und Landschaftsschutz definiert werden, desto interessanter können Projekte innerhalb der touristischen Schwerpunktorte für Investoren werden.

Die kurz skizzierten Herausforderungen sind nur zu bewältigen, wenn die Grundsätze einer nachhaltigen Raumentwicklung sorgfältig beachtet werden:

Die touristische Attraktivität der Nord- und Ostseeküsten resultiert zu allererst aus den natürlichen Gegebenheiten. Die Küsten sind jedoch ökologisch besonders sensibel. Die gesamte Nordseeküste steht als Nationalpark Wattenmeer unter konsequentem Naturschutz. Auch große Teile der mecklenburg-vorpommerschen Ostseeküste gehören dem Nationalpark Vorpommersche Boddenlandschaft, dem Nationalpark Jasmund, dem Biosphärenreservat Südost-Rügen und dem Naturpark Insel Usedom an. Allein dies stellt schon hohe Anforderungen an die Tourismusentwicklung.

Vorwort

Die Küstenregionen sind ökonomisch überwiegend, teilweise vollständig vom Tourismus abhängig. Ausbau und Modernisierung des Tourismus sind unstrittige Ziele, die mit den ebenfall nicht infrage zu stellenden Ziel der Bewahrung von Natur und Landschaft und damit zu wesentlichen Teilen der touristischen Attraktivität abzugleichen sind. Bisher kann davon ausgegangen werden, dass die Investoren die Notwendigkeit dieses Ausgleichs voll akzeptieren, da sie weit überwiegend in den Küstenregionen sozial verankert sind. Für die hinter den zahlreichen aktuellen Großprojekten stehenden Investoren und Entwickler gilt dies jedoch nur noch sehr eingeschränkt.

Die einheimische Bevölkerung identifiziert sich mit „ihren" küstennahen Kulturlandschaften in der Regel in einer Weise, die abwehrend auf große und kleine Eingriffe nicht nur in die Außenbereiche, sondern auch in die gewachsenen Siedlungsstrukturen, beispielsweise in den alten Häfen oder an den Seepromenaden, reagiert. Die Einbindung der einheimischen Bevölkerung in die Entwicklung der Konzepte zur Förderung des Tourismus ist besonders wichtig, da die Zufriedenheit der Bürgerinnen und Bürger, die zugleich auch in vielfältigen Funktionen in unmittelbarem Kontakt mit den Gästen stehen, eine zentrale Voraussetzung für die erfolgreiche Umsetzung von Tourismuskonzepten ist.

Die Landesarbeitsgemeinschaft nordwestdeutscher Länder der Akademie für Raumforschung und Landesplanung hat deshalb im Jahre 2005 eine Arbeitsgruppe eingesetzt, die sich mit den Möglichkeiten und Chancen der landes- und regionalplanerischen Fundamentierung einer nachhaltigen Tourismusentwicklung an Nord- und Ostsee beschäftigt hat.

Auch wenn Mecklenburg-Vorpommern nicht zur Landesarbeitsgemeinschaft nordwestdeutscher Länder gehört, wurde es in Abstimmung mit dem Sekretariat bei der Bildung der Arbeitsgruppe a priori einbezogen, um die deutschen Küsten vollständig zu erfassen. Zugleich wurde der Blick auch über die Bundesgrenze hinweg auf die benachbarten Küstenregionen Dänemarks und der Niederlande gelenkt, um die dortige Entwicklung in die Diskussion einzubeziehen.

Der Aufbau des vorliegenden Bandes der Reihe „Arbeitsmaterial" der Akademie der Raumforschung und Landesplanung ist leicht nachvollziehbar. Nach der einführenden Überblicksanalyse der Tourismusentwicklung in Schleswig-Holstein, Niedersachsen und Mecklenburg-Vorpommern (Catrin Homp) folgen drei Beiträge, die sich mit den aktuellen Trends der touristischen Nachfrage (Götz v. Rohr) und des Angebots (Catrin Homp und Annette Seitz/Christina Stellfeldt-Koch) mit spezieller Blickrichtung auf die Situation an den deutschen Küsten beziehen. Zwei weitere Beiträge setzen sich mit den Trends in Nachfrage und Angebot im südlichen Jütland (Michael Hansen/Sonja Caroline Baptista) und auf den westfriesischen Inseln (Pieter Smit) auseinander.

Um den landes- und regionalplanerischen Handlungsbedarf und die resultierenden Steuerungsnotwendigkeiten und -möglichkeiten zu fundieren, sind die Ziele und Konzepte der Tourismuspolitik der Länder zu beachten. Diese Thematik wird im Beitrag von Rainer Helle am Beispiel von Schleswig-Holstein aufgegriffen, da dieses Land im Jahre 2006 eine neue Tourismuskonzeption entwickelt und der Öffentlichkeit vorgestellt hat. Einen darauf aufbauenden weiteren Hauptteil bilden die drei nebeneinander stehenden Beträge zur Integration des Tourismus in die Landes- und Regionalplanung in den Ländern Schleswig-Holstein, Niedersachsen und Mecklenburg-Vorpommern (Frank Liebrenz, Rainer Kottkamp/Hiltrud Péron/Theodor Stenert und Carola Schmidt). Darin werden zum einen jeweils die raumplanerische Ausgangssituation sowie die konkrete Berücksichtigung des Tourismus in der Landes- und Regionalplanung dargestellt. Zum

Vorwort

anderen wird das integrierte Küstenzonenmanagement als Handlungsrahmen für die Entwicklung eines nachhaltigen Tourismus im Küstenraum beschrieben.

Der Band schließt mit konkreten Empfehlungen zur Berücksichtigung der Belange des Tourismus in Landes- und Regionalplanung, wie sie aus den Arbeitsergebnissen abgeleitet werden können.

Auch an dieser Stelle sei allen Arbeitsgruppenmitgliedern und Autorinnen/Autoren ganz herzlich für ihre konstruktive Mitarbeit gedankt.

Götz von Rohr, Kiel

Catrin Homp, Carola Schmidt, Annette Seitz, Christina Stellfeldt-Koch

Küstentourismus in Norddeutschland – Daten und Fakten

1 Wirtschaftliche Bedeutung des Tourismus in den Küstenländern

2 Entwicklung der touristischen Nachfrage

3 Angebotsentwicklung im Tourismus der Küstenländer

4 Ausblick

5 Zusammenfassung

Literatur

1 Wirtschaftliche Bedeutung des Tourismus in den Küstenländern

Der Tourismus hat sich in den Küstenländern Mecklenburg-Vorpommern, Niedersachsen und Schleswig-Holstein zu einem wichtigen Wirtschaftsfaktor entwickelt. Er trägt in hohem Maße zu Einkommen und Beschäftigung in den Ländern bei. Immer noch wird an manchen Stellen die Bedeutung des Tourismus verkannt; nicht nur die Hoteliers, Privatvermieter und Gastronomen profitieren vom Tourismus, auch Handel, Dienstleistungsunternehmen, Verkehrsunternehmen und nachgelagerte Unternehmen, z. B. aus der Baubranche, generieren direkt oder indirekt Umsätze aus dem touristischen Geschehen. Diese Aussagen werden in den nachfolgenden Abschnitten dieses Kapitels belegt.

Mecklenburg-Vorpommern, Niedersachsen und Schleswig-Holstein nehmen seit Jahren Spitzenplätze unter den Urlaubszielen der Deutschen ein. Die Reiseanalyse 2007 der F.U.R. weist für die norddeutschen Destinationen bezogen auf alle inländischen und ausländischen Urlaubsreisen (ab fünf Tagen Dauer) im Inland die Plätze zwei bis vier nach Bayern (Bayern: 6,7 %, Mecklenburg-Vorpommern: 5,1 %, Schleswig-Holstein: 4,7 %, Niedersachsen: 4,1 %, vgl. Abb.1) aus. Setzt man die Zahlen für die norddeutschen Länder in Relation zu den 32,1 %, die für Deutschland ermittelt wurden, kommt man zu dem Ergebnis, dass 43 % aller inländischen Reisen der Deutschen im Jahr 2006 in die norddeutschen Küstenflächenländer führten.

Abb. 1: Reiseanalyse 2007: ausgewählte Urlaubsziele 2006 (alle Urlaubsreisen = 100 %)

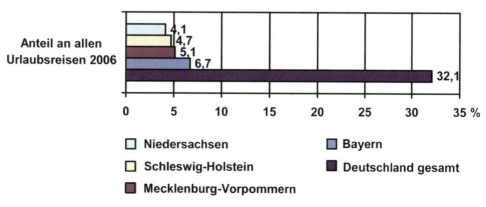

Quelle: F.U.R.

Einen ersten Überblick über die Anzahl der Gäste in einer Destination bieten die Erhebungen der statistischen Ämter auf Landes- bzw. Bundesebene. Alle gewerblichen Betriebe mit mehr als neun Betten sind im Rahmen dieser Erfassung meldepflichtig. Tabelle 1 zeigt den Vergleich der drei norddeutschen Küstenbundesländer in gewerblichen Betrieben unterteilt nach der Anzahl der Ankünfte und Übernachtungen. Niedersachsen ist demnach unter den Küstenbundesländern das übernachtungsstärkste.

Tab.1: Datenlage nach Erhebungen des statistischen Bundesamtes
Übernachtungen in gewerblichen Betrieben ≥ 9 Betten inkl. Touristikcamping

2006	Ankünfte	Übernachtungen
Mecklenburg-Vorpommern	6,0 Mio.	24,8 Mio.
Niedersachsen	10,6 Mio.	34,9 Mio.
Schleswig-Holstein	5,3 Mio.	23,0 Mio.

Quelle: Statistisches Bundesamt, Werte gerundet

Die statistisch erfassten Übernachtungen bilden lediglich einen Teil des Gesamtmarktes ab. Durch die Untersuchungen des Deutschen Wirtschaftswissenschaftlichen Instituts für Fremdenverkehr e. V. an der Universität München dwif-Consulting GmbH[1] im Rahmen der Erhebungen zu den einzelnen Tourismusbarometern liegen methodisch einheitlich erfasste Daten für den sogenannten „Grauen Beherbergungsmarkt" vor. Mit diesem Begriff bezeichnet das Tourismusbarometer all die Übernachtungsadressen, die von der amtlichen Statistik (nur Betriebe mit mindestens 9 Betten) nicht erfasst werden: Privatzimmer und Ferienwohnungen gehören dazu, Gästebetten bei Verwandten und Bekannten und auch die Freizeitwohnsitze, die Zweitwohnungen, Teile des Campingmarktes. Für die Länder Mecklenburg-Vorpommern und Schleswig-Holstein wurden in den vergangenen Jahren bereits alle Segmente – allerdings nicht alle im gleichen Jahr – erfasst, für Niedersachsen wurden die Zahlen für Verwandten- und Bekanntenbesuche erstmals im Tourismusbarometer 2006 erhoben.

Tab. 2: Datenlage in den Küstenländern inkl. des „Grauen Beherbergungsmarktes"

Übernachtungen	Mecklenburg-Vorpommern	Schleswig-Holstein	Niedersachsen
Gewerbliche Betriebe > 9 Betten (2006)	21,4 Mio.	19,9 Mio.	31,5 Mio.
Camping *)	8,7 Mio	15,5 Mio.	21,3 Mio.
Privatvermieter *)	4,2 Mio.	12,7 Mio.	14,1 Mio.
Verwandten-/Bekanntenbesuche *)	6,9 Mio.	21,4 Mio.	54,4 Mio.
Freizeitwohnsitze *)	2,1 Mio.	5,9 Mio.	7,4 Mio.
GESAMT	**43,3 Mio.**	**75,4 Mio.**	**128,7 Mio.**

*) unterschiedliche Jahre

Quelle: Sparkassen-Tourismusbarometer der Länder[2], eigene Zusammenstellung

---

[1] Tochtergesellschaft des Deutschen Wirtschaftswissenschaftlichen Instituts für Fremdenverkehr e.V. dwif an der Universität München

[2] Träger: Ostdeutscher Sparkassenverband OSV für Mecklenburg-Vorpommern, Brandenburg, Sachsen-Anhalt und Sachsen; Sparkassenverband Niedersachsen NSV für Niedersachsen; Sparkassen- und Giroverband Schleswig-Holstein SGVSH und Tourismusverband Schleswig-Holstein TVSH für Schleswig-Holstein

An der folgenden Aufstellung sieht man jedoch bereits jetzt die hohe Bedeutung des statistisch nicht erfassten Marktsegments für alle Länder (vgl. Abb. 2). Für Schleswig-Holstein hat der Graue Markt eine überragende Bedeutung: Während die amtliche Statistik von nur rund 20 Millionen Übernachtungen in gewerblichen Betrieben im Jahre 2004 ausgeht, liegt der tatsächliche Wert bei schätzungsweise über 75 Millionen Übernachtungen und damit etwa viermal (genau: 3,8) so hoch! Ähnlich verhält es sich in Niedersachsen. In Mecklenburg-Vorpommern ist der Wert nur etwa doppelt so hoch.

Abb. 2: Übernachtungen insgesamt in Schleswig-Holstein

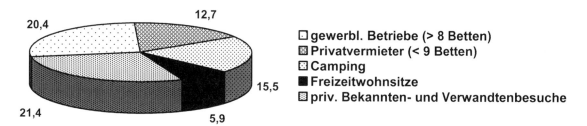

Quelle: dwif und Statistisches Landesamt, eigene Zusammenstellung 2007

Seit Jahren, wenn nicht Jahrzehnten, wird nach einer allgemein anerkannten, methodisch einheitlichen und exakten Berechnungsmethode zur wirtschaftlichen Bedeutung des Tourismus gesucht. AufGrund der unvollständigen und heterogenen Datenlage sowie unterschiedlicher statistischer Erfassungs- und Berechnungsmethoden ist es schwierig genug, für die einzelnen Bundesländer verlässliche Aussagen bzgl. des Anteils des Tourismus an der gesamtwirtschaftlichen Wertschöpfung zu treffen. Ein Vergleich der Länder untereinander wird aus genannten Gründen weiter erschwert. Insofern wird eine Gegenüberstellung der einzelnen Daten nur bei gleichen Erfassungs- und Berechnungsmethoden vorgenommen; ansonsten werden für die Länder separate Darstellungen gewählt.

Die folgenden Ausführungen basieren auf der mittlerweile anerkannten Berechnungsmethode des dwif (Ministerium für Wirtschaft, Arbeit und Verkehr des Landes Schleswig-Holstein, 2003, S. 25 ff.). Der Orientierungs- und Ausgangspunkt der Berechnungen sind dabei die getätigten Bruttoumsätze der Reisenden. Berücksichtigt werden Übernachtungsgäste in gewerblichen Betrieben, in Privatquartieren sowie auf Campingplätzen ebenso wie Tagesreisen. Die Basis bilden die Ausgaben am Urlaubsort; Ausgaben für Reisevor- und nachbereitung werden z.T. auch in den Ländern einkommenswirksam, werden aber hier nicht berücksichtigt.

Beispielsweise ergibt sich für Schleswig-Holstein kurz gefasst folgende Berechnung für die einzelnen Segmente:

Tab. 3: Ausgaben im Übernachtungstourismus in Schleswig-Holstein

Unterkunftsart	Tagesausgaben in Euro
Gewerbliche Beherbergungsbetriebe	70,50
Private Betriebe	49,10
Touristikcamping	30,50
Dauercamping	27,20
Privater Besuchsverkehr	19,50

Tagestourismus wird nach den unterschiedlichen Motiven „privat motiviert" und „geschäftlich motiviert" unterschieden in Tagesausflüge und Tagesgeschäftsreisen. Für Tagesausflüge wurden durchschnittliche Ausgaben von 19,50 Euro, für Tagesgeschäftsreisen in Höhe von 25,70 Euro ermittelt.[3]

Aus der gesamten touristischen Nachfrage in Schleswig-Holstein ergibt sich ein Brutto-Gesamtumsatz von ca. 4,5 Mrd. Euro (siehe Tab. 4).

Tab. 4: Touristische Nachfrage und Umsätze in Schleswig-Holstein insgesamt

Marktsegmente	Aufenthaltstage in Mio.	x	Ausgaben in Euro pro Tag	=	Bruttoumsatz in Mio. Euro
Tagesgäste gesamt:	**84,6**	x	**19,80**	=	**1.672,3**
privat	80,7	x	19,50	=	1.572,0
geschäftlich	3,9	x	25,70	=	100,3
Übernachtungsgäste gesamt:	**66,0**	x	**42,50**	=	**2.805,5**
gewerbliche Betriebe	20,5	x	70,50	=	1.445,3
private Betriebe	12,7	x	49,10	=	623,6
Touristikcamping	2,3	x	30,50	=	70,7
Dauercamping	9,1	x	27,40	=	248,6
privater Besucherverkehr	21,4	x	19,50	=	417,3
Nachfrage insgesamt	**150,6**	x	**29,70**	=	**4.477,8**

Quelle: dwif, 2003.

Nach Abzug der Mehrwertsteuer (unterschiedliche Steuersätze wurden nach einem bestimmten Schlüssel einbezogen) ergibt sich ein Nettoumsatz in Höhe von 3,98 Mrd. Euro, der bei Betrieben des Gastgewerbes, des Einzelhandels und bei Dienstleistungsunternehmen (z. B. Kurmittelanbieter, Verkehrsunternehmen, Kulturveranstalter) anfällt. Von den Nettoumsätzen wird ein Teil direkt zu Löhnen oder Gehältern, der andere Teil wird für Vorleistungen – den Einkauf von Gütern, Waren und Dienstleistungen, die zur Erstellung des touristischen Produkts benötigt werden – verwendet. Dies erzeugt wiederum Einkommen bei den Lieferanten in der zweiten Umsatzstufe. Die direkten und

---

[3] dwif, „Tourismus in Schleswig-Holstein – Gute Aussichten", 2003

indirekten Einkommen werden mittels durchschnittlicher Wertschöpfungsquoten errechnet.

In der dwif-Studie 2003 wurden so 2,193 Mrd. Euro Einkommen (1,427 Mrd. direktes Einkommen, 766 Mio. indirektes Einkommen) ermittelt. Gemessen am gesamten Volkseinkommen (46,7 Mrd. Euro) Schleswig-Holsteins beträgt der touristisch induzierte Anteil 4,7%.

Rein rechnerisch beziehen ca. 130.000 Einwohner in Schleswig-Holstein ihr Einkommen vollständig aus dem Tourismus.

Umsätze bewirken darüber hinaus Steuereinnahmen auf allen Ebenen. Pro Jahr fließen 265 Millionen Euro als Umsatzsteueranteil aus dem Tourismus in die Landesfinanzkasse. Touristisch bedingte Einkommen erzeugen 384 Millionen Steuererträge. Kommunen erhalten ca. 100 Millionen Steuern, z. B. Gewerbe- und sonstige kommunale Steuern.[4]

Die dargestellten Zahlen zeigen die bedeutenden wirtschaftlichen Effekte des Wirtschaftsfaktors Tourismus für Schleswig-Holstein, die jedoch vielfach (noch) nicht zu der folgerichtigen prioritären Beachtung bei Politik und Öffentlichkeit führen. Insofern kommt der Information und Überzeugungsarbeit der touristischen Akteure und ihrer Verbände und Institutionen eine zentrale Funktion zu. Diese Schlussfolgerung gilt für Niedersachsen gleichermaßen.

In Abb. 3 sind die Vergleichswerte für die Küstenbundesländer hinsichtlich der Erwirtschaftung von Umsätzen und der Generierung von Einkommen aus dem Tourismus ausgewiesen. Umsatz- und Einkommenserzielung fallen in Niedersachsen aufgrund des wesentlich höheren Gästeaufkommens (vgl. Tab. 2) entsprechend höher aus.

Abb. 3: Nettoumsätze und Einkommen aus dem Tourismus in den Küstenländern

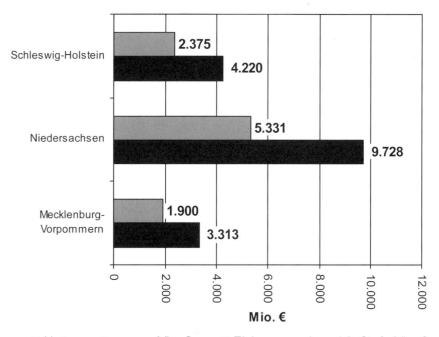

Quelle: dwif, 2005, Tagesreisen der Deutschen

---

[4] dwif, „Tourismus in Schleswig-Holstein – Gute Aussichten", 2003, S. 34

■ Küstentourismus in Norddeutschland

Für Schleswig-Holstein fällt die Differenz der ermittelten Anteile zum Volkseinkommen aus 2003 (4,72 %) und 2005 (4,52 %) auf. Im Jahr 2003 wurden die für Schleswig-Holstein vorliegenden Umsätze aus dem Segment „Verwandten- und Bekanntenbesuche" mit einbezogen. Da diese nicht für alle Bundesländer vorliegen, wurde auf die Einbeziehung zu Gunsten der bundesweiten Vergleichbarkeit verzichtet; hierin liegt eine Begründung für den in 2005 niedriger ermittelten Wert. Nach Aussagen der Verfasser sind die Studien leider nicht vergleichbar, eine Gegenüberstellung der Ergebnisse ohne ausführliche erläuternde Hinweise sollte nicht vorgenommen werden.

Insgesamt fällt der ausgesprochen hohe Wert für Mecklenburg-Vorpommern auf. Die deutlichen Verschiebungen bei der Rangordnung im Vergleich zu den Umsätzen und Einkommen treten auf, da bei der Ermittlung des Anteils am Volkseinkommen die Höhe des durchschnittlichen Volkseinkommens Einfluss auf das Ergebnis nimmt. Es zeigt sich, dass in Mecklenburg-Vorpommern die gesamtwirtschaftliche Bedeutung des Tourismus, aber damit auch die Abhängigkeit vom Tourismus besonders hoch ist (vgl. Abb. 4).

Abb. 4: Beitrag des Tourismus zum Volkseinkommen

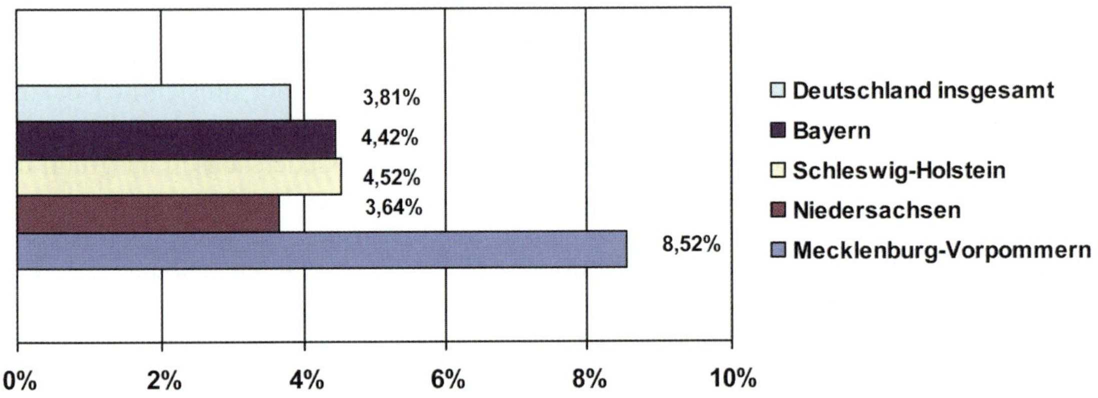

Deutschland insgesamt	3,81 %
Bayern	4,42 %
Schleswig-Holstein	4,52 %
Niedersachsen	3,64 %
Mecklenburg-Vorpommern	8,52 %

Quelle: dwif, 2005, Tagesreisen der Deutschen

Die Relation der Übernachtungen zur Einwohnerzahl in einer Region (Tourismusintensität = Anzahl der Übernachtungen pro 1000 Einwohner und Jahr) lässt eine grobe Einschätzung zu, welche Bedeutung der Übernachtungstourismus für die Bevölkerung der Region als Beschäftigungsfaktor und Einkommensquelle – möglicherweise aber auch als „Belastungsquelle" – hat. Gerade in den 1980er und 1990er Jahren wurde dieser Wert als Maß für die Gefährdung der Authentizität einer Region herangezogen.

Über alle Bundesländer gesehen ist die Tourismusintensität in Mecklenburg-Vorpommern mit Abstand am höchsten, gefolgt von Schleswig-Holstein. In Niedersachsen liegt die Tourismusintensität etwas niedriger. Generell variieren diese Kennziffern jedoch stark und es ist davon auszugehen, dass jeweils Unterschiede zwischen den touristischen Kerngebieten an der Küste und den Inseln gegenüber den Reisegebieten im Binnenland bestehen.

Abb. 5: Tourismusintensität in den Bundesländern 2006 – Übernachtungen je 1.000 Einwohner

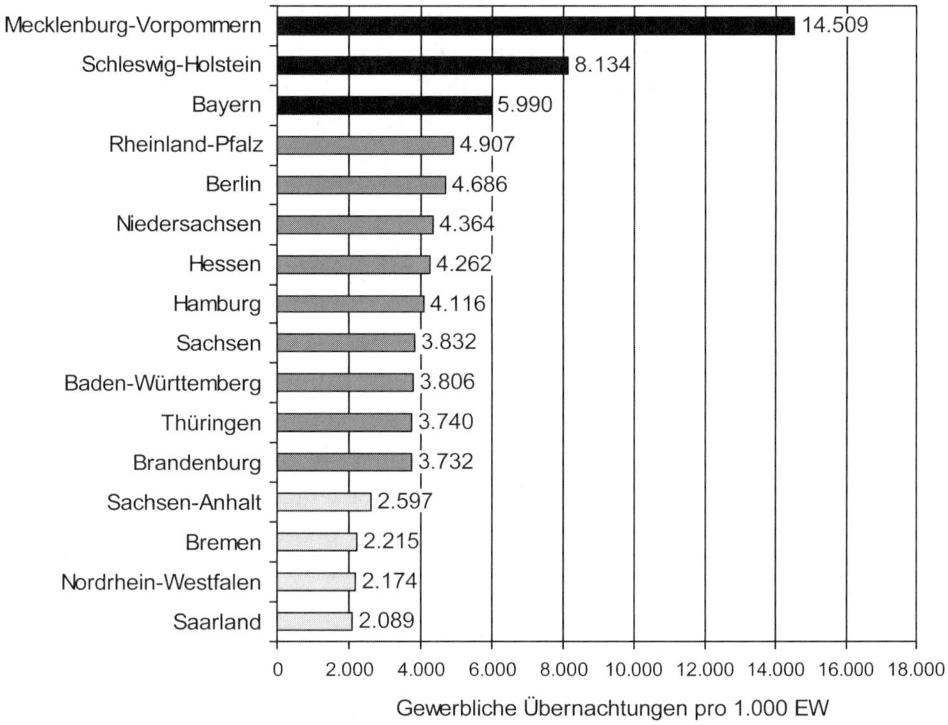

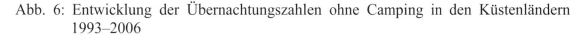

Bundesland	Gewerbliche Übernachtungen pro 1.000 EW
Mecklenburg-Vorpommern	14.509
Schleswig-Holstein	8.134
Bayern	5.990
Rheinland-Pfalz	4.907
Berlin	4.686
Niedersachsen	4.364
Hessen	4.262
Hamburg	4.116
Sachsen	3.832
Baden-Württemberg	3.806
Thüringen	3.740
Brandenburg	3.732
Sachsen-Anhalt	2.597
Bremen	2.215
Nordrhein-Westfalen	2.174
Saarland	2.089

Quelle: Statistisches Bundesamt, Wiesbaden

2 Entwicklung der touristischen Nachfrage

In den Küstenländern verlief die touristische Entwicklung von 1993 bis 2006 in Niedersachsen und Schleswig-Holstein mit Ausnahme des Expo-Jahres 2000 annähernd parallel, die Kurve für Mecklenburg-Vorpommern weicht aufgrund der unterschiedlichen wirtschaftlichen und wirtschaftspolitischen Situation stark davon ab (vgl. Abb. 6).

Abb. 6: Entwicklung der Übernachtungszahlen ohne Camping in den Küstenländern 1993–2006

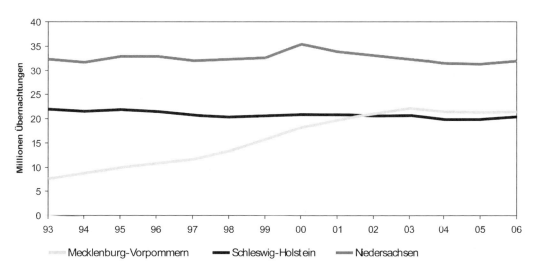

Quelle: dwif, 2007

Für Niedersachsen und Schleswig-Holstein lässt sich die Entwicklung der Jahre 1981 bis 2006 wie folgt zusammenfassen: Nach einem Boom in den 1980er bis in die frühen 1990er Jahre, wobei hier die Wiedervereinigung die Entwicklung noch einmal verstärkte, folgte eine Periode der Stagnation bis 1994. Nach 1994 sind in beiden Bundesländern schleichende Rückgänge zu beobachten, wobei in Niedersachsen das Expo-Jahr 2000 eine Ausnahme bildete. Erst seit 2005 ist ein leichter Anstieg der gewerblichen Übernachtungen zu verzeichnen.

In Mecklenburg-Vorpommern konnten nach der Wiedervereinigung enorme Steigerungsraten realisiert werden. Nachdem sich seit 2002 andeutete, dass auch hier die Zuwachsraten abflachen, sah man sich 2004 das erste Mal mit leichten Rückgängen konfrontiert, wobei sich der Tourismus seither wieder etwas erholt hat und einen leichten Aufwärtstrend verzeichnet.

Während die Küstenbundesländer im Jahr 2004 noch mit Rückgängen zwischen 2,6 % und 3,7 % Schlusslichter der touristischen Entwicklung bei den gewerblichen Übernachtungen waren (siehe Tab. 5), konnte dieser negative Trend in 2005 etwas verlangsamt werden. Im Jahr 2006 hingegen verzeichnen alle drei Küstenbundesländer Zuwächse bei den Übernachtungszahlen. Für Schleswig-Holstein ist der positive Trend mit +3,1 % gegenüber der Vorjahresentwicklung am höchsten, in Niedersachsen liegt er bei 1,8 %, in Mecklenburg-Vorpommern bei 1,1 %. Dabei muss berücksichtigt werden, dass im Jahr 2006 die Fußballweltmeisterschaft stattgefunden und für zusätzliches Gästeaufkommen gesorgt hat. Inwieweit hier tatsächlich von einem allgemeinen Aufwärtstrend gesprochen werden kann, bleibt abzuwarten (vgl. Sparkassen- und Giroverband für Schleswig-Holstein, 2006: 26 f.).

Für Schleswig-Holstein und Niedersachsen lassen sich folgende Gründe für die rückläufige Tendenz seit Mitte der 1990er Jahre identifizieren: Die konträr zu den Übernachtungszahlen verlaufende Kurve bei den Gästezahlen weist auf eine immer kürzer werdende Aufenthaltsdauer hin. Dies ist einer der Gründe für die Entwicklung der letzten 10 Jahre. Hinzu kommt der immer schärfer werdende Wettbewerb der Destinationen im In- und Ausland, beispielhaft sind hier (ost)europäische und außereuropäische Urlaubsgebiete zu nennen, die mit enormen Marketinganstrengungen und hoher staatlicher Unterstützung auf den Markt drängen. Betrachtet man die Nachfrageseite, ist eine annähernde Sättigung in den letzten Jahren festzustellen, sodass Zuwächse einer Destination zwangsläufig nur auf Kosten der Mitbewerber realisiert werden können. Sinkende Flugpreise von Linienfluganbietern und zunehmende Angebote von Low-Fare-Anbietern machen die Situation gerade für deutsche Urlaubsregionen nicht einfacher.

Gesellschaftliche, politische und wirtschaftliche Veränderungen sind als weitere Ursachen für die rückläufige Entwicklung anzuführen. Die unterschiedlichen Stufen der Gesundheitsreform ließen die Nachfrage in den traditionellen Kureinrichtungen geradezu einbrechen. Die anhaltende wirtschaftlich schwierige Lage lässt gerade der gesellschaftlichen Mitte – eine Säule z. B. der schleswig-holsteinischen Nachfrage – immer weniger Spielraum im frei verfügbaren Einkommen. Wirtschaftlich unsichere Zeiten bewirken gedrosselte Ausgaben und eine höhere Sparquote, alles Faktoren, die sicher zu der Entwicklung beitrugen.

Um detailliertere Hinweise auf die Entwicklung in den Küstenreisegebieten im engeren Sinn zu erhalten, wird nachfolgend der Vergleich zwischen den Küstenreisegebieten – bereinigt um Zahlen für die binnenländischen Regionen – in Niedersachsen, Mecklenburg-Vorpommern und Schleswig-Holstein vorgenommen (Ostfriesische Inseln und die Nordseeküste/Bremerhaven, die Mecklenburgische Ostseeküste, Rügen/Hiddensee und Vorpommern sowie Nordsee und Ostsee Schleswig-Holstein).

Im Jahr 2004 waren alle Küstengebiete von einem Rückgang der gewerblichen Übernachtungen betroffen, die Entwicklung fiel jedoch regional sehr unterschiedlich aus.

Tab. 5: Übernachtungen ohne Camping nach Reisegebieten 2004–2006

Reisegebiet	Übernachtungen (in Tausend)			Veränderung (in %)	Veränderung (in %)
	2004	2005	2006	2005/2004	2006/2005
Schleswig-Holstein					
Nordsee	7.440,2	7.393,1	7.530,9	-0,6	1,9
Ostsee	8.353,2	8.328,2	8.506,4	-0,3	2,1
Holsteinische Schweiz	706,1	715,2	749,1	1,3	4,7
Übriges Binnenland	3.413,1	3.460,2	3.586,7	1,4	3,7
Mecklenburg-Vorpommern					
Mecklenburgische Ostseeküste	5.192,5	5.266,3	5.449,2	1,4	3,5
Rügen/Hiddensee	5.390,4	5.028,2	4.897,5	-6,7	-2,6
Vorpommern	6.444,6	6.523,0	6.632,2	1,2	1,7
Niedersachsen					
Nordseeküste[1)]	5.723,4	5.574,2	5.572,1	-2,8	0,0
Ostfriesische Inseln	5.011,9	4.866,3	4.877,1	-2,9	0,5

Quelle: dwif, 2007, Statistische Landesämter

Die Nord- und Ostsee Schleswig-Holsteins legten 2006 bei den Übernachtungen um 1,9% bzw. 2,1% zu und beendeten damit den Abwärtstrend der beiden vergangenen Jahre, bleiben jedoch unterhalb der durchschnittlichen Wachstumsrate von ganz Schleswig-Holstein. Ob es sich bei der positiven Veränderung insbesondere auch im Vergleich zu den Jahren vor 2004 um eine tatsächliche Trendwende handelt, kann zum jetzigen Zeitpunkt noch nicht abgesehen werden.

Entlang der deutschen Küste hatte u. a. der günstige Wetterverlauf während des gesamten Jahres 2006 auf fünf der insgesamt sieben Küstenreisegebiete positive Auswirkungen. Die Veränderungen erreichten jedoch sehr unterschiedliche Ausmaße. Während an der Mecklenburgischen Ostseeküste und an den beiden Küsten Schleswig-Holsteins ansehnliche Wachstumsraten sowohl bei den Ankünften als auch bei Übernachtungen erzielt werden konnten, fielen die Zuwächse auf den Ostfriesischen Inseln und in Vorpommern relativ schwach aus.

Die Ostfriesischen Inseln leiden wie auch die Nordseeküste Niedersachsens unter der zunehmenden Verkürzung der Aufenthaltsdauer. Daher gingen z. B. in letzterem Reisegebiet trotz einer Steigerung der Ankünfte die Übernachtungszahlen zurück.

Strukturelle Probleme hat zudem die Region Rügen/Hiddensee, wo Ankünfte und Übernachtungen 2006 um 2,1% und 2,6% fielen und damit den Abwärtstrend des Vorjahres fortsetzten (vgl. Sparkassen- und Giroverband für Schleswig-Holstein, 2006: 25 ff.).

Abb. 7: Entwicklung der Übernachtungszahlen (ohne Camping) in den Reisegebieten der Küstenländer 1999–2006 (Millionen Übernachtungen gewerbliche Betriebe, 9 und mehr Betten)

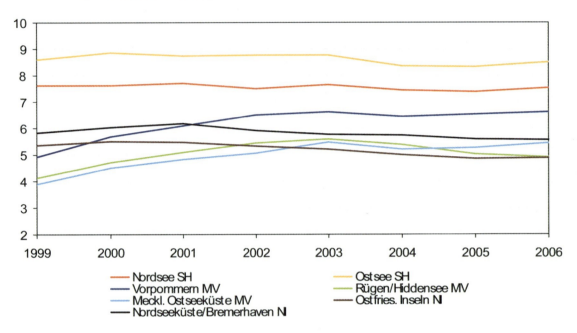

Quelle: dwif, 2007

Die Aufenthaltsdauer in Niedersachsen und Schleswig-Holstein nimmt stetig ab. An der Nordseeküste Schleswig-Holsteins hat sich der durchschnittliche Aufenthalt eines Gastes seit 1997 z. B. um eineinhalb Tage verkürzt, auch die Ostfriesischen Inseln haben darunter zu leiden. Dennoch verweilen die Gäste in diesen beiden Reisegebieten mit 6,4 bzw. 6,8 Tagen nach wie vor am längsten (Stand: 2006). An der schleswig-holsteinischen Ostsee liegt die Aufenthaltsdauer bei 4,0 Tagen, dies lässt ebenso wie für die Mecklenburgische Ostseeküste auf eine relativ höhere Bedeutung von Kurzurlauben schließen. Bis zum Jahr 2002 konnten für die Küstenreisegebiete in Mecklenburg-Vorpommern steigende Aufenthaltsdauern verzeichnet werden. Seitdem pendeln sie sich auf einem verhältnismäßig konstanten Niveau zwischen 4 und 5 Tagen ein (vgl. Sparkassen- und Giroverband für Schleswig-Holstein 2006: 29 f.). Auch die langjährigen Daten der Reiseanalyse der Forschungsgemeinschaft Urlaub und Reisen e. V. zeigen, dass die durchschnittliche Reisedauer auf Urlaubsreisen (5 Tage +) stetig sinkt. Gleichzeitig zeigt sich aber bei Kurzurlaubsreisen (2-4 Tage Dauer) der langfristige Trend, dass zunehmend mehr von diesen kurzen Urlaubsreisen unternommen werden, wobei dies allerdings immer stark von aktuellen Gegebenheiten beeinflusst wird (z. B. Feiertage, Angebote der „Billigflieger" etc.) (vgl. Lohmann/Aderhold/Zahl 2004).

Abb. 8: Aufenthaltsdauer in den deutschen Küstenreisegebieten 1999–2006

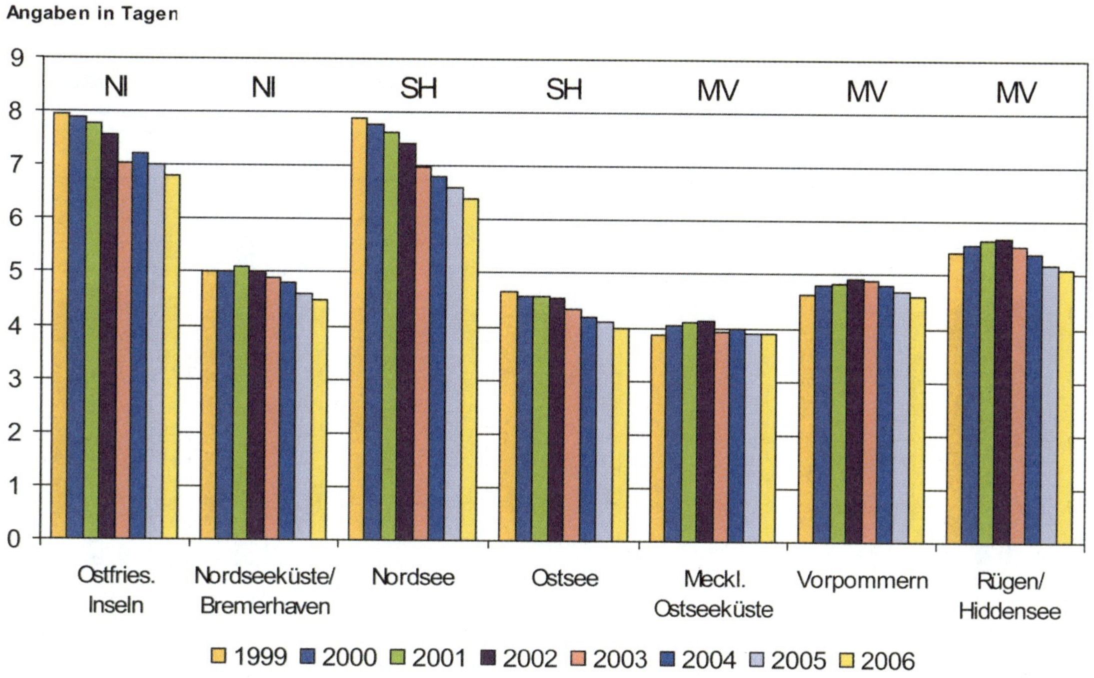

Quelle: dwif, 2007, Statistische Landesämter

3 Angebotsentwicklung im Tourismus der Küstenländer

Während in den ostdeutschen Reisegebieten seit 1997 weiterhin kontinuierlich Kapazitäten geschaffen werden, stagnieren die Bettenzahlen im Wesentlichen in den westdeutschen Gebieten oder gingen zurück. In Mecklenburg-Vorpommern sind bis 2003 die Bettenkapazitäten kontinuierlich angewachsen, während an der Ostsee in Schleswig-Holstein zunehmend weniger Kapazitäten zur Verfügung standen. Niedersachsen wies bis 2003 relativ stabile Bettenkapazitäten auf. Allerdings hat die Stagnation ab 2003 auch in den ostdeutschen Küstengebieten Rügen/Hiddensee und Vorpommern eingesetzt. Für Schleswig-Holstein ist das festzustellende stark schwankende Bettenangebot nicht überzubewerten, da Änderungen der Meldemodalitäten und der Erfassungsmethoden einen Vergleich nur sehr eingeschränkt möglich machen. Bei Nichtbeachtung des Extremwertes ist insgesamt eine Stagnation der Bettenkapazitäten festzustellen. In Niedersachsen ist seit 2003 ein fast kontinuierlicher Rückgang in den Kapazitäten zu beobachten. In Mecklenburg-Vorpommern kann man von einer eingetretenen Stagnation sprechen; bis auf das Reisegebiet der Mecklenburgischen Ostseeküste konnte kein Zuwachs in 2006 verzeichnet werden. Im Jahr 2006 setzten in fast allen Reisegebieten der norddeutschen Küstenländer Kapazitätsverluste ein. Lediglich an der Mecklenburgischen Ostseeküste und im übrigen Binnenland Schleswig-Holsteins wurde weiteres Wachstum erzielt.

Die Verringerung der Bettenkapazitäten ist auch ein Indiz für den immer härter werdenden Wettbewerb und damit einhergehende Marktbereinigungseffekte (z. B. Abbau von Überkapazitäten, Ausscheiden zu schwacher Leistungsträger).

Abb. 9: Entwicklung des Bettenangebotes in den Reisegebieten der Küstenländer

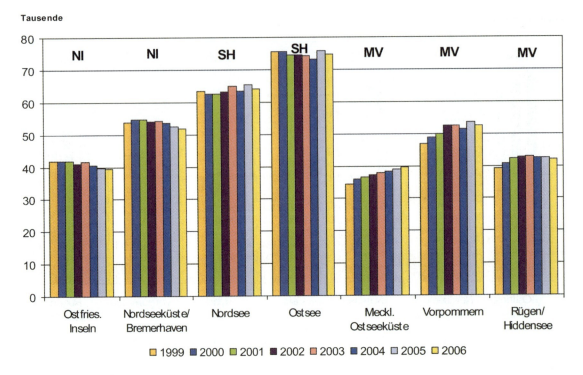

Quelle: dwif, 2007, Statistische Landesämter

Tab. 6: Bettenangebot nach Reisegebieten 2004–2006

Reisegebiet	Betten[1]			Veränderung (in %)	Veränderung (in %)
	2004	2005	2006	2005/2004	2006/2005
Schleswig-Holstein[2]					
Nordsee	63.378	65.290	64.041	3,0	-1,9
Ostsee	73.176	75.844	74.820	3,6	-1,4
Holsteinische Schweiz	6.730	6.896	6.845	2,5	-0,7
Übriges Binnenland	30.828	31.080	31.527	0,8	1,4
Mecklenburg-Vorpommern					
Mecklenburgische Ostseeküste	38.361	39.043	39.753	1,8	1,8
Rügen/Hiddensee	42.421	42.449	42.163	0,1	-0,7
Vorpommern	51.474	53.629	52.489	4,2	-2,1
Niedersachsen					
Nordseeküste[3]	53.612	52.498	51.936	-2,1	-1,1
Ostfriesische Inseln	40.605	39.727	39.389	-2,2	-0,9

[1] Betten insgesamt im Dezember eines Jahres
[2] Betten insgesamt im Juli eines Jahres
[3] inklusive Stadt Bremerhaven

Quelle: dwif, 2007, Statistische Landesämter

Bei der Entwicklung der gewerblichen Betten in Schleswig-Holstein fällt Folgendes auf:

Lediglich im übrigen Binnenland war ein Plus von 1,8 % vermeldet worden. Die Entwicklung der letzten drei Jahre ist so uneinheitlich, dass kein eindeutiger Trend ausgemacht werden kann. Trotz der aktuellen Rückgänge liegen jedoch alle Reisegebiete weiterhin über den im Jahr 2004 erreichten Werten.

Die höchsten Rückgänge stellten sich an der Nordsee ein, wo die Zahl der Betten um 1,9 % sank. Für 2007 wird allerdings wieder ein Anstieg der Kapazitäten erwartet, weil insbesondere auf Sylt verschiedene neue Hotelbauten fertiggestellt werden.

An der Ostsee werden derzeit etwas mehr als 74.800 Betten gezählt, was einem Rückgang um 1,4 % entspricht.

Auch in der Holsteinischen Schweiz trat rechnerisch ein Rückgang auf (-0,7 %). Bedenkt man jedoch, dass es sich dabei real nur um 51 Betten handelt, fällt dieser nicht ins Gewicht.

Während an Nord- und Ostsee insgesamt fast 2.300 Betten weniger gezählt wurden, kamen im übrigen Binnenland ca. 450 Betten hinzu. Der Kapazitätsrückgang konzentriert sich also sehr stark auf die Küste.

Die Durchschnittsgröße der Häuser ist in Schleswig-Holstein signifikant geringer als im Bundesdurchschnitt und auch im Vergleich mit Niedersachsen und Mecklenburg-Vorpommern. Dies ist mit den unterschiedlichen Strukturen im Angebot zu begründen. Während in Niedersachsen und Schleswig-Holstein viele kleine und mittelständische Unternehmen das Angebot prägen, wurden in Mecklenburg-Vorpommern nach 1990 neue Beherbergungsbetriebe mit größeren Bettenzahlen gegründet. Historisch gewachsene mittelständische Strukturen existierten so gut wie nicht, sodass im Durchschnitt größere Betriebsgröße die Folge sind.

Tab. 7: Betriebsgrößenvergleich deutscher Küstenbundesländer 2006 (Betten pro Betrieb[1])

	Hotels	Gasthöfe	Pensionen	Hotels Garnis	Erholungs-, Ferien- u. Schulungsheime	Ferienzentren	Ferienhäuser u. -wohnungen	Hütten u. Jugendherbergen	Vorsorge- u. Rehakliniken	Insgesamt
Schleswig-Holstein (07/2006)	59,8 (552)	18,4 (161)	23,2 (174)	30,3 (537)	119,9 (207)	siehe FH/FW	27,5 (2.837)	150,1 (49)	173,2 (63)	38,7 (4.580)
Mecklenburg-Vorpommern (12/2006)	98,6 (552)	30,5 (247)	29,6 (236)	37,8 (266)	73,1 (133)	529,9 (22)	51,8 (1.041)	89,0 (85)	196,7 (53)	65,4 (2.635)
Niedersachsen (12/2006)	65,5 (1.157)	22,6 (953)	30,5 (500)	32,6 (834)	79,8 (283)	1714,1 (6)	34,0 (1.856)	96,1 (150)	142,3 (117)	45,5 (5.856)
Deutschland Stand (12/2006)	75,3	23,9	24,5	37,8	79,7	699,9	31,4	81,7	167,3	49,1

[1] Anzahl der jeweiligen Betriebe in Klammern

Quelle: dwif, 2007, Datengrundlage Statistisches Landesamt

Die durchschnittliche Betriebsgröße aller gewerblichen Übernachtungsbetriebe in Schleswig-Holstein liegt ca. 23 % unter dem Bundesdurchschnitt und 42 % unter dem Durchschnitt der Betriebe in Mecklenburg-Vorpommern. Auch in Niedersachsen ist die durchschnittliche Betriebsgröße signifikant niedriger als in anderen Bundesländern (siehe Abb. 11).

Abb. 10: Durchschnittliche Betriebsgröße nach Bundesländern 1993–2006
(Betten pro Betrieb)

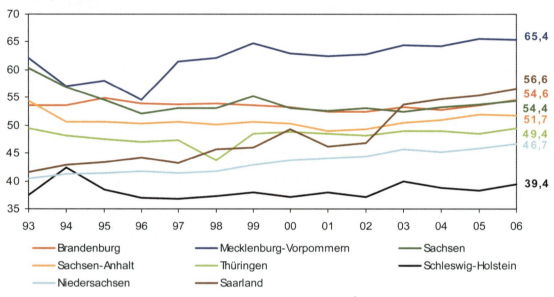

Quelle: dwif, 2007, Statistische Landesämter

Insgesamt ist zu beobachten, dass Niedersachsen und Schleswig-Holstein Schlusslichter in der gesamtdeutschen Betrachtung sind. Dieser Unterschied in Bezug auf die durchschnittliche Betriebsgröße ist mit erheblichen Wettbewerbsnachteilen für Schleswig-Holstein und Niedersachsen verbunden. Größere Betriebe können effizienter Ressourcen einsetzen, mit den gewonnenen finanziellen Handlungsspielräumen intensiver Marketing betreiben oder kontinuierlich in Renovierung und Modernisierung investieren. Größere Einheiten lassen auch mehr Möglichkeiten bei Kooperationen oder im Vertrieb mit Reiseveranstaltern zu.

Abb. 11: Strukturkennziffern zum Beherbergungsgewerbe in Schleswig-Holstein, Niedersachsen und Mecklenburg-Vorpommern 2006 – Gewerbliche Betriebe ≥ 9 Betten

Betriebe insgesamt:	SH	4.523
	NI	5.856
	MV	2.635
Betten insgesamt:	SH	178.176
	NI	273.692
	MV	172.269
Durchschnittliche Betriebsgröße	SH	39,4 Betten
	NI	46,7 Betten
	MV	65,4 Betten
Bettenauslastung:	SH	31,2 %
	NI	31,8 %
	MV	34,0 %

Quelle: dwif, 2007, Statistische Landesämter

Angesichts ausgewählter Strukturkennziffern des Beherbergungsgewerbes lässt sich für Niedersachsen und Schleswig-Holstein im Vergleich zu Mecklenburg-Vorpommern zusammenfassend festhalten:

In Mecklenburg-Vorpommern ist die durchschnittliche Betriebsgröße erheblich größer als in Niedersachsen und Schleswig-Holstein. In Schleswig-Holstein ist die durchschnittliche Betriebsgröße dabei am geringsten. In den beiden westdeutschen Küstenländern ist die vorhandene Betriebsgröße damit als weniger wettbewerbsfähig einzustufen. Das dwif empfiehlt daher ausdrücklich, in Niedersachsen wie auch in Schleswig-Holstein weitere Maßnahmen hin zu einer wettbewerbsfähigeren Betriebsgrößenstruktur anzustreben: „Das bedeutet nicht zuletzt die gezielte, sorgfältig abgewogene Ansiedlung großer Beherbergungsbetriebe an aussichtsreichen Standorten" (vgl. Sparkassenverband Niedersachsen, 2005, S. 10).

4 Ausblick

Das dwif hat im Sparkassen-Tourismusbarometer 2005 Trendszenarien für Schleswig-Holstein erstellt. Unter Einsatz der „Szenariotechnik" und der statistischen „Methode der kleinsten Quadrate" wurden die Übernachtungszahlen bis 2015 fortgeschrieben. Je nachdem, welchen Zeitraum man für die weitere Entwicklung annimmt, ergibt sich ein Korridor der Entwicklung der Übernachtungszahlen bis 2015.

Bei Annahme der Entwicklung des letzten Jahrzehnts bis 2015 deutet das Szenario auf anhaltende Verluste hin.

Abb. 12: Trendszenario Schleswig-Holstein

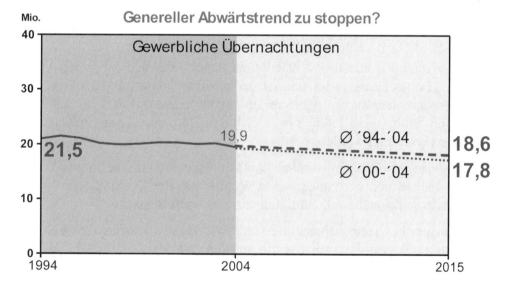

Quelle: dwif, 2007, Statistische Landesämter

Ein vergleichbares Trendszenario liegt für Niedersachsen bisher nicht vor. Es ist jedoch davon auszugehen, dass die Entwicklung in ähnlicher Weise verlaufen wird.

Für Schleswig-Holstein und Niedersachsen muss es in der Zukunft darum gehen, alle Maßnahmen zu ergreifen, um eine Trendumkehr zu erreichen. Dabei wird es darauf ankommen, dass sich alle am Tourismus Beteiligten inklusive der politisch Verantwortlichen auf eine verbindliche zielorientierte Vorgehensweise einigen. Notwendig ist es, auf allen Planungsebenen geeignete Rahmenbedingungen zu schaffen, in denen sich die wirtschaftliche Entwicklung entfalten kann. Neue Märkte müssen erschlossen werden, bestehende Märkte noch konsequenter mit zielgruppengerechten Angeboten bedient werden. Dabei kommt der Kommunikationspolitik mit einer emotionalen wertorientierten Ansprache der Zielgruppen auf Landes, Regional- und Ortsebene eine besondere Bedeutung zu. Generell ist der bereits eingeschlagene Weg der Aufgabenteilung und Abstimmung zwischen den unterschiedlichen Ebenen konsequent fortzusetzen. Aber auch Investition in oftmals veraltete private und öffentliche Infrastruktur und damit eine Modernisierung und Neuausrichtung in eine marktgerechte Angebotsstruktur muss vehement vorangetrieben werden.

5   Zusammenfassung

- Mecklenburg-Vorpommern, Niedersachsen und Schleswig-Holstein nehmen seit Jahren Spitzenplätze unter den Urlaubszielen der Deutschen ein.

- Der Tourismus hat sich in den Küstenländern Mecklenburg-Vorpommern, Niedersachsen und Schleswig-Holstein zu einem wichtigen Wirtschaftsfaktor entwickelt und trägt in hohem Maße zu Einkommen und Beschäftigung in den Ländern bei.

- In einer Studie des dwif (2003) wurden für Schleswig-Holstein beispielsweise 2,193 Mrd. Euro durch den Tourismus generiertes Einkommen ermittelt. Gemessen am gesamten Volkseinkommen (46,7 Mrd. Euro) Schleswig-Holsteins beträgt der touristisch induzierte Anteil damit 4,7%.

- Dieser Wert ist in Mecklenburg-Vorpommern deutlich höher (8,5%), ist damit aber gleichzeitig auch ein Indiz für eine höhere wirtschaftliche Abhängigkeit vom Tourismus.

- In den Küstenländern Niedersachsen und Schleswig-Holstein sind seit 1994 schleichende Rückgänge in den Übernachtungszahlen zu beobachten. Erst seit 2005 ist ein leichter Anstieg der gewerblichen Übernachtungen zu verzeichnen.

- Im Jahr 2006 verzeichnen alle drei Küstenbundesländer Zuwächse bei den Übernachtungszahlen. Für Schleswig-Holstein ist der positive Trend mit +3,1% gegenüber der Vorjahresentwicklung am höchsten, in Niedersachsen liegt er bei 1,8%, in Mecklenburg-Vorpommern bei 1,1%. Ob es sich dabei um eine Trendumkehr handelt, muss weiter beobachtet werden

- Gründe für die geringen bis stagnierenden Wachstumsraten sind eine immer kürzer werdende Aufenthaltsdauer, der zunehmende Wettbewerb der Destinationen im In- und Ausland sowie eine annähernde Sättigung auf der Nachfrageseite.

- Die Aufenthaltsdauer in Niedersachsen und Schleswig-Holstein nimmt stetig ab. An der Nordseeküste Schleswig-Holsteins sowie auf den Ostfriesischen Inseln verweilen die Gäste mit 6,4 bzw. 6,8 Tagen am längsten.

- Für Schleswig-Holstein ist insgesamt eine Stagnation der Bettenkapazitäten festzustellen. In Niedersachsen ist seit 2003 ein fast kontinuierlicher Rückgang in den Kapazitäten zu beobachten. In Mecklenburg-Vorpommern kann man von einer eingetretenen Stagnation sprechen; bis auf das Reisegebiet der Mecklenburgischen Ostseeküste konnte kein Zuwachs in 2006 verzeichnet werden. Im Jahr 2006 setzten in fast allen Reisegebieten der norddeutschen Küstenländer Kapazitätsverluste ein. Lediglich an der Mecklenburgischen Ostseeküste und im übrigen Binnenland Schleswig-Holsteins wurde weiteres Wachstum erzielt. Die Verringerung der Bettenkapazitäten ist auch als ein Indiz für Marktbereinigungseffekte zu werten (z.B. Abbau von Überkapazitäten, Ausscheiden zu schwacher Leistungsträger).

- Aufgrund von unterdurchschnittlichen Betriebsgrößenstrukturen bei den gewerblichen Betrieben haben die Reisegebiete in Niedersachsen und Schleswig-Holstein erhebliche Wettbewerbsnachteile. Schleswig-Holstein strebt daher eine wettbewerbsfähigere Betriebsgrößenstruktur an (z. B. Ansiedlung großer Beherbergungsbetriebe).

Eine zentrale Aufgabe für Schleswig-Holstein und Niedersachsen wird darin liegen, eine Trendumkehr zu erreichen. Es müssen nicht nur geeignete Rahmenbedingungen geschaffen werden, sondern auch neue Märkte erschlossen und bestehende Märkte gesichert werden.

Literatur

Deutsches Wirtschaftswissenschaftliches Institut für Fremdenverkehr e.V. DWIF, (Hrsg.) (2005): Tagesreisen der Deutschen. Schriftenreihe Nr. 50/2005. München.

F.U.R. (Forschungsgemeinschaft Urlaub und Reisen e.V.) (2007): Reiseanalyse 2007. Kiel.

Lohmann/Aderhold/Zahl (2004): Urlaubsreisetrends 2016 Kiel.

Ministerium für Wissenschaft, Wirtschaft, Arbeit und Verkehr des Landes Schleswig-Holstein (Hrsg.) (2003): Tourismus in Schleswig-Holstein – Gute Aussichten. Kiel.

Ostdeutscher Sparkassen- und Giroverband für Mecklenburg-Vorpommern, Brandenburg, Sachsen-Anhalt und Sachsen (Hrsg.) (2003-2006): Sparkassen-Tourismusbarometer – Jahresberichte 2003 – 2006. Berlin.

Sparkassen- und Giroverband für Schleswig-Holstein (Hrsg.) (2003-2006): Sparkassen-Tourismusbarometer – Jahresberichte 2003- 2006 (in Zusammenarbeit mit dem Tourismusverband Schleswig-Holstein e.V.).

Sparkassenverband Niedersachsen (Hrsg.) (2005-2006): Sparkassen-Tourismusbarometer – Jahresberichte 2005, 2006. Hannover.

Statistisches Amt für Hamburg und Schleswig-Holstein (Hrsg.) (2007): Statistische Berichte 2007. Kiel.

Statistisches Bundesamt (Hrsg.) (2007): Tourismus – Ergebnisse der monatlichen Beherbergungsstatistik. Fachserie 6, Reihe 7.1. Wiesbaden.

Götz von Rohr

Trends im touristischen Nachfrageverhalten in ihrer Bedeutung für die Nord- und Ostseeküste[1]

1 Die Rahmenbedingungen der touristischen Nachfrageentwicklung
2 Generelle Verhaltensänderungen der touristischen Nachfrage
3 Der Nachfragetrend bezüglich „Reiseziel Deutschland"
4 Konsequenzen für die Küstendestinationen
Literatur

1 Die Rahmenbedingungen der touristischen Nachfrageentwicklung

Um Trends im touristischen Nachfrageverhalten in ihrem Verlauf in der Zukunft beurteilen zu können, muss man sich mit den Rahmenbedingungen auseinandersetzen, innerhalb derer sich Tourismus abspielt. Zu beachten sind insbesondere technische und ökonomische Entwicklungen, Änderungen in gesellschaftlicher und politischer Hinsicht sowie nicht zuletzt der demographische Wandel, der die touristische Nachfrage in besonderem Maße schon derzeit erreicht hat, aber auch und gerade langfristig in den kommenden Jahrzehnten beeinflussen wird, und auf den deshalb in diesem Kapitel als erstes eingegangen wird. Der demographische Wandel umfasst zumindest vier verschiedene inhaltliche Zugänge:

- die Veränderung der Altersstruktur der Bevölkerung (zentrales Stichwort: Alterung),
- die Veränderung der ethnischen Struktur der Bevölkerung (zentrales Stichwort: absolute und relative Zunahme der Bevölkerung mit Migrationshintergrund),
- die regional differenzierte Schrumpfung der Bevölkerungszahl in langfristiger Perspektive sowie
- die Ausdifferenzierung bisher primär einkommensdefinierter soziökonomischer Schichten in unterschiedlichste Lebensstilgruppen (Stichwort: Auflösung der Klassengesellschaft).

Die Akademie für Raumforschung und Landesplanung (ARL) hat sich mit diesen Themen in den vergangenen 30 Jahren wiederholt intensiv beschäftigt, zuletzt mit der Reihe „Räumliche Differenzen des demographischen Wandels" in ihren Forschungs- und Sitzungsberichten und darin insbesondere in Band 6 „Demographische Trends in Deutschland. Folgen für Städte und Regionen" (Gans/Schmitz-Veltin 2006). Es kann deshalb an dieser Stelle auf eine erneute differenziertere Beschreibung der zu beobachtenden Einzelprozesse verzichtet werden.

Aus dem demographischen Wandel ergeben sich mehrere objektiv beschreibbare Veränderungen des Rahmens für touristisches Nachfrageverhalten:

---

[1] Die folgenden Ausführungen stützen sich auf Ergebnisse des INTERREG North Sea Region-Projektes ToLearn (Developing Sustainable Tourism in the North Sea Region – Applying the Tourism Learning Area Concept). Im Rahmen dieses Projektes sind in einem ersten Teil für alle Nordseeküstenabschnitte, so auch für die Deutsche Nordseeküste sogenannte Challenge Profiles erstellt worden, die insbesondere die touristische Nachfrage und die sich daraus ergebenden Herausforderungen für das touristische Angebot analysieren. Die die Ostseeküste betreffenden Aussagen des folgenden Beitrages wurden auf der Basis anderer Quellen ergänzt.

- Die Bindung touristischer Aktivitäten an die Sommerferien nimmt weiter ab.
- Der Anteil der Bevölkerung, der über die Option von Urlauben mit einer Länge von mehr als drei Wochen verfügt, nimmt zu.
- Der Anteil der Bevölkerung, der über die Option der flexiblen Verlängerung des Wochenendes verfügt, nimmt zu.
- Die durchschnittliche Altersgrenze, von der an aus gesundheitlichen Gründen touristische Aktivitäten reduziert und schließlich ganz eingestellt werden, steigt.
- Der Anteil der Bevölkerung, der in typischen Urlaubszielgebieten über nahe Verwandte verfügt (insbesondere die türkischstämmige Bevölkerungsgruppe), nimmt zu.

Die Funktion der Sommerferien als Zwangsvorgabezeitraum für die Haupturlaubsreise schwächt sich immer weiter ab. Dies hängt in mehrfacher Hinsicht mit dem demographischen Wandel zusammen. Senioren sind nicht daran gebunden und verreisen anteilig stärker in der Vor- und Nachsaison (Petermann/Revermann/Scherz 2006: 61). Haushaltsvorstände im Erwerbsleben müssen bei sinkenden Geburtenzahlen weniger auf Schulferien Rücksicht nehmen. Die Zahl der Haushalte schließlich, die von Werksferien abhängig sind, sinkt ebenfalls, womit auch bereits Rahmenänderungen der Erwerbstätigkeit (siehe unten) angesprochen werden.

Die Zahl der Haushalte mit der Option, sehr lange Reisen zu unternehmen, wächst zwangsläufig durch die Zunahme der Zahl der Senioren. Diese Entwicklung wird sich zumindest bis zum Ruhestandseintritt der geburtenstarken Jahrgänge der 1960er Jahre fortsetzen, also noch langfristig bis in die 2020er Jahre anhalten. Auch wenn dann die absolute Zahl der Senioren stagnieren und vermutlich zeitweise rückläufig sein wird, ist davon auszugehen, dass ihr Anteil an der Gesamtbevölkerung weiter wachsen wird.

Die Erleichterung der Wahrnehmung von Kurzurlaubsoptionen wird zum einen ebenfalls von den Senioren getragen. Sie sind für eine Verlängerung des Wochenendes nicht auf Jahresurlaubszeiten, ggf. in Verbindung mit Brückentagen, angewiesen und müssen nicht auf arbeitsplatzspezifische Zwänge in der Arbeitsorganisation Rücksicht nehmen. Die Flexibilisierung der Kurzurlaubsoptionen ergibt sich jedoch auch aus sich verändernden Anforderungen der Arbeitswelt, die neben dem demographischen Wandel als weitere Facette der sich ändernden Rahmenbedingungen anzuführen sind. Es wächst der Anteil Selbstständiger, die leichter spontane Kurzurlaube als langfristig längere Urlaube planen können. Es wächst der Anteil der Erwerbstätigen, der über sehr flexible Arbeitszeiten über den Tag und über die Woche hinweg verfügen. Schließlich nimmt Teilarbeitszeit zu und damit die Möglichkeit, die wöchentliche Arbeitszeit auf bestimmte Tage zu konzentrieren.

Eine weitere mit dem demographischen Wandel verbundene Rahmenbedingung ist, dass das Alter zunimmt, bis zu dem man Optionen auf touristische Aktivitäten aus gesundheitlichen Gründen auch tatsächlich nutzen kann. Diese Zunahme ist unmittelbar mit der wachsenden Lebenserwartung verbunden. Verbesserte medizinische Versorgung in Verbindung mit gesundheitsbewussterem Leben und, zumindest bei der derzeit nachwachsenden Seniorengeneration, lebenslangem Fehlen gravierender Entbehrungen führt zu einer deutlichen Verlängerung der Lebensphase physischer Mobilität. Die gesteigerte mentale Mobilität (siehe unten: Bildung und Qualifikation) führt wiederum dazu, dass die Lust am Nutzen der physischen Mobilität länger anhält. Auch die bald erreichte weitgehende Gleichmäßigkeit in der Führerscheinversorgung aller Altersgruppen ist zu beachten, wobei besonders wichtig ist, dass der Anteil der mit Führerschein versorgten Frauen bei den Senioren besonders stark wächst (BMVBS 2006: 118). Dadurch ergibt sich eine wachsende Pkw-Verfügbarkeit der Seniorenjahrgänge, was im Zusammenhang dieses Kapitels besonders wichtig ist, da der Pkw das bei Weitem bequemste Transportmittel für Senioren mit unverändert hoher Alltagsmobilität ist.

Schließlich ist auf den wachsenden Bevölkerungsanteil mit Migrationshintergrund einzugehen, der über nahe Verwandte in attraktiven Urlaubszielgebieten verfügt. Dieser Trend betrifft insbesondere die Herkunftsregionen des Mittelmeerraumes und wird quantitativ vor allem von der türkischstämmigen Bevölkerungsgruppe getragen. Die entsprechenden Bevölkerungsgruppen verfügen über eine hohe „Heimatreiseintensität" (im Sinne des Anteils derjenigen, die mindestens einmal im Jahr in die Heimat reisen) und vermutlich auch hohe Heimatreisehäufigkeit, was bisher allerdings nicht systematisch untersucht worden ist.

Aber auch über den demographischen Wandel hinaus gibt es zahlreiche Entwicklungen in den Rahmenbedingungen der touristischen Nachfrage, die von großer Bedeutung für Nachfrageumfang und -verhalten sind. Neben den kurz skizzierten touristisch relevanten Trends im demographischen Wandel und in der Erwerbstätigkeit muss auf zumindest drei weitere wichtige Veränderungen des Rahmens touristischer Nachfrage eingegangen werden, nämlich

- das sich ändernde Informationsverhalten der touristischen Konsumenten,
- die Entwicklung der für Freizeitzwecke zur Verfügung stehenden freien Einkommensspitze und
- die Entwicklung der Reiserisiken und ihrer Einschätzung.

Was das sich ändernde Informationsverhalten der Bevölkerung betrifft, so führt die explosionsartig gestiegene Nutzung elektronischer Medien in Verbindung mit dem in den letzten Jahrzehnten in Deutschland gestiegenen durchschnittlichen Bildungsniveau und der gewachsenen Berufsausbildungsintensität und -qualifikation zu völlig veränderten Verhaltensoptionen der Bevölkerung gerade auch bezüglich Informationen über touristische Aktivitäten. Dies betrifft sowohl die Reiseorganisation als auch Informationen über die Attraktivität potenzieller Ziele im weitesten Sinne (Petermann/Revermann/Scherz 2006: 117 ff.).

Eine weitere hervorzuhebende Rahmenänderung betrifft die Entwicklung der für Freizeitaktivitäten zur Verfügung stehenden freien Einkommensspitze. Während sich diese bei der Bevölkerung im Erwerbsalter seit Längerem – bei allen Disparitäten – im Durchschnitt verringert, ist in der Gruppe der Rentner und Rentnerinnen das Gegenteil zu beobachten. Die Rentenanwartschaften sind insbesondere durch eine stärkere Beteiligung der Frauen im Erwerbsleben seit den 1950er Jahren, aber auch durch in den 1960er und 1970er Jahren inflationsbereinigt angestiegene Einzahlungen in die Rentenversicherung (u. a. Struktureffekt durch Umschichtung in höhere Gehaltsgruppen) in den letzten Jahrzehnten tendenziell gestiegen. In Verbindung mit der demographisch bedingten Zunahme älterer Menschen führte dies bisher bei der touristischen Nachfrage im Durchschnitt zu einer Vergrößerung der freien Einkommensspitze. Dieser Trend verliert allerdings bereits derzeit an Wirksamkeit und wird sich vermutlich auch weiter abschwächen. Hinzu kommt eine voraussichtlich wachsende Polarisierung zwischen Gruppen mit hohem und niedrigem Freizeitbudget.

Schließlich sei auf die Entwicklung der Reiserisiken und der Risikoeinschätzung insbesondere bezüglich natürlicher Katastrophen und terroristischer Ereignisse hingewiesen. Die Ereignisdichte nimmt, zumindest in der Berichterstattung, zu. Dies ist eine voraussichtlich an Bedeutung zunehmende Rahmenbedingung bei der Gewichtung des Auswahlmotivs „Sicherheit" bei der Reisezielentscheidung (F.U.R. 2004: 52).

Es gibt zahlreiche weitere generelle Entwicklungen, die die touristische Nachfrageentwicklung schon in der Vergangenheit beeinflusst haben und dies auch in der Zukunft tun werden, ohne dass sie hier ausführlich behandelt werden können. Zu nennen sind insbesondere

- die Veränderung der Erwebstruktur in Richtung auf Angestellte und Selbstständige mit gruppenspezifisch höherer Reiseintensität (vgl. Mundt 2006: 63),
- die Flexibilisierung der Arbeitszeiten im Wochen-, Monats- und Jahresablauf in Verbindung mit einem zunehmenden Anteil Selbstständiger an allen Erwerbstätigen (im Zusammenhang mit der zahlenmäßigen Zunahme der Kurzurlaubsoptionen wurde oben bereits darauf hingewiesen),
- der Wertewandel der Bevölkerung in Richtung auf „mehr genießen" und „mehr erleben" in Verbindung mit hoher Konsumerfahrung (vgl. Kreisel 2003: 75),
- die wachsenden Ansprüche in Bezug auf den Erlebniswert der Angebote (vgl. Bachleitner 2004: 16),
- die zunehmende Bereitschaft, Neues auszuprobieren, zwischen Produkten zu wechseln, Schnäppchen mitzunehmen etc., insgesamt also eine sich verschlechternde Kalkulierbarkeit der Nachfrage (vgl. Mundt 2006: 77),
- das wesentlich auch durch die vorangehenden Punkte bewirkte Ausdifferenzieren der Lebensstile, was teilweise dazu führt, dass ganz neue Nachfragegruppen entstehen (vgl. z. B. Petermann/Revermann/Scherz 2006: 33 f.), wie sie beispielsweise auch im Beitrag von Rainer Helle in diesem Band mit den „anspruchsvollen Genießern" angesprochen werden.

Aber auch der Klimawandel wird – unabhängig von katastrophalen Sonderereignissen – die Nachfrage zumindest bezüglich der gewählten Zielgebiete beeinflussen. Änderungen in der Häufigkeit von z. B. anhaltenden Hitzeperioden oder Schlechtwetterperioden können Verhalten beeinflussen, wenn sie sich im öffentlichen Bewusstsein verfestigen (vgl. z. B. die Fallstudie über Sylt, hrsg. von Daschkeit/Schottes 2002, insbesondere Kapitel 9 und 10).

Die skizzierten Änderungen der Rahmenbedingungen touristischer Nachfrage, insbesondere diejenigen in demographischer Hinsicht, gelten allerdings primär, so ist zu betonen, für die touristische Nachfrage der Einwohner Deutschlands. Im Rahmen dieses Bandes ist dies auch sinnvoll, da die Ausländerquote an den Übernachtungen insbesondere an der Nordseeküste, aber auch an der Ostseeküste sehr niedrig liegt, lässt man einmal die Städte unberücksichtigt. Eine Zielsetzung, deren Anteil zu erhöhen, wäre allerdings mit der Notwendigkeit verbunden, die Aussagen dieses und der folgenden Kapitel im Blick auf potenzielle, zusätzlich zu erschließende Quellländer zu überprüfen. Dieser Aufgabe widmet sich auch bereits die Tourismusagentur Schleswig-Holstein (TASH).

2 Generelle Verhaltensänderungen der touristischen Nachfrage

Die zentrale und in Bezug auf zahlreiche Einzelindikatoren einzige Informationsquelle über die Entwicklung der touristischen Nachfrage in Deutschland ist die „Helferanalyse" der Forschungsgemeinschaft Urlaub und Reisen (F.U.R), die jährlich durchgeführt wird und auch die wichtigste Quelle anderer einschlägiger Publikationen darstellt (wie

z. B. Petermann/Revermann/Scherz 2006). Aus diesem Grunde wird die F.U.R. in diesem Kapitel häufig als Quelle herangezogen.

Nachdem bis in die Mitte der 1990er Jahre die Reiseintensität und das Reisevolumen der Deutschen Bevölkerung gestiegen waren (F.U.R. 2004, Figur 25), ist seitdem eine stagnierende Entwicklung auch im internationalen Vergleich auf sehr hohem Niveau zu beobachten. Die Reiseintensität, also der Anteil der Bevölkerung (über 14 Jahre), der zumindest eine Urlaubsreise im jeweiligen Jahr durchführt, schwankt seit 1994 geringfügig um 75 %. Das Gesamtvolumen der Reisen von fünf und mehr Tagen liegt seit 1994 durchgängig zwischen 60 und 65 Mio. je Jahr. Die Reiseregelmäßigkeit hat in den letzten 40 Jahren erheblich zugenommen. Mittlerweile machen 60 % der Deutschen jährlich und weitere 28 % im Schnitt jedes zweite Jahr eine Urlaubsreise von fünf und mehr Tagen Länge (F.U.R. 2004, Figur 26). Allein dies erklärt schon die nicht ausgeschöpften 25 % der Reiseintensität (siehe oben). Bei der Reiseregelmäßigkeit sollte davon ausgegangen werden, dass eine weitere Zunahme kaum noch möglich ist, sodass auch die Reiseintensität an ihrer Obergrenze angekommen ist.

Auch die 2+-Reisen (Summe der zweiten, dritten etc. Urlaubsreisen pro Jahr) entwickeln sich in Intensität und Volumen in den letzten Jahren kaum aufwärts (vgl. Petermann/Revermann/Scherz 2006: 52 ff.). Dabei ist, ähnlich wie bei den Kurzurlaubsreisen, allerdings eine besonders starke Konjunkturabhängigkeit festzustellen. Die längerfristigen Trends haben eine eindeutig steigende Tendenz (jährliche Reiseanalysen).

Mit der Entwicklung der 2+-Reisen und der Kurzurlaube ist unmittelbar verbunden, dass die Saisonalität sinkt, da die Haupturlaubsreise wenn möglich der Hauptsaison zugeordnet wird. Hier wird also erstmals eine direkte Verbindung zu den im ersten Kapitel skizzierten Rahmenveränderungen erkennbar. Schon der Anteil der Haupturlaubsreisen außerhalb der Saison, also im Zeitraum September bis Mai, ist von 1972 bis 2003 von 34 % auf 43 % gestiegen. Der entsprechende Anteil der 2+-Reisen liegt im gleichen Zeitraum bei knapp unter 80 % (F.U.R. 2004, Figur 47).

In Bezug auf die Reisedauer ist der derzeit stabilste Trend zu beobachten, nämlich eine bisher anhaltende Verkürzung der Urlaubsreisen von fünf und mehr Tagen Länge. Bei der Haupturlaubsreise dokumentiert die Reiseanalyse zwischen 1980 und 2003 einen Rückgang der Reisedauer um 21 % auf knapp 14 Tage, bei den 2+-Reisen um knapp 15 % auf zehn Tage (F.U.R. 2004, Figur 46). In diesen Durchschnitten verbirgt sich, dass der Anteil der nur kurzen Urlaubsreisen mit einer fünf- bis achttägigen Dauer seit langem zu Lasten längerer Reisen sehr deutlich ansteigt (vgl. auch Beitrag Homp in diesem Band).

Vor diesem Hintergrund stellt sich die Frage, ob Urlaube durch Kurzurlaube ggf. substituiert werden könnten. Die F.U.R. (2004) verneint dies und verweist darauf, dass die Kurzurlauber selbst zugleich auch unverändert Urlaubsreisen einer Länge von fünf Tagen und mehr unternehmen. In Anbetracht der wachsenden Flexibilität, Kurzurlaube über die Viertagegrenze hinaus auszudehnen (vgl. 1. Kapitel) muss dies jedoch hinterfragt werden. Oben wurde schon darauf hingewiesen, dass sich ein zunehmender Anteil der fünf- und mehrtägigen Reisen in einer Länge von fünf bis acht Tagen erschöpft. Dabei handelt es sich also um Reisen, die eindeutig nicht der Definition des Kurzurlaubs entsprechen, von den Urlaubern selbst aber als kurzer Urlaub und nur unwesentlich anders als zum Beispiel eine 4-Tagereise empfunden werden. Es spricht also viel dafür, dass es im Empfinden der Urlauber durchaus zu einer Substitution langer Urlaube durch Kurzurlaube kommt, sich dabei die Kurzurlaube jedoch vermehrt durch knappes Überschreiten der Viertagegrenze rein statistisch wieder in Urlaube verwandeln.

Besonders wichtig erscheint neben den skizzierten quantitativ fassbaren Verhaltensänderungen jedoch auch die qualitative Veränderung der touristischen Nachfrage. So wie sich allgemein in der Gesellschaft das Konsumverhalten mit wachsender Preisorientierung, Erlebnisorientierung, und Multioptionalität verändert, so gilt dies auch für den Touristen (Back 2006: 22). Er wird ebenfalls wählerischer, preisbewusster und multioptionaler, also schwerer kalkulierbar. Man spricht vom „hybriden Urlauber": heute billig, morgen Luxus. In diesem Jahr Sonnen am Strand, im nächsten Jahr eine Abenteuerreise. Im Frühjahr Cluburlaub, im Herbst individuell „ins Blaue". Nachmittags mit Ryanair für 30 € nach Pisa, abends aufwändiges Tafeln bei toskanischer Küche und italienischen Weinen. Rabattnutzungen haben in den letzten Jahren, in enger Abhängigkeit vom Angebot, massiv zugenommen, wie Tabelle 1 zeigt (F.U.R. 2004, Figur 58). Dies steht nicht im Widerspruch dazu, dass die Nachfrage immer qualitätsbewusster wird. Besonders deutlich wird dies dadurch untermauert, wie sich die Ansprüche an die Urlaubsunterkunft gewandelt haben. Während 1972 noch zu 36 % in Pensionen bzw. Privatzimmern übernachtet wurde, ist dieser Anteil mittlerweile auf 10 % gesunken. F.U.R. 2004 (Figur 49) vermutet, dass dieser Anteil bis 2015 auf unter 5 % absinken wird. Die Hotelquote liegt mittlerweile bei über 50 %. Dies muss zum einen in Verbindung mit dem gewachsenen Auslandsanteil der Urlaubsreisen gesehen werden (siehe unten). Zum anderen zeigt es aber auch die hohe Priorität für Qualität. In Verbindung mit dem Trend der Verkürzung der Urlaubsreisedauer lässt sich formulieren: Lieber kürzer als anspruchslos.

Tabelle 1: Rabattnutzung bei Urlaubsreisen (Angaben in Prozent)

	1999	2003
Frühbucherrabatt	7	13
Lastminute-Ermäßigung	6	7
Kinderermäßigung	6	8
sonstige Sonderangebote	12	17
mindestens eine Rabattform	29	42

Quelle: Reiseanalysen 2000 und 2004

Wachsende Ansprüche der touristischen Nachfrage schlagen sich schließlich auch in einer gesteigerten Erlebniserwartung nieder. Ereignisse und Erlebnisse während des Urlaubs bis hin zur Gestaltung des gesamten Urlaubs als mehr oder weniger persönliches Ereignis nehmen an Stellenwert zu. Bestanden Belohnungen, Gewinne oder Geschenke früher aus materiellen Gegenständen aller Art, geht es dabei heute immer häufiger um Freizeit- und Reiseerlebnisse mit zumindest teilweise auch ideellem Wert für den Adressaten. Dabei kann man „große" und „kleine Erlebnisse" unterscheiden:

- Bei „großen Erlebnissen" geht es um Spektakuläres – von hochmodernen künstlichen Erlebniswelten über Abenteuertouren bis zu kulturellen Spitzenereignissen mit Spitzenkünstlern etc.

- Bei den „kleinen Erlebnissen" geht es um eine aufregende Disco, eine interessante Wanderung, ein gutes Restaurant mit erlesener Karte, ein kleines servicestarkes Wellnesshotel, eine vielfältige Fußgängerzone mit tollen Shoppingangeboten, ein verstecktes Museum, das nur Eingeweihte kennen etc.

Je nach Lebensstilgruppe liegen die inhaltlichen Schwerpunkte und Prioritäten verschieden und wirken sich unterschiedlich aus. Die Alterung der Bevölkerung lässt jedoch eine These zu: Die kleinen Erlebnisse werden voraussichtlich an Bedeutung zunehmen.

3 Der Nachfragetrend bezüglich „Reiseziel Deutschland"

Die Auslandsquote bei den Haupturlaubsreisen stieg seit den 1970er Jahren fast kontinuierlich bis Mitte der 1990er Jahre auf ein Niveau von 70%. Seit 1996 stagniert sie dort allerdings (Reiseanalysen). Da der Bedarf an Sonne, Strand und Exotik überproportional mit der Haupturlaubsreise abgedeckt wird, liegt die Auslandsquote bei 2+-Urlaubsreisen sowie bei Kurzurlaubsreisen niedriger. Steigt deren Anteil am Gesamtreisevolumen, so kann unterstellt werden, dass dies automatisch zu einer tendenziell stärkeren Berücksichtigung Deutschlands als Reiseziel führt.

Es wurde allerdings schon darauf hingewiesen, dass 2+-Reisen und Kurzurlaube in ihrem Volumen sehr konjunkturempfindlich reagieren. Zudem wird auf sie schneller verzichtet, wenn sich die Freizeit- und Urlaubsbudgets verengen. F.U.R. 2004 geht deshalb eher von einer Stabilisierung des Gesamtreisevolumens in den nächsten zehn Jahren aus. Hinzu kommt, dass insbesondere bei Kurzurlauben die Auslandsquote in Verbindung mit dem sich ausweitenden Angebot der Billigfluglinien steigen dürfte. Beide Tendenzen schwächen den oben skizzierten Deutschland-Effekt ab.

Mittelfristige Chancen ergeben sich wiederum für das Reiseziel Deutschland daraus, dass die Entwicklung der 2+-Reisen und der Kurzurlaube verstärkt von den Senioren getragen wird (vgl. Reuber/Wolkensdorfer 2006: 230), deren durchschnittliches Reisebudget derzeit tendenziell noch steigt. Zwar sind die Zeiten weitgehend vorbei, in denen Senioren allein aufgrund des Kohorteneffektes[2] eine starke Urlaubsbindung an Deutschland aufwiesen. Deutsche Städte und Landschaften können in der Konkurrenz mit anderen europäischen Destinationen jedoch genauso viel bieten. Dies betrifft insbesondere die oben bereits angesprochenen „kleinen Erlebnisse", die von Senioren in verstärktem Maße nachgefragt werden.

Ein zusätzlicher Deutschland-Effekt könnte davon ausgehen, dass die Pkw-Mobilität der Senioren anwächst (vgl. erstes Kapitel). Auch dabei muss vor allem auf 2+-Reisen und insbesondere Kurzurlaube geachtet werden, da die nachwachsenden Senioren inzwischen kaum noch Auslandshemmschwellen kennen, etwa wegen mangelnder Sprachkenntnisse oder Flugangst. Die Konstellation aus relativ spontaner Planung, Bequemlichkeit der Pkw-Nutzung und altersgerechten Entfernungen von maximal 300 bis 500 km führt fast automatisch zu einer hohen Priorisierung des Reiseziels Deutschland.

Fraglich ist, ob sich die Seniorenoption auf Langurlaube (über drei Wochen) zugunsten Deutschlands auswirken kann. Bisher sind entsprechende Langurlaube vor allem in zwei Segmenten zu beobachten, nämlich

- im Camping auf Dauerstellplätzen sowie

- in der Nutzung preiswerter Ferienwohnungsangebote außerhalb der Saison im Mittelmeerraum und auf den Kanarischen Inseln, nicht selten über ein bis drei Monate hinweg; dabei handelt es sich übrigens um eine in der jährlichen Reiseanalyse kaum erfasste Urlaubergruppe, da sie in der Befragungszeit im Januar jeden Jahres gerade zu einem nur kleineren Teil in Deutschland anzutreffen ist.

Während das Dauercampen ein in Deutschland und speziell auch in Norddeutschland bereits stark verbreiteter Teilmarkt ist, stellt sich die Frage, ob dies längerfristig auch in Bezug auf Ferienwohnungsangebote und Ähnliches denkbar wäre. Hier sollte vor allem beobachtet werden, wie sich die Bestände an vermietbaren Zweitwohnungen, Wochen-

---

[2] Für die vergangenen 40 Jahre ist nachgewiesen, dass eine Jahrgangsgruppe das Urlaubsverhalten, das sie bis in ein Alter von 40 bis 50 entwickelt hat, danach weitgehend beibehält, es also alterskohortenspezifische Urlaubsverhaltensmuster gibt.

endhäusern und Ferienappartements gerade auch in Norddeutschland in Anbetracht der allgemeinen längerfristigen Wohnungsmarktentspannung entwickeln. Der in Dänemark selbstverständliche Effekt der Nutzung von Sommerhäusern durch Verwandte und Freunde[3] könnte dabei auch in Deutschland und speziell auch in Schleswig-Holstein und Niedersachsen an Bedeutung gewinnen. Es muss an dieser Stelle allerdings offen bleiben, ob dies zulasten anderer Deutschlandurlaube mit ggf. anderen Übernachtungsformen oder zulasten von Fernurlauben in den mediterranen Raum gehen würde oder aber zusätzliche Nachfrage darstellen könnte.

Das Reiseziel Deutschland wird sich, so kann man zusammenfassend postulieren, zumindest als Option stabilisieren, wenn nicht sogar verstärken. Inwieweit diese Option auch genutzt wird, hängt entscheidend von der Entwicklung des Angebots ab. Darauf ist weiter unten noch einmal zurückzukommen.

4 Konsequenzen für die Küstendestinationen

Welche Folgerungen lassen sich aus den bisher beschriebenen Trends für die touristische Nachfrage an Nord- und Ostsee ableiten? Zur Beantwortung dieser Frage müssen die Haupturlaubergruppen dieser Region betrachtet werden. Es sind derzeit in der Reihenfolge ihrer Umsatzrelevanz

- Familien mit kleineren Kindern und mittlerem bis hohem Einkommen,
- Urlauber ab 55 Jahre, in der Regel zu zweit, seltener allein, in allen Einkommensgruppen („Best Ager"),
- Familien mit größeren Kindern (ab 10 Jahre) und höherem Einkommen.

Dieses Ranking ist am Beispiel der schleswig-holsteinischen Nordseeküste ermittelt worden, gilt jedoch auch für die niedersächsische Nordseeküste und die schleswig-holsteinische Ostseeküste.

In Anbetracht des oben beschriebenen demographischen Wandels kommt es zu einer Umgewichtung dieser Gruppen. Dies wird zum einen, zumindest in längerfristiger Perspektive, dazu führen, dass die ersten beiden Nachfragegruppen ihre Plätze tauschen. Die „Best Ager" werden ihren zukünftigen Spitzenplatz vor allem auch dadurch untermauern, dass sie sowohl im unteren als auch im oberen Einkommensbereich besonders umsatzrelevant sind, im unteren durch ihre Zahl, im oberen durch ihre haushaltsspezifische Konsumbereitschaft.

Zum anderen könnte die dritte Gruppe durch andere Nachfragegruppen verdrängt werden. Eine Gruppe, die in jedem Fall an Bedeutung gewinnen wird und – beispielsweise im neuen Tourismuskonzept der schleswig-holsteinischen Landesregierung – besonders umworben ist, ist die der „anspruchsvollen Genießer" (vgl. Beitrag Helle in diesem Band), also der 35- bis 55-Jährigen mit gehobenem Einkommen, die ohne Kinder verreisen.

Schon diese wenigen, im Wesentlichen aus dem demographischen Wandel abzuleitenden Eckpunkte haben durchgängig zur Folge, dass die Nachfrage in wachsendem Maße über die Option verfügt, außerhalb der Hauptsaison zu verreisen. Dies bietet für die Küstendestinationen die Chance einer Auslastungsverbesserung unter der Voraussetzung, dass

---

[3] 24 % der dänischen Inlandsreisen finden, was die Unterkunft betrifft, „bei Freunden/Familienmitgliedern" statt (vgl. Beitrag von S. C. Baptista und M. Hansen in diesem Band). Der entsprechende Wert für Deutschland liegt bei 10 % (2003, vgl. F.U.R. 2004, Figur 49)

- die Auslastung der Hauptsaison nicht sinkt – bisher ist die Hauptsaison an Nord- und Ostsee durch Vollauslastung mit Nachfrageüberhang gekennzeichnet; dies muss jedoch nicht so bleiben (siehe oben), sodass die Angebote auch in der Hauptsaison immer wieder in ihrer Attraktivität stabilisiert und ausgebaut werden müssen;
- die Attraktivität insbesondere für „Best Ager" oder auch für „anspruchsvolle Genießer" in der Nebensaison in der Konkurrenz mit anderen Destinationen durchgreifend gestärkt wird.

Dies muss nun im Zusammenhang damit gesehen werden, dass die touristische Nachfrage über alle Nachfragegruppen hinweg, aber insbesondere bei den „Best Agern" und „anspruchsvollen Genießern" immer qualitätsbewusster wird (F.U.R. 2004: 27). Dies ist zwar schon für die vergangenen 50 Jahre einer der wichtigsten Nachfragetrends, muss jedoch auch für die Zukunft sehr sorgfältig berücksichtigt werden, da (siehe oben)

- die Bindung an bestimmte Urlaubsziele (Stammgast-Phänomen) abnimmt.
- die Kurzfristigkeit der Urlaubsentscheidungen insbesondere bei den 2+-Urlauben wächst, die wiederum für die Nebensaison speziell an Nord- und Ostsee eine wachsende Bedeutung haben (siehe oben).

Wollen die Küstendestinationen auf wachsende Ansprüche ihrer Hauptgästegruppen reagieren können, bedeutet das für sie:

1. Der Nachfrage nach „maritimer Natur" muss mit wachsender Qualität entsprochen werden. Die zentralen Entscheidungsgründe für einen Urlaub an der Küste haben durchgängig mit Wasser, Brandung, Wind und Sonne in einer Küstenlandschaft – mal mit Strand und Baden, mal mit Ebbe und Flut, mal mit Wandern und Weite – zu tun. Die Erlebbarkeit der maritimen Natur muss laufend optimiert und ausgebaut werden.

2. Die maritime Natur steht jedoch nicht isoliert im Mittelpunkt der Nachfrageansprüche. Sie muss integriert in die umfassende maritime Kulturlandschaft mit Schiffen und Leuchttürmen, Fischern und Fähren, Häfen und Deichen etc. gesehen werden. Dabei darf das maritime Hinterland mit Schlössern und Herrenhäusern, eingedeichten Flussläufen und Kanälen – z. B. Nord-Ostsee-Kanal – nicht außer Acht gelassen werden. Die Nachfrage erwartet zunehmend eine sorgfältige Ausgestaltung der Kulturlandschaftsidentität.

3. Die wichtigsten Störpotenziale im Zusammenhang mit den Ziffern 1 und 2 dürften im Bereich der mangelnden Ortsbildgestaltung liegen. Dies ist der Hauptgrund, warum in der neuen schleswig-holsteinischen Tourismusstrategie von 2006 das Leitprojekt „Optimierung kommunaler Infrastruktur" aufgelegt worden ist, in dem es um das Erscheinungsbild der Tourismusorte in jeder Hinsicht geht (vgl. Beitrag Helle in diesem Band).

4. Die wachsenden Ansprüche insbesondere im Zusammenhang mit Ziffer 2 beziehen sich ganz wesentlich auch auf die Erlebbarkeit von Hafenorten und Seebädern mit maritimem Ambiente, das immer weiter optimiert werden muss.

5. Weiterhin wachsende Qualitätsansprüche müssen auch in Bezug auf kulturelle Angebote sowie auf Gastronomie und Beherbergung/Hotellerie erwartet werden. Dabei geht es keineswegs nur um die Spitzenangebote, deren überregionale Konkurrenzfähigkeit stabilisiert werden muss. Im Blickpunkt muss vor allem die Qualitätssteigerung im breiten Angebotssockel stehen, der den Anspruch regionaler Unverwechselbarkeit einlösen muss (vgl. Sparkassen- und Giroverband für Schleswig-Holstein 2006). Gerade hier geht es um die Einbindung in die regionale Identität, wie sie in den Ziffern 1 und 2 angesprochen wurde.

6. Die oben erwähnten, an Bedeutung wachsenden Nachfragegruppen sind überproportional an gesundheitsfördernden Aktivitäten interessiert. Dies ist nur bei einem kleineren Teil mit wachsender Sensibilität für wellness-orientierte Angebote gleichzusetzen. Vorrangig geht es um die Nachfrage nach Fahrrad- und Wanderangeboten, ggf. integriert in geführte Touren aller Art (F.U.R. 2005: 99).

Die zunehmende Anspruchshaltung ist nur bei einem kleineren Teil der ost- und nordseerelevanten Nachfrage daraus abzuleiten, dass die Zahlungsbereitschaft wächst. Hauptursache ist vielmehr die wachsende Preissensibilität vor dem Hintergrund ausufernder Rabattierungen auch bei sehr attraktiven konkurrierenden Angeboten (F.U.R. 2004: 104). Dabei stehen die deutschen Küstendestinationen in unmittelbarem Wettbewerb mit Destinationen im Ausland, ob im mediterranen Raum, in den EU-Beitrittsländern oder auch in Übersee. Nord- und Ostsee können sich dabei – und dies gilt auch für Destinationen im Binnenland – nur behaupten, wenn sie die Optionen auf „Urlaub in Deutschland" als Urlaub in vertrauter Umgebung durch ein möglichst authentisches regional definiertes Angebot zu bedienen verstehen.

Literatur

Bachleitner, R. (2004): „Erlebnis" kritisch betrachtet. In: Kagelmann, H. J.; Bachleitner, R.; Rieder, M.; (Hrsg.) (2004): Erlebniswelten – zum Erlebnisboom in der Postmoderne. Profil Verlag. München, Wien, S. 16 – 20.

Back, H.-J. (Hrsg.) (2006): Konsequenzen aus der demographischen Entwicklung für Regionen in Norddeutschland. Räumliche Konsequenzen des demographischen Wandels, Teil 7. Arbeitsmaterial Nr. 328, Akademie für Raumforschung und Landesplanung. Hannover.

BMVBS (Bundesministerium für Verkehr, Bau und Stadtentwicklung) (2006): Verkehr in Zahlen 2006/07.

Daschkeit. A.M.; Schottes, P. (Hrsg.) (2002): Klimafolgen für Mensch und Küste am Beispiel der Nordseeinsel Sylt. Springer Verlag. Berlin.

F.U.R. (Forschungsgemeinschaft Urlaub und Reisen e. V. 2004): Urlaubsreisetrends 2015. Die Reiseanalyse-Trendstudie – Entwicklung der touristischen Nachfrage der Deutschen. Kiel.

Dieselbe (2005): Urlaubsreisen der Senioren. Kiel.

Gans, P.; Schmitz-Veltin, A. (Hrsg.) (2006): Demographische Trends in Deutschland. Folgen für Städte und Regionen. Räumliche Konsequenzen des demographischen Wandels, Teil 6. Forschungs- und Sitzungsberichte Band 226, hrsg. von der Akademie für Raumforschung und Landesplanung. Hannover.

Kreisel, W. (2003): Trends in der Entwicklung von Freizeit und Tourismus. In: Becker, C.; Hopfinger, H.; Steinecke, A. (Hrsg.) (2003): Geographie der Freizeit und des Tourismus: Bilanz und Ausblick. R. Oldenbourg Verlag. München. Wien.

Mundt, J. (2006): Tourismus. 3. Auflage R. Oldenbourg Verlag. München. Wien.

Østergård, N. (1994): Räumliche Planung in Dänemark. Umweltministerium Dänemark. Kopenhagen.

Petermann, T.; Revermann, C.; Scherz, C. (2006): Zukunftstrends im Tourismus. Studien des Büros für Technikfolgen-Abschätzung beim Deutschen Bundestag Nr. 19.

Reuber, P.; Wolkersdorfer, G. (2006): Demographischer Wandel und Tourismus. In: Gans, P.; Schmitz-Veltins, A.: Demographische Trends in Deutschland. Folgen für Städte und Regionen. Räumliche Konsequenzen des demographischen Wandels, Teil 6. Forschungs- und Sitzungsbericht Band 226, hrsg. von der Akademie für Raumforschung und Landesplanung. Hannover, S. 221 – 239.

Sparkassen- und Giroverband für Schleswig-Holstein (2006): Tourismusbarometer – Jahresbericht 2006 (in Zusammenarbeit mit dem Tourismusverband Schleswig-Holstein).

Wirtschaftsministerium Schleswig-Holstein (2006): Handlungskonzept für die Neuausrichtung des Tourismus in Schleswig-Holstein. Kiel.

Catrin Homp

Allgemeine Trends im touristischen Angebot am Beispiel von Schleswig-Holstein

1	Verbesserung der Erlebbarkeit des natürlichen Angebots
2	Gezielter nutzergruppenspezifischer Ausbau der Infrastruktur
2.1	Ausgangssituation
2.2	Leitbild 2015 für die Tourismusinfrastruktur als Rahmenkonzept
2.3	Touristische Basisinfrastruktur – authentische Basis mit maritimer Prägung
2.4	Landschaftsbild und Ortsbilder rücken zunehmend in den Mittelpunkt
2.5	Verkehrsanbindungen weiter mit Optimierungsbedarf
3	Touristische Suprastruktur – visionäre Projekte in der Planung
3.1	Allgemeine Entwicklung
3.2	Hotellerie – herausragende Lagen für anspruchsvolle Projekte
3.3	Qualitativ hochwertige Ferienhäuser auf dem Vormarsch
3.4	Strukturverbesserungen zeichnen sich ab

Literatur

1 Verbesserung der Erlebbarkeit des natürlichen Angebots

Das natürliche Angebot, Natur, Landschaft, Wasser, Luft, ist für die Gäste Schleswig-Holsteins die Hauptattraktion für ihren Urlaub in Schleswig-Holstein. Laut Marktanalyse des Instituts für Bäderforschung in Nordeuropa (NIT 2001) besteht das Interesse an intakter Natur und Umwelt bei 86 % der Deutschlandreisenden und bei 91 % der Schleswig-Holstein-Urlauber. Nach dieser Analyse sind über 80 % der Schleswig-Holstein-Gäste als Natururlauber einzustufen. Um das natürliche Angebot als Wirtschafts- und Erholungsraum und damit auch als Basis des Tourismus zu erhalten und es den Gästen in Teilen erlebbar zu machen, wurden in der Vergangenheit zahlreiche Schutzgebiete geschaffen, die neben dem reinen Schutzzweck den Urlaubern in abgegrenzten Gebieten Erlebnismöglichkeiten eröffnen sollten. Dies geschah in der Erkenntnis, dass Tourismus nicht nur Störung und Risiko für die Natur bedeutet, sondern dass Tourismus auch die Ziele des Naturschutzes befördern kann, indem – neben ökonomischen Vorteilen für die Region – das Erleben weitgehend intakter Naturlandschaften auch ein Verständnis für deren Schutzbedürftigkeit weckt. Zu diesem Zweck wurden insbesondere seit den frühen 1990er Jahren zahlreiche Naturerlebniseinrichtungen (Naturinfozentren, naturkundliche Museen) geschaffen. In den letzten Jahren hat dieses Angebotssegment in Schleswig-Holstein der allgemeinen Entwicklung im In- und Ausland folgend eine neue Ausrichtung hin zu Erlebnis, Info- und Edutainment erhalten. Einrichtungen wie das „Multimar Wattforum" in Tönning, das Sturmflutenprojekt „Blanker Hans" in Büsum, das „Sea Life" in Timmendorfer Strand, das Meereszentrum Fehmarn oder das in Planung befindliche Erlebniszentrum Naturgewalten in List/Sylt sind Beispiele für diese Entwicklung.

Der Meeresschutz hat bei Land und Kommunen in den letzten Jahren einen hohen Stellenwert erhalten. Die Badegewässerqualität ist hier von zentraler Bedeutung für die

Gäste Schleswig-Holsteins. Es wurden Verschmutzungsquellen beseitigt, Kläranlagen weiter verbessert und die Forderungen nach mehr Schiffssicherheit in Nord- und Ostsee zur Vermeidung von Havarien mit weit reichenden negativen Konsequenzen werden lauter. Qualitätsmanagementsysteme sollen Badegästen in Zukunft noch mehr Sicherheit bezüglich der hygienischen Situation geben. Auch der Strand als angebotsprägendes maritimes Element wurde in den vergangenen Jahren weiter aufgewertet: Sauberkeit und Sicherheit sind bei den Gemeinden fest verankerte Qualitätsmerkmale und nehmen einen hohen Stellenwert in der kommunalen Praxis ein.

Neben dem notwendigen Schutz der natürlichen Ressourcen und der daraus resultierenden Notwendigkeit einer nachhaltigen Planung von Tourismuseinrichtungen muss jedoch auf der anderen Seite gewährleistet sein, dass sich Tourismus unter dem Aspekt der Sicherung der Lebensverhältnisse in der Region in wirtschaftlich sinnvollen Einheiten weiter entwickeln kann. Dazu ist es notwendig, dass der Tourismus als eigenständiges Interesse anerkannt und im Planungsprozess im Rahmen eines umfassenden Interessenausgleichs Berücksichtigung findet.

2 Gezielter nutzergruppen spezifischer Ausbau der touristischen Infrastruktur

2.1 Ausgangssituation

Der Wettbewerbs- und Innovationsdruck nimmt im Tourismus seit Jahren zu. Tourismusregionen müssen auf die sich immer schneller ändernden Bedürfnisse der Verbraucher reagieren bzw. die Änderungen antizipieren und sich gleichzeitig neuen Angeboten auf den Markt drängender Mitbewerber stellen.

Generell sind wachsende Kapazitäten im In- und Ausland sowohl durch neue Destinationen als auch durch steigende Unterkunftskapazitäten in bestehenden Destinationen und durch neue „künstliche" Destinationen oder Erlebniswelten zu erwarten. Dies verschärft die Konkurrenzsituation für die Küstenländer. Die Regionen werden in einem globalen Wettbewerb in Bezug auf Preise, Qualität und Service, Infrastruktur und Marketing stehen.

Das touristische Angebot ist im Gegensatz zum üblichen Warenangebot eine Kombination von Sach- und Dienstleistungen, natürlichen Gegebenheiten und Infrastruktur. Die einzelnen Leistungen von Anbietern finden ihre Ergänzung durch Leistungen anderer und der von Staat und Gemeinden geschaffenen Infrastruktur. Der Gast nimmt das Angebot eines einzelnen Betriebes, eines Ortes, einer Region, eines Landes als „kollektive Produktion" wahr (vgl. Krippendorf 1971). Das touristische Angebot setzt sich zusammen aus dem ursprünglichen und dem abgeleiteten Angebot. Das ursprüngliche Angebot umfasst neben den natürlichen Gegebenheiten die soziokulturelle Prägung einer Destination sowie die allgemeine Infrastruktur der Versorgung (Transport, Energie-, Wasserversorgung) und der Entsorgung. Das abgeleitete Angebot wird unterteilt in touristische Infrastruktur und Suprastruktur (vgl. Kaspar 1982: 62ff.).

Die touristische Infrastruktur bezeichnet in Abgrenzung zur allgemeinen Infrastruktur all jene Einrichtungen, die speziell für die Touristen geschaffen werden und über den Bedarf der einheimischen Bevölkerung hinausgehen. Die touristische Infrastruktur spielt eine bedeutende Rolle im touristischen Angebotsbündel und ist als Basis aller Aktivitäten im Marketingbereich stark erfolgsbestimmend für einen Ort, eine Region, ein Land. Die Infrastruktur prägt neben dem natürlichen Angebot ganz wesentlich die Wahrnehmung und beeinflusst die Bewertung des Urlaubsortes durch die Gäste. Diese Bewertung strahlt wiederum auf die Einschätzung der gesamten Region aus und ist somit imageprägend für das Land. Unter dem Begriff „touristische Infrastruktur" ist in diesem Zusammenhang zu verstehen:

- Touristische Basisinfrastruktur (Schwimmbäder, Kurmittelhäuser, Promenaden, Grünanlagen, Strandeinrichtungen, Häuser des Gastes, Museen, Freizeit- und Erlebniseinrichtungen, Fußgängerzonen, Wegenetz, Sportanlagen, Touristeninformationen)
- Siedlungsstruktur, Architektur, Ortsbilder
- Verkehrsnetze (überregional und lokal)

Die touristische Suprastruktur bezeichnet die Einrichtungen für die Beherbergung und die Verpflegung (siehe 3. Kapitel).

Bei der folgenden Beschreibung von Trends wird nur auf ausgewählte Angebotskomponenten eingegangen, die sich durch eine besonders dynamische Entwicklung oder eine besondere Bedeutung auszeichnen, im Vergleich zu nationalen oder internationalen Mitbewerbern die größten Defizite aufweisen oder die auf Grund der sich abzeichnenden Nachfragetrends eine besondere Bedeutung für Schleswig-Holstein erhalten werden.

2.2 Leitbild 2015 für die Tourismusinfrastruktur als Rahmenkonzept

In Schleswig-Holstein wird es im Rahmen eines Leitprojektes im Rahmen der neuen Tourismuskonzeption des Landes (vgl. Beitrag Helle in diesem Band) darum gehen, Verbesserungen der touristischen Infrastruktur zu realisieren. Die Ausgangsfragestellung ist, welche Bedürfnisse der im neuen Tourismuskonzept definierten Zielgruppen an die touristische Infrastruktur in Zukunft relevante Faktoren für eine Reisentscheidung sein werden. Dabei ist die Frage zu klären, wie sich die derzeitige tourismusrelevante Infrastruktur darstellt. Aus der Formulierung eines Leitbildes für das Jahr 2015, wie eine marktgerechte nachhaltige Infrastruktur für den Tourismus in Schleswig-Holstein aussehen sollte, ergibt sich der Handlungsbedarf für das Land und seine Regionen und Orte.

Die Bedürfnisstrukturen und Wertvorstellungen der im Rahmen des Handlungskonzeptes des Landes definierten Zielgruppen werden unter Beachtung einer regionalen Betrachtungsweise in den Mittelpunkt der Planungen gestellt, um eine visionäre, zukunftsfähige und strukturwirksame Entwicklungsplanung zu betreiben. Zentrale Bedeutung nimmt dabei die nachhaltige Entwicklung der Regionen und Orte ein.

Aus den letzten beiden Punkten folgt für Schleswig-Holstein, dass mit dem Konzept zur Verbesserung der touristischen Infrastruktur auch eine Grundlage geschaffen werden muss, um die Infrastrukturplanung i.S. einer raumübergreifenden Entwicklungsstrategie auf der Grundlage der Lissabonstrategie, die sowohl den Leitbildern und Handlungsstrategien zur Raumentwicklung als auch der zukünftigen Förderpolitik der EU zu Grunde liegt, zu formulieren und so verstärkt an den zukünftigen Fördermöglichkeiten auf EU- und Bundesebene auch für den Infrastrukturbereich zu partizipieren.

2.3 Touristische Basisinfrastruktur – authentische Basis mit maritimer Prägung

Die touristische Basisinfrastruktur wird sich in Zukunft noch stärker an den Gästevorstellungen orientieren und sich im Ergebnis als Gesamtbild präsentieren müssen. In Anbetracht globaler Entwicklungen von multifunktionalen Erlebniswelten muss Schleswig-Holstein hier seine eigene authentische Profilierung finden, ohne unreflektiert die teilweise Überinszenierung von Destinationen in Konsumwelten als Me-Too-Strategie zu übernehmen. Die Ausstrahlung als natürliches, naturbezogenes und sympathisches Urlaubsland sollte Richtschnur des Planens und Handelns für die Zukunft sein. Die unterschiedlichen Beteiligten, in deren Trägerschaft sich touristische Infrastruktur befindet, müssen im Sinne eines ganzheitlichen Konzeptes nicht nur örtlich, sondern auch überörtlich zu einem koordinierten Planungsprozess zusammenfinden. Das bedeutet den nun endgültig notwendigen Abschied von Einzelinteressen zu Gunsten einer verbesserten Wertschöpfung aus dem Tourismus für die Region und erfordert neben der horizontalen Kooperation zwischen privaten Trägern und der Kommune auf Ortsebene, aber auch einer interkommunalen Zusammenarbeit, auch die Etablierung einer vertikalen Zusammenarbeitsstruktur mit den Kreisen und den Regionen.

Immer mehr wird es für die einzelnen Orte und Regionen darum gehen, ihre eigene Ausrichtung zu finden, ihr Alleinstellungsmerkmal nicht nur in der Kommunikationspolitik herauszuarbeiten, sondern es schon in der Produkt- und Angebotspolitik zum bestimmenden Planungsfaktor zu machen.

Bei touristischen Freizeiteinrichtungen ist generell kein einheitlicher Trend auszumachen. Die Entwicklung spielt sich zwischen zwei Polen ab: Zum einen geht der Trend hin zu multifunktionalen komplexen Mixed-Use-Centern, die standardisiert die unterschiedlichsten Formen von Erlebnis-, Übernachtungs- und Einkaufsmöglichkeiten bieten. Zum anderen lässt aber der Wunsch nach einer intakten und harmonischen Umwelt als Gegentrend zu den künstlichen Urlaubswelten den nachhaltigen Tourismus (wieder) mehr an Bedeutung gewinnen. Der Anspruch an eine authentische Urlaubswelt als Gegenwelt zum oftmals als fremdbestimmt empfundenen Alltag lässt besonderen Spielraum und Chancen für Regionen und Freizeiteinrichtungen, die „Entschleunigung" und Reduktion auf das Wesentliche zur Basis ihrer Planungen machen. Die Bewahrung und bewusste Inszenierung von regionalen Besonderheiten, ob gesellschaftlich, kulturell, architektonisch oder gastronomisch, unterscheidet diese Regionen von standardisierten Erlebniswelten.

In Schleswig-Holstein konnte bei der Realisierung von Freizeiteinrichtungen in den letzten Jahren beobachtet werden, dass der Bezug zum Meer an Bedeutung gewonnen hat. Neben den Einrichtungen, die oben im ersten Kapitel genannt sind, können das Walhaus mit Einrichtung einer Walausstellung als Erweiterung des „Multimar Wattforums", die Museumswerft in Flensburg sowie der historische Hafen in Flensburg erwähnt werden.

Ergebnisse aus dem Sparkassen-Tourismusbarometer zur Situation in über fünfzig schleswig-holsteinischen Freizeiteinrichtungen zeigen, dass ausreichende Marketingetats und kontinuierliche Investitionen in Attraktionen Voraussetzung dafür sind, die für stabile bzw. steigende Besucherzahlen nötige Erlebnisvielfalt zu bieten und zu kommunizieren. Das bedeutet den Trend hin zu größeren Einheiten mit deutlich überregionalem Ausstrahlungseffekt auf hohem Qualitäts- und Servicelevel. Diese Einheiten unterliegen jedoch immer kürzeren Produktlebenszyklen. Die kontinuierlichen Bewirtschaftungskosten übersteigen oft schon nach wenigen Jahren die Höhe der Erstinvestitionen. Diese Erkenntnisse führen zu der Notwendigkeit, alternative Finanzierungsformen, z. B. Public-Private-Partnership, zu prüfen, die Reduzierung von Folgekosten zu erreichen und ein professionelles Facility Management zu etablieren. Inhaltlich wird die Entwicklung, zumindest bei Einrichtungen, die mit öffentlichen Mitteln gefördert werden, in Schleswig-Holstein den Grundsätzen der Natürlichkeit, der Authentizität, des Maritimen folgen. Sonderimmobilien wie Science-Parks oder Indoor-Skipisten sind für Schleswig-

Holstein aufgrund der Entfernung zu den Ballungsgebieten Deutschlands und den damit verbundenen Nachteilen bei den Besucherpotenzialen für eine ganzjährige Auslastung zurückhaltend zu bewerten. Hinzu kommen die generell zu beobachtenden Risiken aus der Folgenutzungsproblematik, sehr hohen Investitionssummen und Folgekosten sowie einer in vielen Fällen kritisch zu beurteilenden Energiebilanz (Indoor-Skipisten). Dennoch wird es notwendig sein, mit aufmerksamkeitsstarken neuen Einrichtungen neue Akzente zu schaffen, die auch eine Multiplikatorwirkung in der Region nach sich ziehen. Mit Blick auf Tages- und Kurzreisetourismus aus den Metropolen Hamburg und Berlin sind dabei von Vornherein nicht nur Standorte an den Küsten in Erwägung zu ziehen, sondern es ist auch durchaus zu eruieren, ob neue Einrichtungen entlang der Verkehrsadern die gewünschten Effekte für den Urlaubstourismus und den Tages- und Kurzreisetourismus auf sich vereinen können.

Der Strandbereich und seine Infrastruktur als Verbindungsbereich zwischen Tourismusort und dem Wasser als prägendem Element eines Urlaubs am Meer hat in den letzten Jahren bereits eine deutliche Aufwertung erhalten, in der Zukunft wird er voraussichtlich eine noch größere Bedeutung bekommen. Der Strandbereich verkörpert die Besonderheiten der Urlaubsorte an der Küste, bietet Rahmen und Kulisse für die grundlegendsten Urlaubsaktivitäten (Erlebnis Meer, Schwimmen, Spielen, Baden, Wassersport, Gastronomie). Der Strand wird als Erlebnisbereich für die ganze Familie von den Gemeinden und Anbietern zunehmend aufgewertet. Ein Beispiel dafür ist die Zunahme von Aktionssträndern oder die Durchführung von Sport- oder Musikevents. Ein weiteres Zeichen für diese Entwicklung ist die Einrichtung von Beachlounges an der Ostsee (z. B. Scharbeutz), die Aktivitäten aus der Themenwelt „Strand und Baden" wie z. B. Sport, Gastronomie, Ambiente, Musik sowie Spiel und Spaß bündeln sollen, um den Trend ausländsicher Destinationen oder auch der Städte für die Urlauber aufzugreifen und die Aufenthaltsqualität, aber auch das Image positiv zu beeinflussen.

Angesichts der wachsenden Bedeutung des maritimen Erlebens auf der Nachfrageseite wurden in den vergangenen Jahren bereits erhebliche Investitionen mit anteiligen öffentlichen Fördermitteln in Promenaden und Seebrücken getätigt (z. B. Promenaden in Scharbeutz, Promenade und Seebrücke in Kellenhusen, Promenade am Südstrand in Burg, Weißenhäuser Strand, Dahme). Für die Zukunft deutet sich an, dass die ganzheitliche Gestaltung unter Einbindung bestehender Promenaden und Seebrücken in das gesamttouristische Angebot der Orte weiter in den Vordergrund rücken wird. Die Neugestaltung von Strandpromenaden als Erlebniszonen mit besonderer Aufenthaltsqualität wird Thema der nächsten Jahre sein, um noch mehr die unverwechselbare maritime Atmosphäre als Attraktionspunkt hervorzuheben. Aktuelle Beispiele für diese Entwicklung sind die Promenaden in Grömitz, St. Peter-Ording oder Wyk auf Föhr. Dabei stehen eine hohe gestalterische Ästhetik, die Anbindung an das Wasser und maritime Erlebnismöglichkeiten im Vordergrund. Natürliche Baumaterialien, wie z. B. Holz und Naturstein, geschwungene Formen der Wegeführung, Wasser als gestaltendes Element und zahlreiche Erlebniselemente, wie z. B. Klanggärten, Wasserwelten, Kinderspielplätze und Aktionsflächen beschreiben die derzeitige Entwicklung in Stichworten. Die Einbindung der örtlichen maritimen Wirtschaft, z. B. die Gestaltung von Netztrockenplätzen, Fischbrötchenstände oder auch Direktverkaufsmöglichkeiten frischen Fisches für gewerbetreibende Fischer, wird sicherlich auch in Zukunft ein zentrales Element sein.

Eine zentrale Herausforderung bei der Gestaltung von Infrastruktur in den Orten wird sein, dass aus der Betrachtung der jeweiligen Ausgangssituation heraus auf den Ort zugeschnittene Planungen entwickelt werden, um die Individualität der Orte zu stärken. Dies soll durch das unter 2.2 erwähnte Gesamtkonzept erreicht bzw. befördert werden.

Für den Gesundheitstourismus hat Schleswig-Holstein aufgrund seiner natürlichen Faktoren und seiner medizinischen Kompetenz hervorragende Ausgangsvoraussetzungen. In diesem Markt ist seit Mitte der 1990er Jahre ein Strukturwandel zu beobachten. Die gesetzlichen Sparmaßnahmen im Bereich Kur und Reha in den Jahren 1996 und 1997 führten in den Heilbädern und Kurorten zu dramatischen Einbrüchen, zum Teil um mehr als 50 % der vorjährigen Gäste- und Übernachtungszahlen. Die sogenannte offene Badekur ist seit dieser Zeit praktisch nicht mehr existent. Gleichzeitig entstand im Gesundheitsmarkt mit Wellness und Fitnessangeboten ein neuer Sektor, der die Anbieter vor neue Herausforderungen stellte und weiterhin stellt.

Diese Entwicklung hat z. B. im Bereich „Kur und Reha" im Ergebnis allerdings zu einem Verdrängungswettbewerb geführt, der für Schleswig-Holstein erhebliche Rückgänge zur Folge hatte. Nach Einschätzung von Experten haben Investitionen in dieses Segment aufgrund der gesetzlichen Rahmenbedingungen, eines qualitativen Vorsprungs und auch Vorteilen einer günstigeren Kostenstruktur insbesondere ausländischer Destinationen (z. B. Osteuropa oder die baltischen Staaten) keine Chancen auf angemessene Erträge (vgl. Obier/Schmücker/Dörr 2007, S. 5 ff).

Gleichzeitig war in den letzten Jahren ein Wellness-Boom zu beobachten, der in vielen Destinationen zu hohen Investitionen in öffentliche Wellness-Anlagen, Wellness-Hotels oder Day-Spa-Einrichtungen führte. Fast jede hochwertige Hotelanlage hält ein Wellness-Grundangebot bereit, viele Regionen haben sich eine hohe Kompetenz für Wellness-Angebote angeeignet und kommuniziert (z. B. Tirol, Schweiz, Asien). Schleswig-Holstein hat die vergangenen Jahre nicht konsequent genug genutzt, um sich angemessen in die eine oder andere Richtung zu positionieren. Im Vergleich zu Mecklenburg-Vorpommern ist z. B. die Zahl der Wellness-Hotels gering. Je nach Abgrenzung sind zwischen 30 und 50 Wellness-Hotels (und damit deutlich weniger als in vielen Wettbewerbsdestinationen: Bayern 444, Mecklenburg-Vorpommern 118, Niedersachsen 112) in Schleswig-Holstein ansässig (vgl. Obier/Schmücker/Dörr). Im Vergleich zu den Alpenländern sind die Investitionen und Anstrengungen im Produktaufbau, in Kommunikation und Vertrieb der Orte und Regionen nicht ausreichend. Einzelne positive Beispiele haben gezeigt, dass mit hoher Qualität und stringenter Ausrichtung nachhaltig Erfolge zu erzielen sind (z. B. der Premiummarkenverbund Balance. Best of Spa, das Arosa-Hotel in Travemünde oder der Alte Meierhof in Glücksburg), allerdings konnten hier bisher keine nachhaltigen Zusammenarbeitsstrukturen entwickelt werden. Der Heilbäderverband wird hier im Rahmen seines Projektes „Touristische Perspektiven für die Gesundheitswirtschaft in Schleswig-Holstein" eine klare Positionierung und Strategie für das Land entwickeln. Klar dürfte sein, dass allein mit Produktvariation keine dauerhaften Erfolge eintreten werden (vgl. Obier/Schmücker/Dörr 2007: 7ff). Grundlegende Änderungen in Infrastruktur und Marketing und gezielte Neuinvestitionen müssen vorgenommen werden. Gleichzeitig wird realistischerweise auch das Thema „Desinvestition" bei der Infrastruktur (z. B. Kurmittelhäuser der 1970er und 1980er Jahre) eine Rolle spielen. Die Schwimmbäder gleichen Alters in Heiligenhafen, Scharbeutz und Timmendorfer Strand, die bereits vollständig umgenutzt oder ganz abgerissen wurden, können hier als Beispiel dienen.

2.4 Landschaftsbild und Ortsbilder rücken zunehmend in den Mittelpunkt

Der Einfluss des Landschaftsbildes auf den Tourismus ist in den letzten Jahren gewachsen. An die Urlaubswelt als Gegenwelt zum Alltag werden von den Urlaubern hohe Erwartungen in Bezug auf Vielfalt und Ursprünglichkeit gestellt. Störungen des Landschaftsbildes werden von Urlaubern registriert und negativ bewertet. Im schlechtesten Fall kehren Touristen selbst ihren angestammten Urlaubsgebieten den Rücken. Störungen des Landschaftsbildes stellen aus Sicht der Urlauber z. B. Autobahnen, Hochspannungsleitungen, Windkraftanlagen, Industriekomplexe oder Kraftwerke dar.

Voraussetzung für ein positives Landschaftserlebnis ist auch eine deutlich gegliederte Siedlungsstruktur, die Monostrukturen (z. B. Zersiedelung von Tourismusgebieten durch Zweitwohnungsanlagen) möglichst vermeidet. Die Erhaltung einer erholungswirksamen Kulturlandschaft unter den Aspekten Vielfalt, Eigenart, Ästhetik, Vitalität und Unverwechselbarkeit wird stärker in die Zielsetzung von Orts- und Regionalplanung einfließen, wobei zu erwarten ist, dass der maritime Aspekt auch hier an Bedeutung gewinnen wird. Es zeichnet sich ab, dass eine vorausschauende gemeindliche Planung unter Einbindung tourismusrelevanter Aspekte und dem Ortscharakter angepasst als touristische Entwicklungsplanung wird für Schleswig-Holstein in den nächsten Jahren in den Vordergrund rücken wird. Indiz dafür sind Aussagen der kommunalen Vertreter, Diskussionen innerhalb der Landkreise zum Thema „Baukultur Schleswig-Holstein" sowie die Aufnahme der touristischen Entwicklungsplanung unter dem Aspekt des Ortscharakters in die Förderrichtlinien des Landes für die touristische Infrastruktur.

In Schleswig-Holstein gibt es viele Beispiele für die Folgen einer Entwicklung im Beherbergungsbereich und Infrastruktureinrichtungen insbesondere aus den 1970er Jahren, in denen es maßgeblich um Kapazitätsausbau ging. Aus der Sicht des heutigen Anspruchs an Architektur, Ästhetik und Ambiente sind hier Fehlentwicklungen zu konstatieren. Viele Anlagen wirken überdimensioniert und fügen sich nicht in das Gesamtbild der Orte ein. Gerade auch im Vergleich zu Mecklenburg-Vorpommern mit seinen Bauten im Stil der Bäderarchitektur gibt es hier Nachholbedarf für Schleswig-Holstein. In vielen Orten wurde in den vergangenen Jahren diskutiert, wie eine Einflussnahme auf Anlagen, die vielfach in Einzeleigentum aufgeteilte wurden, erfolgen kann, um Rückbau-, Sanierungs- oder Verschönerungsmaßnahmen durchzusetzen. Dieses Thema konnte noch nicht befriedigend einer Lösung zugeführt werden. Ein Ansatzpunkt bietet sich in dem relativ neuen PACT-Gesetz (Gesetz über die Einrichtung von Partnerschaften zur Attraktivierung von City-, Dienstleistungs- und Tourismusbereichen), das im Kern für die städtischen Innenstadtbereiche Potenziale bietet, private Partnerschaften zur Attraktivitätssteigerung zu gründen, allerdings auch Anwendung auf die Tourismuszentren finden kann.

Mit dem Spezialmodul „Tourismusorientierte Ortsgestaltung in Schleswig-Holstein" innerhalb des Sparkassen-Tourismusbarometers stellten der Tourismusverband und der Sparkassen- und Giroverband Schleswig-Holstein das Thema „Architektur und Erscheinungsbild der Orte" in den Mittelpunkt der Betrachtung. Es wurde eine Liste mit über 70 Kriterien entwickelt, um das äußere Erscheinungsbild der Orte in Anlehnung an die Methode der Orts- und Stadtbildanalyse zu bewerten und Defizite sowie Handlungsoptionen aufzuzeigen. Über 30 Orte wurden anhand des Kriterienkataloges analysiert und dokumentiert, die zusammengefassten Erkenntnisse aus den Ortsbegehungen wurden beschrieben und in über 3.000 Bildern festgehalten (vgl. Sparkassen- und Giroverband für Schleswig-Holstein 2006). Das Interesse und die Umsetzungsbereitschaft in den Orten sind groß, sodass sich hier eine Entwicklung hin zur Optimierung der Ortsbilder abzeichnet.

2.5 Verkehrsanbindungen weiter mit Optimierungsbedarf

Gute Verkehrsanbindungen sind für die Attraktivität einer Destination wesentliche Voraussetzung, gerade für eine aus nationaler Sicht peripher gelegene touristische Region wie Schleswig-Holstein. Das gilt sowohl für den großräumigen Verkehr zu Land, zu

Wasser und in der Luft zur Erschließung der Tourismusgebiete und -orte als auch für die Verbindungen innerhalb einer Region.

Der PKW wird nach der Trendstudie 2015 der F.U.R weiterhin das beliebteste Reiseverkehrsmittel bleiben. Der Anteil von Flugreisen wird auch aufgrund der Angebote von Low-Cost-Carriern und des wachsenden Bedürfnisses nach Zeitersparnis weiter ansteigen. Die Nutzung der Verkehrsmittel Bus, Wohnmobil und Schiff wird vermutlich weiter leicht ansteigen (vgl. F.U.R. 2004).

Positiv im Bereich „Straße" sind die Planungen zum weiteren Ausbau von Autobahnabschnitten und Bundesstraßen zu bewerten, hier wird sich tendenziell eine Verbesserung bei den Anreisemöglichkeiten abzeichnen. Die Belastung der Urlaubsregionen durch die PKW-Nutzung wird allerdings durchaus negativ von den Urlaubern wahrgenommen. Insofern hätte eine Anreise mit der Bahn zwangsläufig eine Verbesserung der Situation zur Folge. Aber auch Bemühungen, vor Ort das Auto stehen zu lassen und sich mit öffentlichen Verkehrsmitteln oder mit dem Fahrrad bei Ausflügen und Aktivitäten fortzubewegen, werden in Zukunft ebenso zentrale Anliegen der Tourismusverantwortlichen sein. Zur Verbesserung der Situation in den Orten und Regionen ist ein attraktives Nahverkehrsangebot ebenso Voraussetzung wie koordinierte Bemühungen bei Verkehrsberuhigung und -lenkung in den Orten.

Der für Schleswig-Holstein zu beobachtende Rückzug der Bahn aus der Fläche führte schon vor Jahren zur Entwicklung eines „Touristischen Verkehrskonzeptes", in dem neben Forderungen einer verbesserten Bahnanbindung aus den Quellgebieten auch Vorschläge für eine gemeinsame Produktentwicklung und Kommunikationspolitik zwischen Tourismusakteuren und der Bahn entwickelt wurden.

Die Verbesserung des Schienenpersonenfernverkehrs in Qualität und Quantität seiner Verbindungen ist ein zentraler Faktor für die positive Entwicklung des Tourismusstandortes Schleswig-Holstein. Einschränkungen der Anreisemöglichkeiten nach Schleswig-Holstein aus der Vergangenheit führten im Vergleich zu anderen Bundesländern, z. B. Mecklenburg-Vorpommern, zu Wettbewerbsnachteilen für Schleswig-Holstein.

Die Flugverbindungen nach Schleswig-Holstein werden tendenziell besser, die Flughäfen Lübeck-Blankensee und Sylt haben eine wachsende Bedeutung im Incomingbereich für die Regionen. So wuchs z. B. das Passagieraufkommen für Lübeck von 2003 bis 2005 um 16,3 % auf knapp 700.000 Passagiere (vgl. www.flughafen-luebeck.de), Sylt konnte seine Zahlen innerhalb eines Jahres mehr als verdoppeln (von 54.000 Passagieren 2005 auf 114.000 2006, vgl. www.flughafen-sylt.de). Leider hat sich die Fluganbindung von Kiel (2006 Berlin, Frankfurt und München; 2007 keine Anbindung) wieder verschlechtert.

Trotz der großen Bedeutung des Tourismus und der touristisch bedingten Verkehrsströme werden in den aktuellen Verkehrsplanungen in der Regel schwerpunktmäßig nur die Bedürfnisse der einheimischen Bevölkerung (z. B. Berufs-/Schülerverkehr) berücksichtigt. Insofern müssen zukünftig verstärkt touristische Aspekte in die Verkehrsplanung einfließen, um realistische Datengerüste zur Entscheidungsgrundlage zu machen.

3 Touristische Suprastruktur – visionäre Projekte in der Planung

3.1 Allgemeine Entwicklung

Insgesamt haben die gewerblichen Übernachtungsbetriebe (einschließlich Camping) in Schleswig-Holstein von 1994–2004 9% ihrer Übernachtungen verloren; im entsprechenden Zeitraum stiegen die gewerblichen Übernachtungen in Deutschland insgesamt um 7,7%. Dies bedeutet im Umkehrschluss, dass die Betriebe in Schleswig-Holstein erhebliche Marktanteile verloren haben. Im Jahr 1994 hatten sie einen Marktanteil von 7,7% an den gewerblichen Übernachtungen der Bundesrepublik. Bis 2004 ist dieser Marktanteil auf 6,5% zurückgegangen, also um 15,5% (vgl. Tourismusverband Schleswig-Holstein e. V. 2005: 5).

Eine differenziertere Betrachtung der Entwicklung von Nachfragevolumen und Marktanteilen in Schleswig-Holstein zeigt, dass sich die verschiedenen Betriebstypen sehr unterschiedlich entwickelt haben.

Bei Hotels und Hotels Garni ist zu beobachten, dass Schleswig-Holstein in diesem bundesweit wachsenden Segment Marktanteile verloren hat, denn bei diesen Betriebstypen, die bundesweit stark oder zumindest überdurchschnittlich gewachsen sind, ist das Land unterproportional vertreten (vgl. ebenda: 6). Hier zeichnet sich durch aktuelle Entwicklungen im Hotelbereich (vgl. Punkt 3.2) eine positive Tendenz ab. Gestützt wird dieser Trend durch das Leitprojekt Ansiedelungsmanagement innerhalb des Handlungskonzeptes des Landes (vgl. Beitrag Helle in diesem Band). Strategisch weitestgehend uninteressant sind für Schleswig-Holstein die Gasthöfe und Pensionen. Diese Segmente schrumpfen bundesweit stark, der Marktanteil des Landes ist sehr gering, und vom absoluten Übernachtungsaufkommen tragen diese Betriebe nur einen Bruchteil zur touristischen Wertschöpfung in Schleswig-Holstein bei. Insgesamt zeichnet sich hier ein langsames Aussterben ab, wobei allerdings gut durchdachte neue Konzepte als Nische durchaus funktionieren können.

Betrachtet man die Entwicklung der Marktanteile bei den einzelnen Segmenten in den letzten zehn Jahren, ist der Einbruch am deutlichsten bei den Ferienzentren, Ferienwohnungen und Ferienhäusern, bei denen Schleswig-Holstein in nur zehn Jahren ein Viertel seines Marktanteils verlor. Auch bei den Hotels und Hotels Garni verliert Schleswig-Holstein viele Marktanteile.

Hinzu kommt, dass die Nachfrage im deutschen Ostseeraum insgesamt gesehen im Beobachtungszeitraum nicht unerheblich angestiegen ist, natürlich auch bewirkt durch hohe Investitionen in den Ausbau der Beherbergungskapazität: Mecklenburg-Vorpommern hat vor allem bei gewerblich vermieteten Ferienwohnungen und Ferienhäusern, Hotels und Ferienzentren massiv investiert und so eine offenbar große bestehende Nachfrage befriedigen können und in der Konsequenz hohe jährliche Zuwachsraten bei den Übernachtungszahlen erreicht. Niedersachsen hat zumindest bei den Ferienzentren Zeichen gesetzt; in den anderen Segmenten herrschte dagegen ähnliche Zurückhaltung wie in Schleswig-Holstein.

Im Segment der Hotels und Hotels Garni dominiert Mecklenburg-Vorpommern die Entwicklung gegenüber Niedersachsen und Schleswig-Holstein gleichermaßen. Beide Alt-Bundesländer verlieren an Mecklenburg-Vorpommern, Niedersachsen allerdings weniger stark als Schleswig-Holstein. Lag Mecklenburg-Vorpommern beim Marktanteil für Übernachtungen in Hotels 1994 noch deutlich hinter Schleswig-Holstein, so hat sich das Bild 10 Jahre später komplett ins Gegenteil verkehrt, und das, obwohl Schleswig-Holstein im Hotel-Segment auch zulegen konnte (vgl. Tourismusverband Schleswig-Holstein e. V. 2005: 7f.).

Der Bereinigungsprozess bei den traditionellen Pensionen ist noch nicht abgeschlossen. Noch immer scheiden kleinere Betriebe aus dem Markt aus. Ein Grund dafür ist, dass die ursprüngliche Klientel, der „traditionelle Kurgast", der seine Unterkunft selbst wählt, an Bedeutung verliert. Weiterhin ist sehr häufig die Betriebsnachfolge wegen begrenzter Ertrags- und Innenfinanzierungskraft nicht sichergestellt (vgl. ebenda: 16).

3.2 Hotellerie – herausragende Lagen für anspruchsvolle Projekte

Die Design-Orientierung in der Hotellerie wird nach Meinung vieler Experten auch in Zukunft weiter als Trend Bestand haben. Auch in Schleswig-Holstein spiegelt dies die inhaltliche Ausrichtung der neu eröffneten Hotels in den letzten Jahren wider. Welcher Ansatzpunkt dabei gewählt wurde, ist jedoch unterschiedlich. So setzte z. B. das Design-Hotel Atoll auf Helgoland auf eine bis ins Detail ausgefeilte Innengestaltung. Das Fährhaus Munkmarsch (1999), das Columbia Hotel Casino Travemünde, das Arosa Hotel Travemünde (2005) oder das Hotel „Altes Gymnasium" in Husum stehen als Beispiele für Konzepte, die bestehende traditionsreiche Einrichtungen wie Fährhaus, Casino, Kurhaus oder eine Schule ins Zentrum der äußeren Gestaltung rückten. Doch nicht nur Luxushotels verfolgen den Design-Gedanken: Was international und auch in den deutschen Großstädten unter den Stichworten „Minimalismus gepaart mit Stil und Funktionalität" gestaltet wurde, ist z. B. mit dem Strandgut Resort St. Peter-Ording im 3-Sterne-Bereich auch in Schleswig-Holstein zum ersten Mal realisiert.

Wellness gehört inzwischen fast zum Pflichtprogramm, genauso wie in den 1970er und 1980er Jahren das Schwimmbad und der Tennisplatz zu Standardeinrichtungen avancierten. Der vorhandene Nachholbedarf in Schleswig-Holstein gegenüber Mitbewerbern wie z. B. Mecklenburg-Vorpommern wird sukzessive verringert, was sich an in jüngerer Vergangenheit eröffneten Häusern oder geplanten Einrichtungen zeigt (z. B. Arosa Hotel Travemünde (2005 eröffnet); geplant: Arosa-Hotel List, Golf- und Wellnesshotel Budersand, Hapimag Resort Hörnum/Sylt, Kurzentrum am Kliff/Wenningstedt).

Generell liegen für anspruchsvolle Hotelprojekte große Areale in 1a-Lage im Trend. Realisiert wird nicht mehr nur ein Hotel, der Erfolg hängt von der angeschlossenen Infrastruktur ab. Ob direkt an das Haus angeschlossen oder in absoluter Nähe nutzbar, sind gastronomische Einrichtungen, Sport-, Kultur-, Tagungs- oder Freizeiteinrichtungen und Geschäfte je nach Ausrichtung des Hauses unabdingbar.

Regional liegen bei den in jüngerer Vergangenheit eröffneten Häusern oder geplanten Einrichtungen die Insel Sylt und die Region der Lübecker Bucht, also die bereits heute tourismusintensivsten Regionen Schleswig-Holsteins, vorn. Die Infrastruktur der Sylter Hotellerie z. B. steht vor maßgeblichen Veränderungen: Acht konkrete Hotelprojekte sollen der Insel in den kommenden Jahren mehr als 700 neue Zimmereinheiten bringen. Die Gesamtinvestitionen belaufen sich auf rund 200 Millionen Euro. Bei den neuen Hotelprojekten handelt es sich in der Hauptsache um Familien- und Wellnesshotels.

3.3 Qualitativ hochwertige Ferienhäuser auf dem Vormarsch

Das Angebot an traditionellen Pensionen und Privatzimmern wird gegen Null tendieren, wohingegen im Bereich der Ferienhäuser – professionell geführt und qualitativ hochwertig in Ausstattung, Design und Service – durchaus Wachstumschancen liegen. Die in den 1980er Jahren noch beliebten Ferienwohnungen im Haus der (Nebenerwerbs-)Vermieter werden in den nächsten Jahren an Bedeutung verlieren. Über 30 % aller gewerblichen Übernachtungen in Schleswig-Holstein erfolgen in Ferienwohnungen/-häusern. In diesem Segment ist in den nächsten Jahren aufgrund der sich wandelnden

Ansprüche der Nachfrage und des Konkurrenzdrucks mit der größten Dynamik zu rechnen.

Generell im Trend liegen flächenmäßig große Ferienhäuser, die idealerweise flexibel nutzbar sind. Immer beliebter werden Konzepte für befreundete Familien, Patchwork-Familien oder generationsübergreifende Reisegruppen, die Komfort und schönes Ambiente in sich vereinen und funktional abgeschlossene Einheiten als Schlaf- und Rückzugsmöglichkeiten sowie kommunikative Zonen im Innen- und Außenbereich bieten.

Im Angebotsbereich der Ferienwohnungen und Ferienhäuser liegt für Schleswig-Holstein eine große Herausforderung für die Zukunft: Schafft man es nicht, angesichts dieser Entwicklung eine Produktvariation vorzunehmen oder Ersatzkapazitäten in anderen Segmenten, z. B. in der Hotellerie, zu schaffen, kann dies zu enormen Nachfrage- und Umsatzrückgängen führen. Allerdings zeigen insbesondere die folgenden Beispiele für aktuelle Projekte im gewerblichen Bereich den Trend, hochwertige Ferienhauskonzepte in den Mittelpunkt zu stellen:

Hansa-Park-Resort

Das „Hansa-Park-Resort" wird als gemeinsames Projekt vom Hansa-Park und der Kristensen Group Deutschland realisiert. In Nachbarschaft zum Park entstehen bis 2008 in Strandlage mit Ostseeblick ca. 100 Einheiten (Bungalows, Doppel- und Reihenhäuser) im skandinavischen Stil mit exklusiver Ausstattung (u. a mit Whirlpool und Sauna). Über eine Fußgängerbrücke ist die Anlage direkt mit dem Park und der Ostsee verbunden (vgl. www.hansapark.de).

Priwall-Waterfront-Projekt

Die deutsch-dänische Planet-Gruppe realisiert auf dem Priwall in Travemünde unter dem Leitmotiv „Familienurlaub" ein Gesamtkonzept auf einem Areal von rund neun Hektar. Der erste Schritt mit 60 Ferienhäusern nach dänischem Vorbild ist bereits realisiert. Darüber hinaus sollen auf der Halbinsel, die vis-à-vis Travemünde liegt und an Mecklenburg-Vorpommern grenzt, ein Vier-Sterne- sowie ein Jugend-Hotel, Häuser mit Ferienwohnungen, eine organisch geschwungene Hafen-Flaniermeile mit Restaurants und Geschäften, im Hafenbecken eine Open-Air-Bühne mit Blick auf die Viermastbark „Passat", ein Spaßbad mit Wellnessfaktor und ein Indoor-Spielparadies entstehen. Grundstücke und Flächen werden mit Straßen und Wegen sowie Grün neu erschlossen. Das Investitionsvolumen beträgt circa 100 Millionen Euro. Insgesamt sollen auf dem Priwall 3000 neue Übernachtungsmöglichkeiten entstehen mit dem Ziel einer ganzjährigen Auslastung, auch bei schlechtem Wetter (vgl. ln-online/lokales).

Luxus-Ferienhausgebiet Friedrichskoog

30 Luxusferienhäuser im dänischen Stil entstehen in Friedrichskoog-Spitze in einer Größe zwischen 70 und 200 qm in der 4- und 5-Sterne-Kategorie. Die exklusive Ausstattung umfasst wahlweise ein eigenes Schwimmbad oder einen Sauna- und Dampfbadbereich. Angeboten wird ein umfangreicher Betreuungsservice von der Handtuch-Versorgung bis zum Hausmeister-Service (vgl. www.sh-nachrichtenagentur.de).

Neben den gewerblichen Anbietern stellen in diesem Kontext die privaten Anbieter von Ferienwohnungs-/Ferienhauseinheiten eine nicht zu unterschätzende Größe dar. 5.000 Betrieben im gewerblichen Beherbergungssektor stehen schätzungsweise 25.000 Privatvermieter gegenüber. Von ihrem Marktverhalten und ihrer Professionalität wird die Entwicklung Schleswig-Holsteins zu großen Teilen abhängen, schließlich findet ein Großteil der Gesamtübernachtungen in diesem Segment statt.

3.4 Strukturverbesserungen zeichnen sich ab

Ein wesentlicher Erklärungsansatz für das nicht zufriedenstellende Abschneiden der gewerblichen Übernachtungsbetriebe in Schleswig-Holstein ist in der Größenstruktur der Betriebe zu sehen. Die Durchschnittsgröße der Häuser ist hier signifikant geringer als im Bundesdurchschnitt sowie auch im Vergleich mit den wichtigsten Wettbewerbern Niedersachsen und Mecklenburg-Vorpommern, obwohl Schleswig-Holstein seine Betriebsgröße im Vergleich zum Vorjahr erstmals nach zwei Jahren wieder steigern konnte (vgl. Sparkassen- und Giroverband für Schleswig-Holstein 2007: 19). Es ist zu vermuten, dass sich diese Erhöhung in den nächsten Jahren fortsetzen wird (Ausscheiden kleiner Anbieter aus dem Markt, Markteintritt von größeren Anbietern).

Es zeigt sich, dass Betriebe in Schleswig-Holstein das Instrument der DEHOA-Klassifizierung vergleichsweise wenig nutzen: Nur 27,8 % aller Häuser sind klassifiziert, im Bundesdurchschnitt sind es 34,2 %. Nur Hessen, Brandenburg und das Saarland weisen eine geringere Quote auf. Schleswig-Holstein liegt diesbezüglich auch deutlich hinter den wichtigsten Wettbewerbern Mecklenburg-Vorpommern und Niedersachsen zurück, deren Klassifizierungsquote bei 30,2 % bzw. 38,2 % liegt. Mecklenburg-Vorpommern liegt im Vergleich zu Schleswig-Holstein zudem sowohl absolut als auch von den Anteilen her sehr deutlich vorn, wenn es um die höherwertigen 4- und 5-Sterne-Kategorien geht. Kein anderes Bundesland – nicht einmal einer der Stadtstaaten – hat einen derart hohen Anteil seiner klassifizierten Betriebe in diesem Segment (vgl. Tourismusverband Schleswig-Holstein e.V. 2005: 10).

Gemessen am Anteil der Betriebe, die sich Klassifizierungen unterziehen, ist die Qualitätsorientierung bei den Privatquartieren in Schleswig-Holstein deutlich ausgeprägter als bei den gewerblichen Übernachtungsbetrieben. Kein anderes Bundesland hat eine höhere Zahl klassifizierter Privatquartiere im Jahr 2002 vorzuweisen.

Generell ist ein Nachholbedarf für Schleswig-Holstein festzustellen, zumal die Qualitätssteigerung der Angebote als Megatrend für die Zukunft zu bezeichnen ist.

Marktgerechte und attraktive Strukturen im Beherbergungssektor werden insbesondere durch Neuinvestitionen entstehen. Damit einher geht eine zumindest kurzfristig in Kauf zu nehmende Kapazitätsausweitung.

Deshalb kommt neben der notwendigen Modernisierung bestehender Betriebe insbesondere dem qualitätsorientierten Ausbau des Bettenangebotes eine entscheidende Bedeutung zu. Neue Kapazitäten in Form von herausragenden Angeboten in 1a-Lage sollen mit klarer Ausrichtung auf die fokussierten Zielgruppen realisiert werden. Proaktives Ansiedelungsmanagement ist hier das Stichwort im Rahmen des Leitprojektes „Ansiedelungsmanagement für Beherbergungsbetriebe" zur neuen Tourismuskonzeption (vgl. Beitrag Helle in diesem Band). Es sollen Leuchtturmprojekte mit entscheidender Signalwirkung und mit Multiplikatoreffekt entwickelt werden.

Ein Großteil der Beherbergungsbetriebe in Schleswig-Holstein ist bereits in die Jahre gekommen. Über 80 % aller gewerblichen Betriebe sind 25 Jahre und älter, die entsprechende Quote in Mecklenburg-Vorpommern liegt bei 32 %. Der Vorteil des „neuen" Bundeslandes wird verstärkt durch den Umstand, dass ein Großteil der älteren Betriebe nach der Wiedervereinigung grundsaniert wurden.

Betrachtet man die Investitionstätigkeit der Betriebe in Schleswig-Holstein, erkennt man einen eklatanten Nachholbedarf bei Neu- und Ersatzinvestitionen. So ergab die dwif-Betriebsbefragung, dass 15 % der gewerblichen und 26 % der privaten Übernachtungsbetriebe in den letzten 10 Jahren keinerlei Renovierungsmaßnahmen durchgeführt hatten. Der Cash-Flow reicht nicht aus, angemessene und dringend notwendige Ersatz- und Neuinvestitionen aus eigener Kraft zu finanzieren.

Diese Erkenntnis führte in Schleswig-Holstein zur Entwicklung einer Investitionsoffensive, initiiert vom Tourismusverband Schleswig-Holstein.

Sie schaffte günstigere Rahmenbedingungen für alle touristischen Akteure und sollte somit die Wettbewerbsfähigkeit des Landes bundesweit und im internationalen Vergleich erfolgreich sichern. Für den Zeitraum 2005 bis 2007 standen den Betrieben z. B. spezielle Förderprogramme für Modernisierungsmaßnahmen zur Verfügung, die im ersten Jahr Förderung von 15% bis 20%, in den Folgejahren von bis zu 40% in Form von Zuschüssen beinhalteten.

Die Programme wurden nach anfänglicher Zurückhaltung gut angenommen. Es zeigt sich jedoch, dass weiterer Bedarf besteht, sodass eine Fortführung der Initiative auf jeden Fall notwendig ist, um neben der avisierten Ansiedelung neuer Betriebe im Land auch möglichst viele der bestehenden Betriebe in die neue Richtung mitzunehmen.

Literatur

F.U.R. (Forschungsgemeinschaft Urlaub und Reisen e.V.) (2004): Urlaubsreisetrends 2015. Die Reiseanalyse Trendstudie. Kiel.

Institut für Tourismus- und Bäderforschung in Nordeuropa (N.I.T.) (2001): Marktanalyse Schleswig-Holstein-Tourismus. Ministerium für ländliche Räume, Landwirtschaft und Tourismus. Kiel.

Kaspar (1982): Die Fremdenverkehrslehre im Grundriss. Bern.

Krippendorf (1971): Marketing im Fremdenverkehr. Bern.

Ministerium für Wissenschaft, Wirtschaft und Verkehr des Landes Schleswig-Holstein (Hrsg.) (2006): Neuausrichtung des Tourismus in Schleswig-Holstein. Kiel.

Obier/Schmücker/Dörr (2007): Ergebnisbericht zum Projektvorhaben „Touristische Perspektiven der Gesundheitswirtschaft in Schleswig-Holstein". Teil 1: Management Summary. Heilbäderverband Schleswig-Holstein e.V. (Hrsg.).

Sparkassen und Giroverband für Schleswig-Holstein (2006): Sparkassen-Tourismusbarometer – Jahresbericht 2006 (in Zusammenarbeit mit dem Tourismusverband Schleswig-Holstein e.V.).

Sparkassen und Giroverband für Schleswig-Holstein (2006): Sparkassen-Tourismusbarometer – Jahresbericht 2007 (in Zusammenarbeit mit dem Tourismusverband Schleswig-Holstein e.V.).

Tourismusverband Schleswig-Holstein e.V. (Hrsg.) (2005): Kreditleitfaden zur Beurteilung von Anträgen zur Modernisierung von Beherbergungsbetrieben. Kiel.

Lübecker Nachrichten (Hrsg.) (2006): ln-online/lokales vom 24.05.2006.

www.flughafen-luebeck.de

www.flughafen-sylt.de

www.hansapark.de

www.sh-nachrichtenagentur.de (11.04.2007): Friedrichskoog eröffnet erstes Luxus-Ferienhausgebiet.

Christina Stellfeldt-Koch, Annette Seitz

Ausgewählte Trends im küstentouristischen Angebot am Beispiel von Niedersachsen

1 Einleitende Bemerkungen

2 Wasser als angebotsprägendes Element

3 Ausbau der Angebotskapazitäten im Wassersport

4 Wasser-, strand- und küstenbezogene Sportevents

5 Wasser und Naturerfahrung

6 Profilierung maritimer Kulturlandschaften

7 Profilierung des Marktsegmentes Golftourismus

8 Profilierung des Radtourismus

9 Entwicklungen im Reittourismus

Literatur

1 Einleitende Bemerkungen

Die regionalökonomische Bedeutung des Tourismus an der niedersächsischen Küste[1] ist hoch (vgl. einführenden Beitrag Homp/Schmidt/Seitz/Stellfeldt-Koch in diesem Band). Für die niedersächsischen Küstendestinationen besteht die wesentliche Aufgabenstellung daher darin, rückläufigen bzw. stagnierenden Übernachtungszahlen entgegenzuwirken und das Nachfrageniveau mindestens zu halten, möglichst jedoch zu steigern (ebd.). Über die Angebotspolitik werden seitens der Tourismusverantwortlichen die Voraussetzungen für eine positive Nachfrageentwicklung geschaffen. Erfolgreiche Angebotsentwicklung unterliegt einer klaren Orientierung an den Wünschen der potenziellen Gäste. Diese Wünsche sind einem stetigen Wandel unterworfen (siehe Beitrag von Rohr), was sich wiederum auf die Nachfragesituation vor Ort auswirkt. Entsprechend gibt es, über gewisse Zeiträume betrachtet, immer wieder neue Schwerpunktsetzungen in der Angebotsentwicklung im Küstentourismus in Niedersachsen.

Diese Veröffentlichung legt ihren Schwerpunkt auf die Veranschaulichung des Zusammenhangs zwischen Tourismus und raumordnerischen Fragestellungen. Um dies am Beispiel der touristischen Angebotsentwicklungen zu illustrieren, werden nachfolgend nur diejenigen Trends herausgegriffen, die für die Raumordnung grundsätzlich relevant sind und nicht bereits beispielhaft für Schleswig-Holstein abgehandelt wurden (vgl. vorangehenden Beitrag Homp).

2 Wasser als angebotsprägendes Element

In allen Küstenregionen Niedersachsens, Schleswig-Holsteins und Mecklenburg-Vorpommerns sind Wasser und Küste – kurz: die maritime Kulturlandschaft und alle

---

[1] Betrachtungsraum ist hier grundsätzlich nicht nur der Niedersächsische Küstenbereich, sondern immer auch das Bundesland Bremen, welches mit der Seestadt Bremerhaven über eine aktive Destination im Küstentourismus verfügt. Aus Gründen der Lesbarkeit wird dies jedoch nicht jedes Mal explizit erwähnt.

damit verbundenen Aktivitäten – die angebotsprägenden Elemente des Tourismus (vgl. auch Beiträge Homp, Baptista/Hansen und Smit).

Der Begriff Wassertourismus bezeichnet alle touristischen Angebotsformen, bei denen Wasser in seiner Erscheinungsform als Meer, Seen, Flüsse, Kanäle etc. das grundlegende Element darstellt. Dazu gehören z. B. Segeln, Motorboot und Kanu fahren, Tauchen, Angeln, Trendsportarten im und am Wasser wie Surfen oder Kitesurfen, sowie Fahrgast-, Fähr-, Kreuz- und Traditionsschifffahrt (vgl. dwif/BTE 2003: 6).

Wassertourismus ist bundesweit nach wie vor im Trend (ebd.: 11ff., 50ff.). So stand im Rahmen einer bundesweiten Marketingkampagne der Deutschen Zentrale für Tourismus (DZT) bereits das Jahr 2004 unter dem Titel „Faszination Wasser – Meere, Seen und Gewässer" ganz im Zeichen des Themas. Im selben Jahr ist in Niedersachsen unter dem Titel „WasserReich Niedersachsen" erstmals eine landesweite Marketingkampagne initiiert und ein „Merian extra"-Heft unter dem gleichnamigen Titel publiziert worden. Parallel entstand eine neue wassertouristische Rubrik des Tourismusportals nordwesten.net[2] der damaligen Regionalen Arbeitsgemeinschaft Bremen-Niedersachsen (RAG) und jetzigen Metropolregion Bremen-Oldenburg im Nordwesten. Viele Küstendestinationen nutzten und nutzen diese Marketingelemente auf Landes- und Regionalebene dazu, ihre Angebote profiliert auf den Markt zu bringen.

Das Thema Wassertourismus besitzt auch weiterhin hohe politische Relevanz für das Land Niedersachsen: So erfolgte am 22. Juni 2006 ein Landtagsbeschluss über die Beauftragung einer Analyse der Möglichkeiten des Wassertourismus in Niedersachsen hinsichtlich der wirtschaftlichen Bedeutung vorhandener Potenziale sowie umsetzbarer Initiativen und Maßnahmen zur weiteren Attraktivitätssteigerung des Wasserlandes Niedersachsen.[3] Zielsetzung ist darüber hinaus, EU-Strukturfondsmittel der Förderperiode 2007—2013 gezielt für Investitionsmaßnahmen im Wassertourismus zur Verfügung zu stellen. Es ist davon auszugehen, dass die Nordseeküste aufgrund der natürlichen Voraussetzungen und der bereits vorhandenen Potenziale ein wesentlicher Förderschwerpunkt für den Ausbau des Wassertourismus in Niedersachsen sein wird. Im Rahmen des derzeit laufenden „Masterplans Nordsee" (vgl. Beitrag Péron/Kottkamp/Stenert) spielt die Analyse der wassertouristischen Infrastrukturen ebenso eine Rolle. Im Rahmen der Aufgabe, Investitionsschwerpunkte herauszuarbeiten, werden durch den Masterplan unter anderem auch konkrete Aussagen dahingehend erwartet, an welchen Orten entlang der Küste wassertouristische Infrastrukturen ausgebaut werden.

Aktuell weisen unter dem Stichwort „Wassertourismus" folgende Angebotstrends an den Küsten in Niedersachsen und Bremen eine besondere Raumrelevanz auf:

- Wassersport im engeren Sinne
- Wasser-, strand- und küstenbezogene Sportevents
- Wasser und Naturerfahrung
- Wasser als Kulisse – Inszenierung maritimer Kulturlandschaft

---

[2] Vgl. www.nordwesten.net
[3] Vgl. Niedersächsischer Landtag: 92. Sitzung am 22. Juni 2006

3 Ausbau der Angebotskapazitäten im Wassersport

Segeln und Motorbootfahren sind entlang der niedersächsischen Küstenlinie als „klassische" Angebotsformen im Wassersport traditionell wichtige Angebotselemente. In der Vergangenheit galten insbesondere die zahlreichen Sportboot- und Segelvereine als Hauptakteure im Bootstourismus. Seit einigen Jahren beziehen nun auch die Tourismusverantwortlichen in den Küstendestinationen den Sportboottourismus in ihre strategische Angebotsplanung ein. Tourismuspolitisch interessant ist die Klientel der Sportbootschifffahrer insbesondere, weil sie vielfältige Ausgaben tätigen (neben Einkauf, Gastronomie und Freizeitaktivitäten z. B. auch Liegegelder, Treibstoff und Ersatzteile etc.) und häufig über ein hohes Einkommen verfügen (vgl. dwif/BTE 2003: 67ff.; Wirtschaftsministerium Mecklenburg-Vorpommern 2000: 19).

Die touristisch relevanten Aufgaben bei dieser Form der Angebotsentwicklung liegen in der Bereitstellung von Anlegeplätzen mit qualitativ hochwertiger Infrastruktur und Dienstleistungen, dem Ausbau der Wasserwege in den küstennahen Gewässern, der Verbesserung der Zugänglichkeit von Wasserwegen und Anlegestellen, z. B. durch Schleusen und Übersetzungshilfen, sowie der wasserseitigen Erschließung touristischer Attraktionen. Der Ausbau und die Entwicklung dieser Angebote folgen dabei der Erkenntnis, dass Wassertouristen heute mehr suchen als nur die reine Anlegestelle und zunehmend ergänzende touristische Erlebnisse bzw. Angebote nachgefragt werden. Handlungsbedarf besteht hier zum einen in der Bereitstellung entsprechender Infrastrukturen (z. B. touristisches Informationssystem zur Verknüpfung wasser- und landseitiger Angebote, Ver- und Entsorgungsmöglichkeiten inkl. Einkauf und Gastronomie sowie ÖPNV-Anschluss) und zum anderen hinsichtlich des Auf- und Ausbaus von Anlegemöglichkeiten außerhalb der Häfen und Marinas zur Erschließung der landseitigen touristischen Attraktionen für Sportbootfahrer (vgl. dwif/BTE 2003: 3ff.).

Seit einigen Jahren wird dieses touristische Angebotssegment verstärkt in die touristische Angebotsplanung an der niedersächsischen Nordseeküste und auch in Bremerhaven aufgenommen. So spielt der Sportboot-Tourismus (Motorboot und Segeln) z. B. an der ostfriesischen Nordseeküste eine besondere Rolle: Die Partner der Ostfriesland Tourismus GmbH (OTG) wollen den Motorboot-Bereich zu einem prägenden Angebotsmerkmal weiterentwickeln und die Marketingaktivitäten unter dem Stichwort „Wasser aktiv" zielgruppengerecht bündeln. So seien in der Region pro Jahr ca. 3000 Boote durchschnittlich etwa 20 Tage unterwegs und bringen nach Angaben des Geschäftsführers der OTG etwa 2,5 Mio. Euro an zusätzlichen Umsätzen.[4] Dennoch bestehe großer Handlungsbedarf, um die Potenziale optimal zu erschließen, z. B. verhinderten zu niedrige Tiefgänge und Brückenhöhen die Vernetzung bestehender Routen.[5]

Raumordnerisch bzw. bauleitplanerisch relevant sind im Zusammenhang mit der touristischen Entwicklung des Wassersports der Ausbau der Anlegestellen selbst (z. B. durch den Ausbauplänen entgegenstehende gesetzliche Reglementierungen durch Naturschutz, Bauleitplanung, Küstenschutz etc.). Anlass für Konflikte bietet darüber hinaus grundsätzlich das Befahren des Wattenmeeres. Freiwillige Vereinbarungen sowie Befahrensregelungen sorgen in der Regel jedoch für einen reibungslosen Ablauf.

Wachsende Sektoren im Wassersport bundesweit sind außerdem Surfen und Kitesurfen sowie Kanu fahren. Letzteres ist jedoch eher für die Binnengewässer relevant, daher

---

[4] Wassersportler generieren zusätzliche Einnahmen für den Tourismus durch ihre sportspezifischen Ausgaben (z. B. Liegegelder, Treibstoff, Ersatzteile, Reparaturen etc.), aber auch durch die Inanspruchnahme sonstiger Dienstleistungen in den Bereichen Gastronomie, Handel, Kultur etc.

[5] Vortrag im Rahmen einer Veranstaltung zum Thema "Wassertourismus in Ost-Friesland: Wirtschaftliche Chance für die Region?" vgl.: www.kuestenfahrer.de, Stand: Juli 2007.

wird an dieser Stelle nicht näher darauf eingegangen. Surfen und Kitesurfen erfreuen sich nach Angaben von Tourismusfachleuten steigender Beliebtheit. Die Nordsee, die Nordseeküste und die Nordseeinseln in Niedersachsen bieten eines der besten Wassersportreviere Europas, sei es für Kitesurfen, Windsurfen, Segeln oder Wakeboarden. Als strategisches Element der Angebotsentwicklung sind diese an der niedersächsischen Küste jedoch noch nicht eingesetzt worden. Dies könnte allerdings im Zusammenhang mit der Potenzialanalyse zum Wassertourismus der Fall werden. Die bereits erwähnten „Wasser aktiv" Marketing-Aktivitäten der OTG sind ein erstes Indiz, dass diese Segmente künftig eine zunehmende Rolle im niedersächsischen Nordsee-Tourismus spielen könnten.

Konfliktpotenziale hinsichtlich dieser wassersportlichen Aktivitäten liegen generell in dem notwendigen Schutz von Flora und Fauna in ökologisch sensiblen Gebieten, so insb. im Bereich des Nationalparks Niedersächsisches Wattenmeer. Ebenso wie im Sportboot-Bereich bilden freiwillige Vereinbarungen und Befahrensregelungen eine gute Grundlage, um die Ansprüche der Touristen mit denen des Naturschutzes weitestmöglich zu vereinbaren.

4 Wasser-, strand- und küstenbezogene Sportevents

Ein wachsender Trend an der niedersächsischen Nordseeküste beruht auf der zunehmenden Nachfrage nach kleinen und großen Erlebnissen in Urlaub und Freizeit: Immer mehr Menschen interessieren sich für spektakuläre Events, die in Zusammenhang mit den naturräumlichen Gegebenheiten stehen: Wasser, Strand oder Deich werden dabei zu einer Kulisse (siehe dazu auch unten) für sportliche oder kulturelle Großereignisse. Beispiele dafür sind z. B. der alljährlich entlang der Küste stattfindende Nordseelauf, Drachenfest und Sandcarving-Wettbewerb in Butjadingen, verschiedenste hochklassige Beachsport-Ereignisse und das Duhner Wattrennen (jährlich 30.000 bis 40.000 Zuschauer) in Cuxhaven sowie die Großseglertreffen in Wilhelmshaven während des Wochenendes an der Jade oder die alle fünf Jahre stattfindende Sail in Bremerhaven. Während Nordseelauf, Drachenfest, Carving-Wettbewerb, Duhner Wattrennen sowie Großseglertreffen temporäre Ereignisse sind, ist beispielsweise in Cuxhaven eine eigene Infrastruktur für sportliche Großereignisse am Strand errichtet worden. Verschiedenste nationale und internationale Meisterschaften in unterschiedlichen Beach-Ballsportarten können seit einigen Jahren im eigens errichteten „Strandstadion am Meer", dem einzigen befestigten Center-Court an der deutschen Nordseeküste mit Meeresblick, ausgerichtet und von mehr als 1000 Tribünenplätzen aus verfolgt werden.

Allen Ereignissen gemein ist, dass zwar in der Regel keine dauerhaften Infrastrukturen geschaffen werden müssen, dennoch aber durch den hohen und auf wenige Tage beschränkten Besucherandrang verschiedenste Überlastungen, z. B. von Straßen, öffentlichen Verkehrsmitteln, Wohngebieten, aber auch den Natur- und Landschaftsräumen selbst (Strand, Deich sowie Flora und Fauna), auftreten können. Hinzu kommt durch die Bereitstellung von Parkflächen für anreisende Zuschauer, dass in ohnehin sensiblen Gebieten zusätzliche Flächen für die Versiegelung in Anspruch genommen werden.

5 Wasser und Naturerfahrung

Für die Küstenorte an der Nordsee gilt als zentrales Angebotselement nach wie vor: Die Menschen kommen wegen der naturgegebenen Voraussetzungen von Strand und Meer und möchten diese Landschaft auch möglichst unbegrenzt erfahren können. Wandern, Rad- und Wasserwandern sind daher zentrale Angebotselemente des Nordsee-

Tourismus und werden von den touristischen Destinationen offensiv vermarktet (vgl. Beiträge Homp, Baptista/Hansen, Smit).

Dem Wunsch nach ungestörter Naturerfahrung der Touristen steht jedoch häufig die ebenso notwendige Erhaltung der natürlichen Gegebenheiten und damit der Schutz von Flora, Fauna bzw. insgesamt sensiblen Ökosystemen, wie etwa dem Wattenmeer oder großen Dünengebieten, gegenüber. Trotz intensiver Kommunikation und Zusammenarbeit mit den für den Naturschutz zuständigen Behörden und Einrichtungen kommt es gelegentlich zu Problemen. So beispielsweise dadurch, dass Touristen sich über Schutzvorschriften hinwegsetzen oder Naturschützer die Belange des Naturschutzes durch touristische Maßnahmen verletzt sehen. Voraussetzung für einen Interessenausgleich verschiedener Nutzergruppen ist neben dem intensiven Austausch der behördlichen und privaten Institutionen und ihrer Vertreter auch die Aufklärungs- und Informationsarbeit im Rahmen der touristischen Angebotsentwicklung.

Konflikte entstehen ebenfalls dann, wenn es in touristisch besonders attraktiven Naturräumen konkurrierende Nutzungsansprüche gibt, etwa durch Gewerbeansiedlungen oder -erweiterungen, wie etwa im Zuge des Baus des neuen Tiefwasserhafens „Jade-Weser-Port" in Wilhelmshaven. Andere Beispiele sind Investorenanfragen für die Realisierung von Ferienwohnanlagen oder anderen touristischen Großprojekten, die bevorzugt in attraktiven Lagen am Wasser entstehen sollen. In diesem Zusammenhang gewinnen neben den auf der Ebene der Landes- und regionalen Raumordnung getroffenen verbindlichen Abstimmungen informelle Abstimmungsverfahren und Entwicklungskonzepte, wie etwa das Raumordnerische Gesamtkonzept für das niedersächsische Küstenmeer, zunehmend an Bedeutung, um eine verträgliche Entflechtung von Nutzungskonkurrenzen herzustellen (vgl. Beitrag Péron/Kottkamp/Stenert in diesem Band).

6 Profilierung maritimer Kulturlandschaften

Die Inwertsetzung von Aspekten maritimer Kulturlandschaft ist eine Strategie, die aktuell insbesondere von den städtetouristischen Destinationen an der niedersächsischen Nordseeküste (Emden, Leer, Wilhelmshaven, Bremen, Bremerhaven, Cuxhaven usw.) verfolgt wird. Im Kern geht es dabei um eine Rückbesinnung auf das maritime Erbe. Städtebauliche Maßnahmen in Kombination mit touristischen Großvorhaben sollen die maritime Lage nicht nur für die ortsansässige Bevölkerung, sondern insbesondere für Tages- und Urlaubsgäste noch besser erlebbar machen, z. B. durch den Bau von Promenaden, die Schaffung von Sichtachsen und Wegeverbindungen zur Anbindung des Zentrums ans Wasser etc. In der Regel sind diese strategischen Entwicklungsansätze tourismuspolitisch motiviert. Zentrale Zielsetzung ist es, die touristische Anziehungskraft zu erhöhen bzw. neue Angebote zu schaffen.

Beispielhaft für ein derartiges Konversionsvorhaben soll hier das städtebauliche und touristische Großprojekt „Entwicklungsvorhaben Tourismusressort Alter/Neuer Hafen" in Bremerhaven, neuerdings unter dem publikumswirksamen Titel „Havenwelten" vermarket, vorgestellt werden. Im Rahmen des Vorhabens werden etwa 40 Hektar eines innenstadtnahen ehemaligen Hafenareals für Freizeit, Tourismus, Wohnen, Gewerbe und Handel umgenutzt. Die touristischen Entwicklungsvorhaben sind ein zentrales Standbein der neuen Stadtentwicklungsstrategie Bremerhavens, die den Strukturwandel von ehemals Schifffahrt, Hafen, Fischerei und Werftindustrie meistern und den Dienstleistungssektor stärken soll. Oberbürgermeister Jörg Schultz zu den Zielsetzungen: „Mit unseren „Havenwelten" schaffen wir ein maritimes Freizeitrevier, mit dem sich Bremerhaven künftig völlig neu im Städtetourismus positionieren wird."

Für die Investitionen stehen rund 263 Mio. Euro an öffentlichen Mitteln zur Verfügung. Weitere 110 Mio. Euro an privaten Investitionen sind geplant. Zu den Maßnahmen im Einzelnen zählen Kultur- und Freizeitattraktionen wie das bereits fertiggestellte Deutsche Auswandererhaus, die Erweiterung des „Zoo am Meer" und das geplante „Klimahaus Bremerhaven 8° Ost". Hinzu kommen hochwertige Büro- und Wohnimmobilien in direkter Wasserlage sowie ein Hotelneubau zur Schaffung zusätzlicher Angebotskapazitäten und Einzelhandelsnutzung. Weitere Infrastrukturmaßnahmen im Umfeld des Hafens sind im Sommer 2007 fast abgeschlossen, wie etwa eine neue Sportbootschleuse sowie die neue Lloyd Marina mit knapp 100 Liegeplätzen für Sportboote und Segler. Geplant ist die Verdoppelung der Marina in einem zweiten Abschnitt. Zusätzlich soll ein Boardinghouse entstehen, in dem auch eine Hotelbuchung mit 3-Sterne-Standard möglich sein wird.

Des Weiteren sind Wohnobjekte direkt am Weserdeich gegenüber der Marina geplant. In direktem Zusammenhang mit den Entwicklungsvorhaben steht ebenso der Neubau eines Reisemobilparkplatzes mit ca. 60 Plätzen und einer Größe von 2.500 m². Aktuellen Besucherprognosen zufolge sollen die zusätzlich geschaffenen Attraktionen bereits im Jahr 2007/2008 fast eine Million zusätzliche Besucher nach Bremerhaven bringen.

Dieser stadtentwicklungspolitisch motivierte Ansatz der Tourismusförderung ist derzeit in allen küstennahen Städten in Niedersachsen und Bremen zu beobachten. Ein vergleichbarer Weg der Stadtentwicklung über touristische Großvorhaben wird in der Stadt Wilhelmshaven mit der Entwicklung der sog. Maritimen Meile (Marinemuseum, Wattenmeerhaus, Küstenmuseum, Oceanis, Aquarium, Museumsschiffe) verfolgt. In Bremen soll nach dem erfolgreichen Ausbau der „Schlachte" zu einer Flaniermeile mit Freizeitanleger nun auch die „Übersee-Stadt" im ehemaligen Hafengebiet touristisch genutzt werden.

Eine Besonderheit der touristischen Inwertsetzung „maritimen Lebens" ist die Entwicklung des Hafentourismus. Dieses Angebotssegment erfährt in den niedersächsischen und bremischen Hafenstädten – wie auch in Hamburg oder in Schleswig-Holstein etwa in den Ostseehafenstädten, aber auch in Husum oder Büsum – aktuell ebenfalls große Aufmerksamkeit. Die Konversion aufgelassener Hafenareale und nicht mehr gewerblich genutzter Hafenbecken bietet gute Ausgangsbedingungen für eine ausschließliche touristische Nutzung bzw. eine Kombination gewerblicher und touristischer Nutzung und trägt somit zu einer Stärkung des maritimen Profils der Hafenstädte entlang der Küste bei. So plant z. B. die Stadt Leer den Ausbau eines historischen Hafens. In Wilhelmshaven ist der in erster Linie als Tiefwasserhafen für den Containerumschlag vorgesehene Jade-Weser-Port parallel als neues touristisches Highlight vorgesehen. Touristikfachleute arbeiten gemeinsam mit der Hafenbetreibergesellschaft an einer Struktur für die Besucherbegleitung. Während der Bauphase soll eine Info-Box (vergleichbar der Info-Box am Potsdamer Platz in Berlin) den Entstehungsprozess des Hafens begleiten, später soll sie dann als Besucherzentrum fungieren.

Durch die Raumordnung werden derartige Hafenentwicklungs- bzw. Stadtentwicklungsvorhaben in der Regel positiv bewertet, da die Umnutzung innerstädtischer (Brach-)Flächen einen erheblichen Beitrag zur Vermeidung des Flächenverbrauchs in ohnehin belasteten touristischen Intensivgebieten liefert.

7 Profilierung des Marktsegmentes Golftourismus

Golf zählt weiterhin zu den Sportarten mit den höchsten Zuwächsen. Dies ist für Touristikfachleute besonders interessant: Die Sportart lässt sich sehr gut auch im Urlaub ausüben, vielfach ist es sogar ein besonderer Reiz für Golfspielende, sich auf unterschiedlichen Plätzen auszuprobieren und das eigene Können zu verbessern. Etwa zwei Drittel aller Golfer unternehmen einer Analyse des deutschen Golfmarktes zufolge jährlich Golfreisen, 70% aller Golfer spielen im Rahmen von Tagesausflügen auf fremden Plätzen.[6]

Für den Tourismus ist Golf auch wirtschaftlich interessant, weil der typische Golfspieler eher wohlhabend und gebildet ist sowie in Zwei-Personen-Haushalten lebt und damit einer vergleichsweise mobilen und solventen Zielgruppe angehört. Außerdem zeigt sich, dass Golf auch zunehmend breiter nachgefragt wird und sich das Nachfragepotenzial somit insgesamt erhöht. Die bereits genannte Untersuchung aus dem Jahr 2005 kommt zu dem Ergebnis, dass der Golftourismus in Deutschland im internationalen Vergleich noch immense Entwicklungspotenziale besitzt. Nicht zuletzt vor diesem Hintergrund ist es in Niedersachsen landesweite Zielsetzung, das Bundesland ab 2007 unter der Federführung der Tourismus GmbH als Top-Golfdestination zu etablieren. Der Nordwesten Niedersachsens einschließlich der Küstendestinationen ist besonders gut mit Golfplätzen ausgestattet und soll als eigene Golfregion profiliert werden. Unter dem Titel „Golfregion Nordwest" hat sich mittlerweile eine Marketingvereinigung von 16 Golfplätzen im Nordwesten gebildet. Zu den Aktivitäten gehören die Herausgabe einer Broschüre, eine Internetseite, eine gemeinsame „Nordsee Greenfee-Card" und die Vermarktung von Pauschalangeboten. Aktuell geplant ist der Auf- bzw. Ausbau von Golfplätzen v. a. auf den Inseln (z. B. Norderney, Wangerooge, Langeoog, Borkum) und an der Küste (z. B. Schillig).

Raumordnerisches Konfliktpotenzial birgt der Golftourismus als sogenannte großflächige Freizeitanlage hinsichtlich der bei der Ausweisung von zusätzlichen Plätzen möglicherweise auftretenden Nutzungskonkurrenzen mit Landwirtschaft, Naturschutz, Trinkwasserschutz etc., sodass es in der Regel zu sorgfältigen Abstimmungsprozessen zwischen den einzelnen Nutzungsansprüchen kommen muss. Im Sommer 2007 gab es beispielsweise auf den Inseln Borkum, Langeoog und Wangerooge massive Widerstände gegen den Bau bzw. die Erweiterung von Golfplätzen. Hintergrund der Auseinandersetzungen ist vor allem die Befürchtung, dass wertvolle Flächen für den Naturschutz verloren gehen.

Als Alternative kommt aktuell unter dem Namen „Swin Golf" eine vereinfachte Variante des Golfsports immer mehr in Mode. Gespielt wird auf einem Gelände von 5 bis 10 ha, das ohne große Eingriffe in die Landschaft hergerichtet werden kann. Für die Spieler ist keine sog. Platzreife erforderlich, Swin Golf kann ohne Vorkenntnisse gespielt werden. Zudem ist es um ein vielfaches preisgünstiger als traditionelles Golf. Aufgrund dieser Voraussetzungen bietet Swin Golf insbesondere Landwirten eine alternative Einnahmequelle und es ist davon auszugehen, dass diese Form des „Golf für Jedermann" sich künftig steigender Beliebtheit in den Küstenregionen erfreuen wird.[7]

---

[6] GTC – Golf & Tourism Consulting 2001
[7] www.swingolf-deutschland.de, www.swingolf-friesland.de

8 Profilierung des Radtourismus

Die Marktentwicklung im Radtourismus ist gekennzeichnet von einem stetigen Wachstum. Dabei sind Fahrrad-Urlaube überwiegend keine Nebensache, sondern Haupturlaubszweck. Ebenfalls hat das Radfahren als Naherholung große Bedeutung erlangt. Die Angebotskapazitäten werden noch immer ausgeweitet. Die mittel- und langfristige Perspektive ist ein noch stärkerer Wandel vom Anbieter- zum Nachfragermarkt und ein damit verbundener Verdrängungsmarkt.

Die umfangreiche Reiseerfahrung von Radtouristen, wobei die Zielgruppen mit hohen Familien- und 50+ -Paar-Anteilen eine herausragende Rolle spielen, sowie steigende Qualitätserwartungen werden zu einer Weiterentwicklung der Qualität von Infrastruktur, Produkten und Services führen. Marktstrategien werden nach den Unter-Zielgruppen Einwohner-Tagesradler, Urlauber-Gelegenheitsradler, Sternradler und Etappenradler differenziert. Nur über klare Profilierung und Markttransparenz, gezielte Ansprache der unterschiedlichen Zielgruppen und stete Qualitätssteigerung sind weitere Marktanteile möglich (PROJECT M, 2004).

In den letzten Jahren ist eine Inflation von radtouristischen Internetportalen wie www.radreisen.de, www.adfc.de u.v.a., aber auch eine Vielzahl von Webauftritten zu einzelnen Radrouten (Siel-Route, Ammerland-Route etc.) zu verzeichnen. Zunehmend spielen Rad-Routen-Planer im Internet eine Rolle (z.B. www.verkehrsinfo.de). Das in Niedersachsen eher unübersichtliche Angebot wird über Portale wie www.ostfriesland.de, www.nordwesten.net, den ADFC oder über die TourismusMarketing Niedersachsen gebündelt. Gegenwärtig werden Radrouten und radtouristische Angebote stark kommunal bzw. im kleinregionalen Bereich infrastrukturell entwickelt und vermarktet. Einige Fernrouten wie der Weserradweg, der Elbe-Radweg oder die North Sea Cycle-Route haben einen hohen Bekanntheitsgrad und sind Zubringer in die Küstenregion. Die Bedeutung und Vermarktung internationaler Radrouten wie der North Sea Cycle Route oder der Internationalen Dollart- Route werden zunehmen. Kombinationen des Radtourismus z.B. mit stadttouristischen, kulturellen Angeboten, Naturerlebnissen sowie mit regionaltypischen Angeboten wie den sog. Melkhüsern erweitern das Spektrum.

Niedersachsen und besonders seine Küstenregionen sind aufgrund der Landschaftsmodulation gegenüber mittel- und süddeutschen Regionen besonders prädestiniert für Radtourismus, stehen aber in Konkurrenz zu allen anderen Küstenregionen des gesamten Betrachtungsraums.

Erste Routen eines deutschlandweiten Radfernwegenetzes sind bereits ausgeschildert. Der gerade eröffnete Meerweg, der die Binnenseen Steinhuder Meer, Dümmer und Zwischenahner Meer mit der Küste verbindet, ist ein Beispiel dafür. Ostfriesland setzt auf das attraktive Marktsegment „Paddel und Pedal" und baut dies hochwertig mit weiteren Stationen aus. Große Städte bieten inzwischen Routen um und in ihre Innenstädte hinein an (Grüner Ring Bremen, Route um Oldenburg). Bei den Zielgruppen unterscheidet man die Etappenfahrer und die Sternfahrer, die wieder an ihren Ausgangsort zurückfahren, sofern sie für die Rückfahrt nicht den ÖPNV nutzen (können).

Niedersachsen verfügt bereits über ein grundsätzlich gut ausgebautes Radwegenetz mit weitgehend flächendeckender Beschilderung sowohl für die Entfernungsangaben als auch für die Vielzahl der lokalen, regionalen und überregionalen Routen.

Um im Wettbewerb mit anderen Küstendestinationen zu bestehen, muss neben einer deutlichen Profilierung der Regionen, klaren Marketingstrategien und einer durchgehenden Anpassung an die nachgefragten Qualitätselemente mit vernetzten Angeboten,

Service und infrastrukturellem Ausbau nachgebessert werden. In Teilbereichen ist der Ausbau und die qualitative Verbesserung von Radwegen nötig und geplant. Der allwettertaugliche Ausbau sowie eine ausreichende Breite der Radwege sind teilweise noch nicht genügend vorhanden. Dies gilt besonders für Strecken, die auch von Wanderern, Joggern und Inline-Läufern genutzt werden. Bei der Verknüpfung von Radrouten miteinander oder der Anbindung von lokalen an überregionale Routen treten stellenweise Lücken zutage. Das Radfahren auf Deichen und durch sensible Naturräume muss klar geführt und geregelt werden. Flächendeckend ist die Einrichtung von Schutzhütten oder Unterständen zu gewährleisten. Dies gilt besonders im Außenbereich oder dort, wo der Besatz an Gastronomie schwach ist. Besonders Knotenpunkte von mehreren Radrouten müssen ins Visier genommen werden. Als Startpunkte für Mehrtages-, aber auch Eintagesrouten sind Bahnhöfe besonders geeignet. An Startpunkten, wo kein ÖPNV mit Radtransport möglich ist, ist die Ausweisung von Parkplätzen erforderlich. Eine nicht unerhebliche Zahl von Radtouristen transportiert die Fahrräder mit dem PKW und fährt damit attraktive Startpunkte an. Gerade deshalb sind die Vernetzung von Radrouten, ein gutes Service-Angebot sowie ausreichende Parkplätze an Bahnhöfen und deren Vermarktung als Ausgangspunkte für Radrouten wichtig.

9   Entwicklungen im Reittourismus

Niedersachsen ist Pferdeland. Die Zucht von Sportpferden wie dem Hannoveraner oder dem Oldenburger ist weltweit bekannt. Reiten und Fahren hat hier Tradition. Lange Zeit fand das Reiten vorwiegend in Reitvereinen in Hallen oder in deren unmittelbarer Umgebung statt. Das Reiten als Freizeit-Sport hat sich stark entwickelt. Die Zahl der Pferdebesitzer nimmt stetig zu. Der Wirtschaftsfaktor rund ums Pferd gewinnt immer mehr Bedeutung. Der Trend zum Naturerlebnis und zur Bewegung in der freien Natur findet sich auch im Reitsport deutlich wieder. Parallel zu dieser Entwicklung werden Pferdebesitzer immer mobiler. Mit dem Pferd auf dem Anhänger geht es am Wochenende in die Natur, oder der Pferdebesitzer kommt mit Pferd in die Region um Urlaub zu machen. Reitsportveranstaltungen und Veranstaltungen rund um das Freizeitreiten erfreuen sich steigender Beliebtheit. Ein Highlight an der Küste ist das Wattrennen in Duhnen. Reitsportarten wie das Westernreiten, Wanderreiten und Distanzreiten sowie der Fahrsport finden immer mehr Anhänger. Diese fragen entsprechende Infrastruktur und adäquaten Service nach.

Daneben hat sich ein Nischensektor für den Grünlandbereich an der Küste und auf den Inseln entwickelt: Urlaub für das Pferd. Das Klima an der Küste und speziell auf den Inseln ist für Pferde mit Problemen der Atemwege oder mit allergischem Sommerekzem sehr geeignet. Die fetten Marschenweiden eignen sich besonders für die Aufzucht von Jungpferden.

Die Angebote für Reittourismus sind in Niedersachsen sehr vielfältig. Vermarktung findet statt z. B. über die TourismusMarketing Niedersachsen GmbH oder das Angebot von bed & box (siehe www.reiseland-niedersachsen.de, www.bedundbox.de). Das Projekt bed und box hat sich erfolgreich aus der Arbeitsgemeinschaft Urlaub und Freizeit auf dem Lande e. V. entwickelt. Es ist noch nicht flächendeckend in Niedersachsen umgesetzt. Weiterhin bietet eine unüberschaubare Anzahl an Pferdezeitschriften viele Einzelangebote an. Auch Kombi-Urlaube mit Kultur, Wellness u. a. sind längst am Markt.

Eine Vernetzung aller Anbieter rund um Pferd und Reiter sowie die Vernetzung von „bereitbaren" Wegen bzw. besonders ausgewiesenen Reitwegen sind Strategien von immer mehr Landkreisen und Regionen.

Auf der Website von bed und box kann der Reiter mit dem Reitwegenavigator „bereitbare" Wege auf dem von bed & box vermarkteten Gebiet anzeigen lassen und ausdrucken. Die Eignung der Wege wird durch Abreiten überprüft.

Einige Landkreise wie z.B. das Emsland verfügen bereits über ein ausgewiesenes Reitwegenetz mit Kartenmaterial. Die Landkreise Diepholz, Vechta und Oldenburg haben ein Projekt zur Bestandsaufnahme und Vernetzung von Reitwegen begonnen. Auf dem Gebiet der Stadt Cuxhaven wurde auf einem ehemaligen Truppenübungsplatz ein 60 km langes Reitwegenetz angelegt.

In Niedersachsen ist das Reiten und Fahren mit Kutschgespannen auf öffentlichen Wegen und Straßen u.a. laut dem „Gesetz über den Wald und die Landschaftsordnung" von 2002 sowie dem Niedersächsischen Naturschutzgesetz grundsätzlich fast überall erlaubt. Damit ist die niedersächsische Gesetzgebung vergleichsweise liberal. Auf Privatwegen – das gilt auch für viele private Waldwege – ist das Reiten und Fahren nur auf gekennzeichneten Wegen erlaubt. Die Regelungen können dabei von Landkreis zu Landkreis unterschiedlich sein. In Naturschutzgebieten gilt die jeweilige Verordnung. Im Nationalpark Wattenmeer in der Ruhezone und somit auch auf den Inseln ist das Reiten und Fahren nur auf ausgewiesenen Routen gestattet. Reiten auf Deichen, Dünen und in den Salzwiesen ist verboten (siehe www.vfdnet.de).

Das Reiten an der Küste, auf den Inseln und im Watt übt auf Reiter eine außerordentlich große Attraktivität aus. Im Bereich Cuxhaven/Insel Neuwerk kommt es z.B. häufig zu einer übermäßigen Nutzung der ausgewiesenen Routen, verbunden mit einem starken Andrang von PKW mit Pferdeanhängern an der Küste.

Anders als Radfahrer, die sich normalerweise nur auf Straßen und Radwegen bewegen können, ist der Reiter grundsätzlich in der Lage, sich mit seinem Pferd ins freie Gelände zu begeben. Nicht befestigte Wege sowie geschlossene Vegetationsdecken können geschädigt werden. Dies führt zu Konflikten mit privaten Waldbesitzern und Landwirten sowie zu Problemen in den Naturschutzgebieten. Viele Verbände wie zum Beispiel die Vereinigung der Freizeitreiter und -fahrer in Deutschland e.V. informieren über die Gesetze und Verordnungen und geben Reitern Verhaltensregeln an die Hand. In einigen Gebietskörperschaften herrscht eine Kennzeichnungspflicht für Pferd und Reiter im Gelände. Wege, die auch von anderen Gruppen wie Radfahrern und Fußgängern genutzt werden, bergen stets Konfliktpotenzial. Hier ist Rücksichtnahme von Reitern besonders gefragt.

Andere Regionen holen im Reittourismus auf, auch hier gilt für das Bestehen im Wettbewerb eine nachhaltige Anpassung an die steigende Nachfrage nach Reiten und Fahren in der Natur. Die Zielgruppe der Reiter hat zunehmend Anforderungen an Qualität. Dazu gehören eine Ausweitung und Verknüpfung der Services und Übernachtungsangebote, aber wesentlich mehr noch als im Radtourismus der Ausbau und die Vernetzung bereitbarer Wege sowie die Anlage von klar ausgewiesenen Reitwegen. Eine Trennung von Reit- und Rad-/Wanderwegen ist im Idealfall anzustreben, ansonsten ist sie durch Kennzeichnung bzw. ausreichende Breite der Wege umzusetzen. Die Umsetzung dieser Maßnahmen liegt in kommunaler Verantwortung in Zusammenarbeit mit Landwirten, Waldbesitzern und Reitvereinen. Aufgebaut werden kann dies auf bestehenden Kartierungen und aktuellen GIS-Systemen.

In besonders attraktiven Reitrevieren sind Stellplätze für PKW und Hänger erforderlich, deren Anzahl allerdings auch beschränkend wirken kann, wenn keine Ausweichmöglichkeiten zum Parken bestehen. Um besonders starke Beanspruchungen von bestimmten Gebieten zu mindern, müssen entweder klare Reglementierungen die Nutzung kanalisieren oder durch die Schaffung attraktiver neuer Angebote und Reitmöglichkeiten muss die Belastung entzerrt werden.

Literatur

BIS Bremerhavener Gesellschaft für Investitionsförderung und Stadtentwicklung mbH (2006): BIS aktuell Nr. 3. www.bis-bremerhaven.de Stand: April.

dwif – Consulting GmbH/BTE Tourismusmanagement, Regionalentwicklung (2003): Grundlagenuntersuchung Wassertourismus in Deutschland. Berlin.

Equestrian World Verden e.V., RAin Annegret Wozny (2004): Rechtliche Rahmenbedingungen. Verden.

Fachdienste Regionalplanung der Landkreise Friesland, Diepholz und Cuxhaven (2006): Expertengespräche.

GTC – Golf & Tourism Consulting (2001): Präsentationsunterlagen „Tourismus – eine Chance für den Golfmarkt?" DGV Führungsseminar Frankfurt. Stand: Februar.

Niedersächsisches Naturschutzgesetz (2005). Verlag C. H. Beck. München.

PROJECT M Marketingberatung Prof. Kreilkamp & Co. GmbH (2004): Radtourismus im Nordwesten. Lüneburg.

student consulting, Hochschule für Angewandte Wissenschaften Hamburg (2006): Reiten in der Metropolregion Hamburg. Teil 3 , Handlungsempfehlungen. Hamburg

Vereinigung der Freizeitreiter und -fahrer in Deutschland e. V (2004): Das Reitrecht in den Ländern. www.vfdnet.de

Wirtschaftsministerium Mecklenburg-Vorpommern (2000): Entwicklungschancen des maritimen Tourismus in Mecklenburg-Vorpommern. Schwerin.

Beispielhafte Links:

bed & box, Arbeitsgemeinschaft Urlaub und Ferien auf dem Land e. V., www.bedundbox.de

„Pferdeland Niedersachsen", www.reiseland-niedersachsen.de

www.nordwesten.de

www.adfc.de

Michael Hansen, Sonia Caroline Baptista

Tourismus im südlichen Jütland – Entwicklung, Ziele und Handlungsbedarfe

1 Einordnung des südlichen Jütland in den Tourismus von Dänemark
2 Tourismusentwicklung im südlichen Jütland
3 Ziele und Handlungsansätze der Tourismusentwicklung

1 Einordnung des südlichen Jütland in den Tourismus von Dänemark

Da im Jahre 2006 in Dänemark eine tiefgreifende Verwaltungs- und Gebietsreform durchgeführt wurde (wirksam ab 01.01.2007), ist es erforderlich, zu Beginn die regionalen Begriffe zu klären:

- „Sønderjylland" ist der Name eines bis Ende 2006 bestehenden Amtes – im Aufgabenbereich deutschen Kreisen vergleichbar –, das in seinem Gebietszuschnitt dem ehemaligen Nordschleswig entspricht.

- Die Region „Sydøst- og Sønderjylland" ist unter diesem Namen in der Tourismusentwicklungsgesellschaft für das südöstliche und südliche Jütland abgegrenzt. Sie entspricht dem Gebiet der ehemaligen Kreise Sønderjylland und Vejle.

- Die Region „Syddanmark" ist eine der fünf Regionen, die nach Auflösung der Ämter mit der Verwaltungs- und Gebietsreform 2006 gebildet wurde. Sie erstreckt sich über das Gebiet der bisherigen Ämter Sønderjylland, Vejle, Ribe und Fünen. Abbildung 1 zeigt die neu gebildeten dänischen Regionen.

Abb. 1: Die mit der Verwaltungsreform 2006 neu gebildeten Regionen sowie Ausgaben je Übernachtung in den (alten) Ämtern 2004

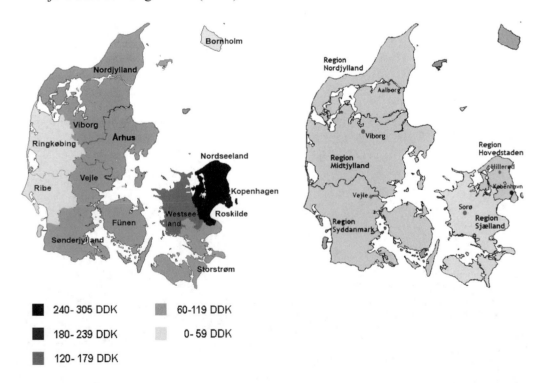

Quelle: VisitDenmark

Tabelle 1 zeigt einige regionalisierte touristische Eckwerte für das Jahr 2004. Besonders auffällig ist der gravierende Unterschied zwischen der Metropolregion Kopenhagen und dem übrigen Dänemark. In der Metropolregion – einschließlich Nordseeland und Roskilde – sind weit überdurchschnittliche Umsätze je Übernachtung zu verzeichnen (vgl. auch Abb. 1). An der Westküste in den Ämtern Ribe und Ringkøbing liegen diese Werte demgegenüber besonders niedrig. Verantwortlich dafür ist insbesondere der überdurchschnittlich hohe Anteil von Familien mit kleinen Kindern, die an der Westküste Urlaub machen. Zugleich zeigt Tabelle 1 aber auch, dass die in Jütland getätigten Umsätze überdurchschnittlich beschäftigungsintensiv sind. Die in Jütland, aber auch auf Bornholm, auf Fünen oder in Westseeland getätigten Umsätze verbleiben offenbar zu einem deutlich höheren Anteil in der Region, als dies beispielsweise in Kopenhagen oder Nordseeland der Fall ist.

Tab. 1: Touristische Eckwerte 2004

Region	Übernachtungen[1] in Mio.	Ausgaben[1,2] in Mrd. DKK	Ausgaben pro Übernachtung in DKK	Beschäftigte[1,2] in 1.000
Kopenhagen (Stadt u. Amt)	4,9	14,8	302,0	12,2
Nordseeland	1,3	3,1	238,5	2,9
Roskilde	0,5	1,1	220,0	1,1
Westseeland	1,1	1,4	127,3	2,8
Storstrøms Amt	2,8	2,4	85,7	2,8
Fünen	3,3	3,0	90,9	5,8
Nordjütland	6,6	5,8	87,9	8,2
Viborg Amt	1,7	1,3	76,5	2,1
Århus Amt	3,7	4,2	113,5	6,6
Ringkøbing Amt	4,5	2,4	53,3	3,4
Ribe Amt	4,8	2,4	50,0	4,1
Sønderjylland + Vejle Amt	5,2	5,1	98,1	8,0
Bornholm	1,4	1,1	78,6	1,5
Dänemark	41,8	48,1	115,0	61,5

[1] ohne Transit [2] ohne Transit und Tagestourismus

Quelle: TØBBE (Turismen Økonomiske og Beskæftigelsmæssige Betydning), VisitDenmark 2004

2 Tourismusentwicklung im südlichen Jütland

Die Entwicklung der Übernachtungen insgesamt in Vejle Amt und Sønderjyllands Amt wird in Tabelle 2 dargestellt. Dabei ist festzustellen, dass die Gesamtzahl von Jahr zu Jahr erheblichen Schwankungen unterworfen ist.

Tab. 2: Übernachtungen insgesamt in der Region Sydøst- und Sønderjylland (RST) 2000 bis 2004

	Vejle Amt	Sønderjyllands Amt
2000	1.754.539	3.663.962
2001	1.708.922	3.467.445
2002	1.722.085	3.614.646
2003	1.781.047	3.718.226
2004	1.745.052	3.540.631
2005	1.705.324	3.367.809

Quelle: TØBBE (s. Tabelle 1)

Abbildung 2 zeigt am Beispiel von Sønderjyllands Amt, das bei Weitem mehr Übernachtungen als Vejle Amt aufweist, dass diese Schwankungen je nach Übernachtungskategorie jedoch sehr unterschiedlich ausfallen. So hat sich die Zahl der Übernachtungen in Hotels/Ferienzentren über den gesamten Beobachtungszeitraum per Saldo leicht abwärts bewegt. Beim Camping, der quantitativ stärksten Übernachtungsart, stagnieren die Werte dagegen um 1,5 Mio. Übernachtungen. Lediglich 2003 ist ein Ausreißer nach oben zu beobachten, was unmittelbar auf das in diesem Jahr extrem gute Sommerwetter zurückzuführen ist. Bei den Ferienhäusern ist wiederum per Saldo ein Rückgang festzustellen, wobei 2005 das schlechteste Jahr war. 2006 gab es wieder bessere Werte.

Abb. 2: Zahl der Übernachtungen nach der Unterbringungsart 2000 bis 2004 im Amt Sønderjylland (in Mio.)

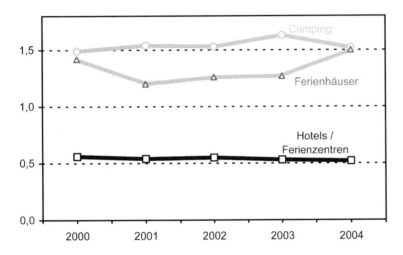

Quelle: VisitDenmark

Die Motive, warum Dänemark als Urlaubsland gewählt wird, überraschen nicht. Die Urlauber nennen zu

- 66 % die Strände,
- 64 % Sicherheit und Ruhe,
- 51 % Sauberkeit,
- 48 % Kinderfreundlichkeit,
- 36 % die Nähe zum Quellgebiet,
- 33 % die Tatsache, dass sie sich schon bei früheren Reisen hier wohl gefühlt haben,
- 31 % bestimmte Events oder Aktivitäten.

Quelle: RST (Region Sydøst- og Sønderjyllands Turismeudviklingsselskab); zugrunde liegt eine Studie aus dem Jahre 2004 mit 7.600 Befragten. Eine Wiederholung ist im Jahre 2008 vorgesehen.

Die Quellgebiete der Touristen liegen weit überwiegend im Nahbereich. Zu nennen sind insbesondere Dänemark, Deutschland, Norwegen, Schweden und die Niederlande. Dabei liegen die Quellmärkte für Jütland und speziell auch für das südliche Jütland ungefähr gleichrangig in Dänemark und in Deutschland, während die Niederlande, Schweden und Norwegen mit weitem Abstand folgen. Betrachtet man die zeitliche Entwicklung nach Herkunftsgebieten (Abbildung 3 und 4), so ist die deutliche Abnahme der Gäste aus Deutschland sowohl in Sønderjylland als auch in Vejle besonders auffallend. Auch die Schweden kommen weniger, während Norweger, Niederländer und auch Dänen mehr kommen.

Abb. 3: Zahl der Übernachtungen von Dänen und Deutschen im Amt Sønderjylland 2000 bis 2004 (in Mio.)

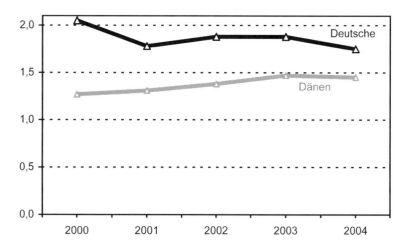

Quelle: VisitDenmark

Abb. 4: Zahl der Übernachtungen von Dänen und Deutschen im Amt Vejle 2000 bis 2004 (in Mio.)

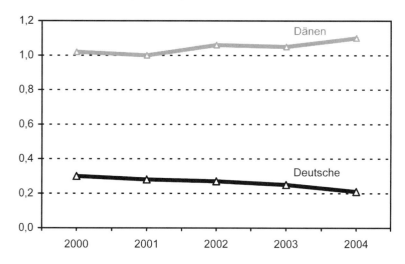

Quelle: VisitDenmark

Was die Inlandsreisen der Dänen betrifft, zeigt Tabelle 3 die Struktur nach Übernachtungskategorien. Eine dänische Spezialität ist dabei der Wert von 24 % für Übernachtungen bei Freunden bzw. Familienmitgliedern. Dabei handelt es sich weit überwiegend um die Übernachtung in privat genutzten Ferienhäusern. Man kann grob vereinfacht davon ausgehen, dass ca. die Hälfte der Übernachtungen in Ferienhäusern stattfindet.

Tab. 3: Inlandsreisen von Dänen nach Übernachtungskategorien 2004

Ferienhäuser	26 %
Freunde/Familie	24 %
Camping	21 %
Ferienzentren	10 %
Sonstiges (Hotels, Jugendherbergen, Boote etc.)	19 %
Summe	100 %

Quelle: VisitDenmark 2004

Betrachtet man den Rückgang der Übernachtungszahlen deutscher Touristen noch einmal etwas genauer nach Übernachtungskategorien, so gibt Abbildung 5 auch am Beispiel von Sønderjyllands Amt Auskunft. Der Rückgang deutscher Übernachtungszahlen gilt zwar für alle Übernachtungskategorien, ist jedoch quantitativ in den Ferienhäusern bei weitem am größten. Die in Abbildung 5 nicht enthaltenen Jugendherbergen (grafisch nicht darstellbar) schrumpfen in den Übernachtungszahlen deutscher Gäste im Übrigen sogar um ein Drittel.

Abb. 5: Zahl der Übernachtungen von Deutschen im Amt Sønderjylland nach Übernachtungsformen 2000 bis 2004 (in Mio.)

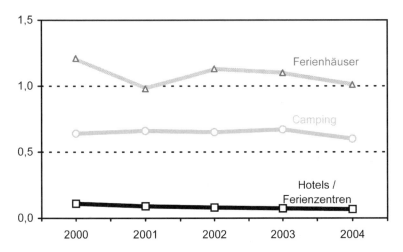

Quelle: VisitDenmark

Tabelle 4 zeigt die von Touristen (ohne Tagestouristen) getätigten Ausgaben einschließlich indirekter und induzierter Effekte. Hier zeigt sich eine tendenzielle Aufwärtsentwicklung, wobei allerdings inflatorische Effekte nicht außer Acht gelassen werden dürfen. Tabelle 5 strukturiert die von den Ausgaben berührten Branchen.

Tab. 4: Touristische Ausgaben 2000 bis 2004 (ohne Tagestourismus) in Mio. DKK in der Region Sydøst und Sønderjylland (RST)

2000	4.197
2001	4.195
2002	4.669
2003	4.779
2004	5.100

Quelle: TØBBE (s. Tabelle 1)

Tabelle 5 zeigt die Struktur des touristischen Umsatzes speziell für die Region Süd- und Südostjütland. Zu beachten ist, dass in dieser Region der Ferienhaustourismus eine unterdurchschnittliche Rolle spielt. Untermauert wird jedoch, dass die vom Ferienhaustourismus ausgehenden Umsätze eine relativ geringe Rolle spielen.

Tab. 5: Struktur des touristischen Umsatzes in Süd- und Südostjütland (Ämter Sønderjylland und Vejle in Mio. DKK 2004)

	Sønderjylland	Vejle	zusammen
Hotels und Ferienzentren	585	1.109	1.694
Camping	502	264	766
Ferienhäuser	526	85	611
sonstige Branchen (insbes. Einzelhandel und Gastronomie)	1.306	798	2.104
Summe	2.919	2.256	5.175

Quelle: TØBBE (s. Tabelle 1)

3 Ziele und Handlungsansätze der Tourismusentwicklung

VisitDenmark, die nationale dänische Tourismusmarketingorganisation, setzt im Tourismus auf klaren Umsatz- und Arbeitsplatzzuwachs. Dänemark soll sich als Nordeuropas führende Küstendestination stabilisieren, wobei besondere Schwerpunkte auf

- Städtekurzurlaub,
- Aktivurlaub und
- Tagungs- und Kongressurlaub, Incentive-Urlaub

gelegt werden. Grundprinzip der Ansprache alter und neuer Zielgruppen ist dabei „Dänemark auf der Europakarte – Skandinavien auf der Weltkarte."[1]

Die Region Syddanmark (s. u.) orientiert sich vor diesem Hintergrund auf drei primäre Zielgruppen:

- Familien mit Kindern bis zu 14 Jahren;
- 50+-Touristen, also zum einen die Babyboomer (45–59 Jahre alt) und zum anderen Senioren ab 60 Jahre alt;
- Touristen mit speziellen Aktivitätsinteressen, sei es zu Land (Fahrradfahren, Wandern, Reiten, Wellness, Golf), sei es zu Wasser (Segeln, Kanu, Windsurfen).

Ausgehend von dieser Zielgruppendefinition, die je nach Destination auch noch weiter differenziert werden kann, sind im Marketing für das südliche Dänemark insgesamt zwölf verschiedene Schwerpunkte definiert worden:

(1) Erwachsene, die ohne Kinder verreisen: Hier geht es also um 50+-Reisende. Aufgrund der Altersstruktur sowohl der dänischen als auch beispielsweise der deutschen Bevölkerung wächst diese Gruppe ganz erheblich. Sie verfügt über eine überdurchschnittliche Kaufkraft, hat relativ hohe Ansprüche in Bezug auf Unterbringung, Gastronomie und Wellness. Sehr oft besteht die Option, außerhalb der Hauptsaison zu verreisen. Hier ist es erforderlich, die vorhandene Produktstruktur in Richtung auf gesteigerte Qualität zu erweitern und zu ergänzen.

(2) Familien mit Kindern: Alle wichtigen speziellen Erlebniswelten der Region sind auf diese Zielgruppe zugeschnitten, jedoch nicht in der Form von großen Freizeitparks, sondern eher Themenparks nach dem Motto „Spiel, Spaß und Lernen". Die wichtigste Stärke der Region liegt darin, den Familien mit Kindern vielfältige Möglichkeiten zu bieten, gemeinsame Erlebnisse mit viel Zeit füreinander zu kombinieren.

---

[1] Außerhalb Europas wird dabei mit VisitSweden und VisitNorway in gemeinsamen Vertretungen zusammengearbeitet.

(3) Gesundheit, Kur und Wellness: Dieses Feld ist für Syddanmark weitgehend neu. Hier wird ein auf die spezielle Situation im südlichen Dänemark zugeschnittenes Konzept mit Schwerpunkten auf Kondition, Stärkung von Abwehrkräften und Sport entwickelt. Auf diesem Gebiet gibt es große Potenziale, die in neuen Konstellationen der regionalen Zusammenarbeit genutzt werden müssen. Bestehende Planungen sind das Kurcenter in Højer, Nordic Wellness in Gråsten und die Golf- und Kuranlage Rømø.

(4) Zurückgewinnen verlorener Marktanteile bei der Nachfrage aus Deutschland: In den letzten zehn Jahren hat das südliche Dänemark benahe 2 Mio. deutsche Übernachtungen jährlich verloren, was ca. 25 % der Gesamtübernachtungen entspricht. Durch die deutsche Einigung hat die westdeutsche Nachfrage umfassende neue Angebote im Bereich der Küste Mecklenburg-Vorpommerns nutzen können, die in scharfer Konkurrenz zum südlichen Dänemark stehen. Eine Umkehrung dieses Prozesses ist nur durch die Modernisierung vorhandener und die Entwicklung neuer Angebote möglich.

(5) Weitere Mobilisierung der dänischen Nachfrage: Die heimische Nachfrage hat zwar das von den abgewanderten Deutschen gerissene Loch gefüllt. Dieser Aufwärtstrend muss jedoch dadurch unterstützt werden, dass das Profil des südlichen Jütlands noch stärker in Richtung auf „gutes Leben" (von der Unterkunft und Gastronomie bis hin zu Kultur und Architektur) geschärft wird. Ziel ist, in dieser Hinsicht die bevorzugte Region Dänemarks sowohl im privaten Ferientourismus als auch im Tagungs- und Kongresstourismus (s. u.) zu werden.

(6) Profilierung der touristischen Produkte, insbesondere im Internet: Die Sichtbarkeit und Unterscheidbarkeit konkreter Produkte einzelner Akteure ist eine grundlegende Erfolgsvoraussetzung. Vielfältigkeit darf nicht die Fähigkeit des einzelnen Touristen behindern, sich zu orientieren und konkret das Produkt zu buchen, das ihm am besten passt. Dies ist eine zentrale Herausforderung für die Internetpräsentationen der einzelnen Touristbüros.

(7) Tagungs- und Kongresstourismus (MICE): Sitzungen, Tagungen, Fortbildungsveranstaltungen, Konferenzen und Kongresse (MICE = Meetings, Incentives, Conferences/Congresses, Events/Exhibitions) sind für viele Destinationen des südlichen Jütlands wichtiger als der Ferientourismus. Dies betrifft nicht zuletzt die Hotels, deren Auslastung über das Jahr hinweg davon ganz wesentlich beeinflusst wird. Hier geht es sowohl um die Erneuerung der Angebote als auch den gemeinsamen Vertrieb.

(8) Touristische Spezialmärkte: Hier geht es insbesondere um Golfen, Radfahren, Angeln, Segeln und andere Urlaubskategorien im Spannungsfeld von Sport, Lernen und Sich-Wohlfühlen unter Gleichgesinnten. Die in dieser Hinsicht vorhandenen Stärken der Regionen müssen ausgebaut werden, dies unter besonderer Berücksichtigung der in diesen Märkten gehobenen Ansprüche an die Unterbringung (z. B. World Class Hotel Sønderborg).

(9) Ausbau des Event-Angebots: Events – auch im Sinne von künstlichen Erlebniswelten – stellen ein besonders wirksames Mittel dar, Profil zu schaffen und Aufmerksamkeit zu erregen. Ein Beispiel für ein in der letzten Zeit aufgebautes neues Angebot ist „Danfoss Universe".

(10) Kompetenzausbau: Erfolg in den gesteckten Zielen ist ganz wesentlich von der Qualifikation und Kompetenz der touristischen Akteure abhängig. Im Verhältnis zu anderen Branchen besteht auf diesem Gebiet durchaus Handlungsbedarf. Die Zusammenarbeit mit Institutionen der Forschung und Entwicklung muss ausgebaut werden.

(11) Touristenzentren: Die Ansprüche der Gäste entwickeln sich überall in Richtung auf ein größeres Angebot an Erlebnissen, je aufwändiger und einmaliger, desto besser (während die „kleinen Erlebnisse" nicht an Bedeutung verlieren). Dies heißt zwangsläufig, dass Touristen konzentriert werden müssen, um entsprechende Erlebnisse wirtschaftlich anbieten zu können. Nachdem in Dänemark jahrzehntelang die Weichen in Richtung auf möglichst unauffällige Verteilung der Touristen im Raum gestellt wurden und noch immer werden, muss hier umgesteuert werden. Es müssen – auch – große Touristenzentren geplant werden, innerhalb derer man sich aufgrund des vielfältigen Angebotes für längere Zeit aufhalten kann. Die Ferienanlage Billund beschreitet beispielsweise diesen Weg.

(12) Beobachtung neuer Märkte und Zielgruppen: Ungeachtet der Märkte, auf denen das südliche Jütland aktiv ist, und der Zielgruppen, wie sie oben skizziert wurden, wird die Region die Entwicklung neuer Märkte und Zielgruppen laufend beobachten. Ein sehr gutes Beispiel der letzten zehn Jahre ist die Tatsache, dass in ganz Asien das Interesse an Hans Christian Andersen erheblich zugenommen hat, was speziell für Fünen große neue Marktchancen mit sich gebracht hat.

Besonders wichtig wird darüber hinaus in der Zukunft eine verstärkte Koordination und Kooperation auf nationaler und internationaler Ebene sein. Nationale Allianzen im Tourismusmarketing sollen insbesondere in den Bereichen

- Küstenurlaub,
- Aktivurlaub,
- MIC und
- Städtekurzurlaub (City Break).

aufgebaut bzw. verstärkt werden.

An einer Kooperation im Tourismusmarketing zwischen Dänemark und Deutschland beiderseits der Grenze zwischen Jütland und Schleswig wird bereits gearbeitet. Dabei geht es um

- die Koordinierung von Tourismusmarketingaktivitäten zwischen den Kommunen beiderseits der Flensburger Förde,
- die verstärkte Vermittlung kulturgeschichtlicher Sehenswürdigkeiten beiderseits der Grenze,
- Durchführung gemeinsamer PR- und Pressetouren (Motto: „Grenzenlose Möglichkeiten") und
- Durchführung regelmäßiger Treffen der Marketingbeteiligten zum Informationsaustausch.

Mit Abschluss der Verwaltungs- und Gebietsreform wird auch die regionale Organisation des Tourismusmarketing und -management eine neue Struktur erhalten haben. Parallel zur Region Syddanmark wird die Marketingorganisation „Syddansk Turisme" gebildet werden. Innerhalb dieser Organisation werden drei jeweils in sich geschlossene Gebiete für die Produktentwicklung und das Marketing verantwortlich sein:

- Mit „TGV – Destination Vestjylland" besteht eine Zusammenfassung sämtlicher fünf neuer Großkommunen der Westküste.
- „RST – Destination Sydøstjylland" umfasst die zehn Kommunen des jütischen Mittelrückens und der Belt-Küste.
- „Fyntour – Destination Fyn" ist die einzige regionale Einheit, die vor und nach der Gebietsreform für dasselbe Gebiet zuständig ist.

Damit gelingt es, in Jütland unabhängig von den nicht mehr existierenden Ämtergrenzen regionale Marketingeinheiten zu definieren, die in sinnvoller räumlicher Abgrenzung jeweils unterschiedliche touristische Produkte anbieten.

Pieter Smit

Tourismus auf den Westfriesischen Inseln – Entwicklung, Ziele und Handlungsbedarfe

1 Einordnung Westfrieslands in den Tourismus der niederländischen Küste
2 Tourismusentwicklung auf den Westfriesischen Inseln unter besonderer Berücksichtigung der Insel Ameland
3 Ziele und Handlungsansätze der Tourismusentwicklung

1 Einordnung Westfrieslands in den Tourismus der niederländischen Küste

Die niederländische Küste reicht von den Westfriesischen Inseln über die holländische Küste bis zu den Inseln des Rhein-Schelde-Deltas. Vier Provinzen, nämlich Friesland, Nordholland, Südholland und Zeeland sind daran beteiligt. Abbildung 1 zeigt den engeren Untersuchungsbereich der Westfriesischen Inseln.

Abb. 1: Die Westfriesischen Inseln

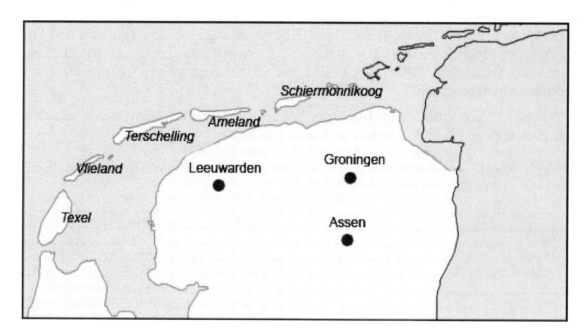

Abbildung 2 verdeutlicht, dass die Entwicklung der Besucherzahlen an der gesamten niederländischen Küste seit Ende der 90er Jahre stagniert. Dabei ist die Zahl der ausländischen Gäste etwas weniger schwankungsanfällig als die der niederländischen Gäste. Die Gesamtbesucherzahl bewegt sich zwischen vier und fünf Millionen, die der ausländischen Gäste um 1,5 Millionen. Die weitaus meisten ausländischen Gäste kommen aus Deutschland, und zwar aus Nordrhein-Westfalen und Niedersachsen.

Abb. 2: Gästeankünfte an der niederländischen Küste nach der Herkunft (in 1.000)

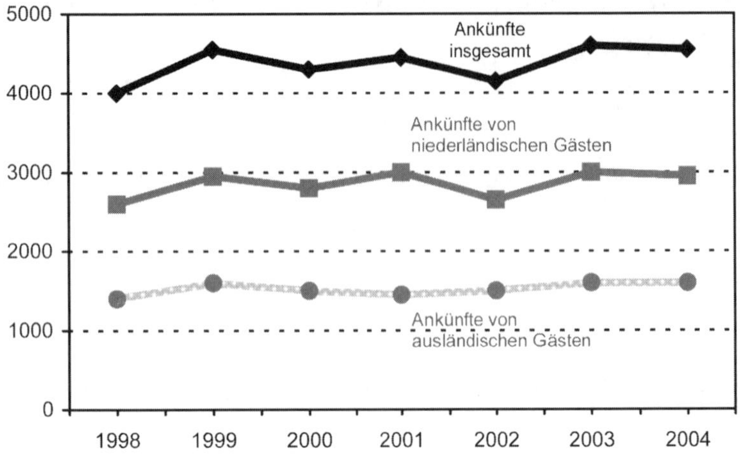

Quelle: CBS (statistische Zentralbüro der Niederlande)

2 Tourismusentwicklung auf den Westfriesischen Inseln unter besonderer Berücksichtigung der Insel Ameland

Die Zahl der Touristen, die die Westfriesischen Inseln besuchen, lässt sich über die Zahl der Fahrgäste auf den jeweiligen Fähren ermitteln. Da es für einheimische Inselbewohner Sondertarife gibt, ist dabei auch eine Differenzierung zwischen Touristen und Einheimischen möglich. Zwar kann man die Inseln Ameland und Texel auch per Flugzeug erreichen, Daten dazu liegen jedoch nicht vor. Sie bewegen sich in jedem Falle in nur geringer Größenordnung.

Tabelle 1 zeigt einen deutlichen Besucherrückgang in den letzten Jahren, nachdem die Entwicklung bis 2003 aufwärts gegangen war (Näheres im 3. Kapitel).

Tab. 1: Zahl der Fährpassagiere (nur Touristen) zu den Westfriesischen Inseln 1998 bis 2005 (in 1.000)

	1998	2003	2004	2005
Texel	•	896	707	691
Vlieland	136	160	157	153
Terschelling	353	371	361	354
Ameland	483	554	527	519
Schiermonnikoog	263	296	264	259

Quelle: Daten der Fährreedereien

Die fünf Westfriesischen Inseln haben im Einzelnen ein durchaus unterschiedliches Profil, wie Tabelle 2 zeigt. Texel ist nicht nur die größte Insel, sondern weist auch den höchsten Anteil ausländischer Gäste bei einem zugleich besonders hohen Stammgästeanteil auf. Aufgrund der leichten Erreichbarkeit vom Festland aus ist der Anteil der Tagestouristen auf Texel relativ hoch.

Tab. 2: Eckdaten 2003 des Tourismus auf den Westfriesischen Inseln

	Touristische Überfahrten (in 1.000)	Anteil Tagestouristen	Anteil ausländ. Gäste	Anteil Wiederholer	Umsatz (Mio. €)
Texel	896	15 %	38 %	80 %	190
Vlieland	160	3 %	2 %	75 %	35
Terschelling	371	6 %	5 %	75 %	80
Ameland	554	25 %	35 %	70 %	110
Schiermonnikoog	296	33 %	7 %	80 %	50

Quelle: Rapport Marktplan 2003

Ameland als touristisch zweitwichtigste Westfriesische Insel verfügt über einen ähnlich hohen Anteil ausländischer Gäste, allerdings mit einem etwas höheren Anteil von Touristen, die die Insel erstmalig besuchen. Der Anteil der Tagestouristen ist hier noch höher als bei Texel, was Ameland mit Schiermonnikoog gemeinsam hat. Beide Inseln sind ebenfalls relativ zeitgünstig erreichbar.

Vlieland und Terschelling haben nur wenig ausländische Gäste und kaum Tagestouristen. Auf beiden Inseln sind die niederländischen Sommerurlauber weitgehend unter sich. Auch Schiermonnikoog ist im Ausland kaum bekannt. Der besonders hohe Anteil der Tagestouristen ist damit zu erklären, dass die Fährüberfahrt nur eine halbe Stunde dauert. Man kann die Insel gut auch innerhalb eines einzelnen Tages entdecken.

Unter den Besuchern gibt es drei besonders hervortretende Gruppen, nämlich Familien mit Kindern, Doppelverdiener und ältere Menschen (55 und älter). Auf Terschelling und Ameland kommen Jugendgruppen hinzu. Die Motive, die für den Besuch der Inseln als ausschlaggebend angegeben werden, sind

- Ruhe,
- Gefühl der Freiheit, der Weite,
- die Strände,
- die Aktivitätsmöglichkeiten,
- Entspannung und Erholung,
- das Angebot von Veranstaltungen (z. B. Segeln um Texel, Theater und Musik im Oerolfestival Terschelling, Kunstmonat Ameland).

Die Übernachtung erfolgt im Wesentlichen in Ferienwohnungen und Ferienhäusern sowie – nachgeordnet – in Hotels. Zwischen 1985 und 2005 sind immer mehr große geschlossene Feriensiedlungen gebaut worden, in denen sich das Angebot konzentriert. Parallel ist die Qualität des Angebots erheblich besser geworden. Angebote von bed and breakfast spielen inzwischen keine nennenswerte Rolle mehr.

Die Tabellen 3 bis 7 basieren auf einer speziell für die Insel Ameland im Jahr 2005 angefertigten Studie, die sich auf alleinreisende Urlaubsgäste bezog. Tagesgäste und Jugendgruppen wurden nicht untersucht. Tabelle 3 zeigt deutlich, dass zum einen Familien dominieren und zum anderen Singles überhaupt keine Rolle spielen. Der Schwerpunkt der Familien in der Hauptsaison ist mit den Schulferien zu erklären. Bei den sonstigen Haushaltstypen sind insbesondere Gruppen aller Art zu beachten.

Tab. 3: Haushaltstypen der Gäste auf Ameland 2005

	Vorsaison	Hauptsaison	Nachsaison	Winter	insgesamt
Familien	34%	55%	35%	40%	43%
Paare	40%	23%	39%	36%	32%
Singles	2%	1%	1%	0%	1%
sonstige Haushaltstypen	24%	21%	25%	24%	23%

Tab. 4: Aufenthaltsdauer der Gäste auf Ameland 2005

	Vorsaison	Hauptsaison	Nachsaison	Winter	insgesamt
1 – 3 Übernachtungen	14%	7%	16%	18%	12%
4 – 6 Übernachtungen	28%	17%	35%	38%	26%
7 – 13 Übernachtungen	47%	63%	48%	40%	53%
14 Übernachtungen und länger	12%	13%	2%	4%	9%

Tab. 5: Hauptgründe für den Urlaub auf Ameland 2005

	Vorsaison	Hauptsaison	Nachsaison	Winter	insgesamt
Ruhe, Entspannung	69%	63%	71%	73%	67%
aktiv sein (Sport etc.)	28%	27%	26%	19%	26%
Kultur, Events	3%	10%	3%	8%	7%

Tab. 6: Alter der Gäste auf Ameland 2005 (ohne Kinder)

	Vorsaison	Hauptsaison	Nachsaison	Winter	insgesamt
bis 23 Jahre	6%	8%	2%	4%	6%
24 – 40 Jahre	30%	42%	34%	27%	36%
41 – 50 Jahre	19%	29%	26%	33%	26%
51 – 60 Jahre	19%	13%	19%	26%	18%
über 60 Jahre	25%	7%	18%	9%	14%

Tab. 7: Zahl der Urlaube auf Ameland (einschließlich 2005)

	Vorsaison	Hauptsaison	Nachsaison	Winter	insgesamt
einmal	21%	42%	15%	13%	27%
zweimal	45%	37%	47%	42%	42%
dreimal	22%	14%	31%	26%	21%
viermal	7%	4%	5%	4%	5%
fünfmal und mehr	5%	3%	3%	16%	5%

In Tabelle 4 zur Aufenthaltsdauer der Gäste auf Ameland tritt in der Hauptsaison der 14-Tage-Urlaub hervor. Auffallend ist im Übrigen, dass Urlaube einer Länge von mehr als zwei Wochen nur sehr kleine Anteile aufweisen. Dies gilt selbst für die Hauptsaison. Weiterhin ist sehr interessant, dass Urlaube in der Kategorie „4 bis 6 Übernachtungen" insbesondere in der Nachsaison und im Winter gut ein Drittel aller Urlaube umfassen. Auch Kurzurlaube bis drei Übernachtungen sind außerhalb der Hauptsaison nicht unbedeutend.

Tabelle 5 zeigt deutlich, dass die Urlauber auf Ameland zu zwei Dritteln kommen, weil man sich hier in aller Ruhe entspannen kann. Die übrigen Urlaubsmotive spielen eine weit geringere Rolle. Die Altersstruktur der Gäste wird in Tabelle 6 dokumentiert.

Hier gibt es ganz erhebliche Unterschiede zwischen den Saisonkategorien. Während in der Hauptsaison die 24- bis 40-Jährigen klar dominieren, ist dies in den übrigen Jahreszeiten nicht der Fall. Dabei muss im Übrigen berücksichtigt werden, dass in der Kategorie „24 bis 40 Jahre" 17 Jahrgänge, in den Kategorien „41 bis 50 Jahre" und „51 bis 60 Jahre" dagegen nur jeweils zehn Jahrgänge zusammengefasst sind. Berücksichtigt man diesen Verzerrungseffekt, sind die 41- bis 50-Jährigen auf Ameland besonders stark vertreten. Auffallend ist außerdem der besonders hohe Anteil der über 60-Jährigen in der Vorsaison.

Was die Zahl der auf Ameland verbrachten Urlaube betrifft, zeigt Tabelle 7 einen besonders hohen Anteil der erstmaligen Besucher in der Hauptsaison. Ebenfalls überraschend hoch ist der Anteil derjenigen, die schon zwei- bis dreimal auf Ameland waren, in der Nachsaison und im Winter.

Wichtig erscheint, dass die letzten Jahre durch eine deutliche Verbesserung des Preis-Leistungs-Verhältnisses gekennzeichnet sind, ausgelöst insbesondere durch eine deutliche Steigerung der Angebotsqualität bei nur moderaten Preisanhebungen. Die qualitativ besten Unterkünfte verfügen im Jahresdurchschnitt über die beste Auslastung. Diese Aussagen kann man im Übrigen im Grundsatz für alle Westfriesischen Inseln gemeinsam treffen.

3   Ziele und Handlungsansätze der Tourismusentwicklung

Bei der Analyse der Ursachen für den Rückgang der Gästezahlen in den Jahren 2004 und 2005 sind zusammenfassend vor allem folgende Punkte zu berücksichtigen:

- Konkurrierende Destinationen sowohl im Nordseeraum, aber auch im mediterranen Bereich, werden stärker.

- Über das Internet werden die Stärken konkurrierender Destinationen immer transparenter.

- Pauschalangebote insbesondere auch zu entfernteren Destinationen werden immer günstiger, wobei der Preisverfall bei den Fluggesellschaften eine große Rolle spielt.

- Die volkswirtschaftlichen Rahmenbedingungen in den Niederlanden, insbesondere aber auch in Deutschland führten zu einer spürbaren Zurückhaltung der Nachfrage.

- Die Angebote der Westfriesischen Inseln entwickelten sich vor diesem Hintergrund in ihren Preisen abnehmend konkurrenzfähig. Die Preis-Leistungs-Relation verschlechterte sich.

Mittelfristiges Ziel ist, die Entwicklung der Urlauber- und Bettenzahlen auf den Westfriesischen Inseln zu stabilisieren, was insbesondere Urlauber mit einer Aufenthaltsdauer von mehr als sieben Tagen betrifft. Zudem soll die Zahl der Kurzurlauber gesteigert werden. Die größten Chancen werden dabei in der Nebensaison gesehen.

Was die Quellgebiete der Gäste betrifft, soll versucht werden,

- niederländische Gäste verstärkt auch aus den südlichen Provinzen zu werben,

- deutsche Gäste nicht nur aus Nordrhein-Westfalen und Niedersachsen, sondern auch aus anderen Bundesländern anzusprechen,

- Gäste aus bisher wenig vertretenen Ländern, insbesondere Österreich, Schweiz, Skandinavien und Tschechien, zu einem Besuch der Westfriesischen Inseln zu motivieren.

Die vorgesehenen Maßnahmen zielen durchgängig auf eine Verbesserung der Angebotsqualität. Dies betrifft sowohl die Unterkünfte selbst und die materielle Infrastruktur als auch das Veranstaltungsangebot und die Gastfreundlichkeit. Die Möglichkeiten, sich über die vielfältigen Angebote der Westfriesischen Inseln zu informieren, müssen weiter verbessert werden.

Bei der Entwicklung des Produktes „Urlaub auf den Westfriesischen Inseln" muss die Identität der Inseln laufend weiter profiliert werden. Unverändert unterstrichen werden muss dabei der Komplex „Insel/Nordsee/Wattenmeer" in Verbindung mit den Möglichkeiten, sich in einem gesunden Klima aktiv oder passiv zu erholen. Auszubauen sind insbesondere die Profilfacetten „gastfreundlich" sowie „Hier kann man bei jedem Wetter und das ganze Jahr Urlaub machen".

Um die gesteckten Ziele zu erreichen, ist verstärkte Kooperation erforderlich:

- Auf der lokalen Ebene müssen die fünf Westfriesischen Inseln noch stärker zusammenarbeiten.
- Auf der regionalen Ebene geht es um eine Intensivierung der Zusammenarbeit zwischen den Inseln und dem Festland.
- Auf der nationalen Ebene wird versucht, verstärkt potenzielle Gäste aus den südlichen Niederlanden zu mobilisieren.
- Auf der internationalen Ebene ist es erforderlich, die Kooperation insbesondere mit Deutschland, der Schweiz und Österreich, aber auch Skandinavien forciert auszubauen. Hier werden die wichtigsten Quellmärkte im Ausland gesehen.

In diesem Zusammenhang wird auch daran gearbeitet, die Internetpräsentation der Westfriesischen Inseln an die sich weiterentwickelnden Kundengewohnheiten anzupassen. Kurzfristige Entscheidungen, die Westfriesischen Inseln zu besuchen oder spezielle Arrangements zu buchen, müssen erleichtert und vereinfacht werden.

Rainer Helle

Tourismusstrategie 2006 des Landes Schleswig-Holstein

1 Einleitende Bemerkungen
2 Die strategische Ausrichtung
3 Erläuterungen zu den einzelnen Leitprojekten
4 Raumrelevanz der neuen Tourismusstrategie
5 Ausblick

1 Einleitende Bemerkungen

Der Tourismus ist für Schleswig-Holstein und die Zukunft des Landes ein bedeutender Wirtschafts- und Imagefaktor: 4,5 Milliarden Euro Umsatz, ein Wertschöpfungsanteil von fast 5%, 130.000 vom Tourismus abhängige Arbeitsplätze und 150 Millionen Aufenthaltstage pro Jahr sprechen für sich.[1] In den letzten Jahren sind vielfältige Anstrengungen unternommen worden, um den Tourismus noch wettbewerbsfähiger zu machen: Attraktivitätssteigerung der touristischen Infrastruktur, Ansiedlung und Modernisierung von Hotelbetrieben, Neuausrichtung des Marketings unter Führung der Tourismus-Agentur Schleswig-Holstein (TASH), konzentrierte Erschließung neuer Marktsegmente und Themen wie Wellness-, Fahrrad- oder Kulturtourismus, um nur einige Beispiele zu nennen.

Dennoch ist festzustellen, dass der Tourismus in Schleswig-Holstein seit Jahren entgegen den internationalen Markttrends schrumpft, das Land verliert inzwischen jedes Jahr mehr als 500 Millionen Euro an touristischer Wertschöpfung. Auf der anderen Seite hat der schleswig-holsteinische Tourismus weiterhin große Chancen und Potenziale, die aber offenkundig nicht hinlänglich ausgeschöpft werden. Abb. 1 fasst die Ausgangssituation zusammen.

Abb. 1: Ausgangssituation vor Erstellung der Tourismusstrategie 2006

Quelle: Roland Berger AG 2006

---

[1] Zahlen zu Mecklenburg-Vorpommern und Niedersachsen siehe Beitrag von Homp u. a. in diesem Band

Diese Entwicklung war Anfang 2006 Anlass für das schleswig-holsteinische Wirtschaftsministerium, gemeinsam mit den wichtigsten Tourismusorganisationen des Landes (Tourismus-Agentur Schleswig-Holstein TASH, Tourismusverband Schleswig-Holstein TVSH, Hotel- und Gaststättenverband Schleswig-Holstein DEHOGA, Industrie- und Handelskammer Schleswig-Holstein IHK-SH) ein Handlungskonzept für die Neuausrichtung des Tourismus in Schleswig-Holstein bei der Beratungsfirma Roland Berger Strategy Consultants in Auftrag zu geben. Ziel sollte es sein, den Tourismus wieder auf einen Wachstumskurs zu bringen, die Qualität des touristischen Angebotes zu verbessern und Schleswig-Holstein als modernes Urlaubsland zu positionieren. Dieses Handlungskonzept liegt seit Mitte 2006 vor. Es ist den touristischen Akteuren in vielen Veranstaltungen präsentiert, mit ihnen diskutiert und auch in einigen Punkten modifiziert worden. Am 7. November 2006 hat das Kabinett dieses Handlungskonzept als verbindliche Tourismusstrategie des Landes verabschiedet.

Kernpunkte des Konzeptes sind:

- Positionierung des Landes im Qualitätstourismus (nicht im Luxustourismus!),
- Fokussierung auf drei Zielgruppen, die ökonomisch am interessantesten sind und die schon heute gerne nach Schleswig-Holstein kommen; diese Zielgruppen sollen mit Themen angesprochen werden, die ihrem Aktivitätsspektrum im Urlaub entsprechen,
- Konzentration aller Ressourcen auf die neue Tourismusstrategie, um möglichst große Erfolge zu erzielen,
- Schwerpunktbildung durch Leitprojekte, die besonders gut geeignet sind, die neue Strategie umzusetzen.

Diese Strategie bedeutet nicht, dass andere Zielgruppen in Schleswig-Holstein „unerwünscht" sind. Es bedeutet auch nicht, dass andere Aktivitäten der Tourismusanbieter in Schleswig-Holstein „verboten" sind. Aber: um Erfolg zu haben, ist für einen Zeitraum von einigen Jahren eine Konzentration auf die Zielgruppen und Themen erforderlich, die die größten Chancen für zusätzliche Übernachtungen und Umsätze bieten. Dort wird dann auch der Schwerpunkt der finanziellen und personellen Ressourcen des Landes liegen.

Die Tourismusstrategie ist kein statisches Gebilde: Gemeinsam mit den Mitauftraggebern des Handlungskonzeptes und anderen wichtigen Akteuren im Lande muss ständig überprüft werden, ob die Leitprojekte erfolgreich laufen, wo nachgesteuert, modifiziert oder auch ergänzt werden muss.

2 Die strategische Ausrichtung

Schleswig-Holsteins Tourismus hat gute Potenziale, die jedoch in den letzten Jahren nicht hinreichend ausgeschöpft werden konnten, wie die tendenziell rückläufigen Übernachtungszahlen zeigen. Ziel der Tourismuspolitik muss es daher sein, den Tourismus wieder auf einen Wachstumspfad zu bringen, wie Abb. 2 veranschaulicht.

Abb. 2: Bestandteile der Tourismusstrategie 2006

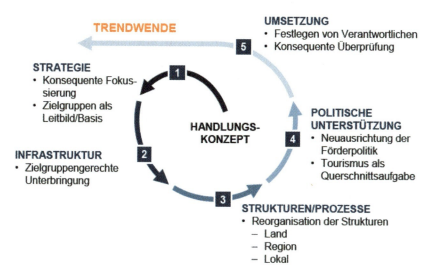

Quelle: Roland Berger AG 2006

- „Schleswig-Holstein positioniert sich als modernes Urlaubsland mit eindeutigem Profil und eindeutigen Werten:
  - Nach außen: Ansprache der wichtigsten Zielgruppen über klare und gemeinsame Werte sowie über ein auf diese Zielgruppen ausgerichtetes touristisches Angebot (Infrastruktur, Produkte etc.)
  - Nach innen: Umfassender Bewusstseinswandel der Tourismusakteure, die die neue Ausrichtung und Positionierung Schleswig-Holsteins als Basis für gemeinsames Handeln verinnerlichen müssen.
- Dieses Leitbild wird durch folgende Ziele konkretisiert:
  - Kurzfristig (bis Ende 2007):
    Abwärtstrend bei den Übernachtungen stoppen und den positiven Trend bei den Gästeankünften halten

    Breite Akzeptanz und Beteiligung der Tourismusakteure an der Umsetzung der neuen Strategie erreichen

    Beginn der Umsetzung von wichtigen Leitprojekten
- Mittel- und langfristig (bis Ende 2010):
  - Touristischen Marktanteil mindestens im Bundesdurchschnitt halten, keine weiteren Marktanteilsverluste im Kerngeschäft („Urlaubsreisen"); nach Möglichkeit Ausbau des Marktanteils
  - Touristisches Angebot deutlich aufwerten und modernisieren
  - Anteil der Touristen aus den Kernzielgruppen (vergleiche unten) steigern, Erhöhung der Wertschöpfung pro Gast
  - Zufriedenheit der Gäste (vor allem aus den Kernzielgruppen) verbessern

Diese Ziele können nur erreicht werden, wenn eine Bündelung der Kräfte auf allen Ebenen gelingt. Nur alle Tourismusakteure gemeinsam können die Trendwende bewirken, jeder Einzelne ist im weltweiten Wettbewerb um den Gast zu schwach.

■ Tourismusstrategie Schleswig-Holstein

Um diese Kräftebündelung zu erreichen, ist geprüft worden, in welchen Marktsegmenten Schleswig-Holstein die größten Chancen hat. Festzustellen ist zunächst, dass reines Themenmarketing, wie es in der Vergangenheit vor allem betrieben wurde (also: Themen wie Gesundheit/Wellness, Fahrradfahren, Kultur), nicht ausreichend ist, um die Gäste mit ihren vielschichtigen Urlaubsmotiven anzusprechen: Die Streuverluste bei der ausschließlichen Ansprache über Themen sind daher zu groß.

Um Gäste in ihrer gesamten Motivstruktur anzusprechen, soll in Zukunft zielgruppenorientiertes Marketing in den Mittelpunkt gestellt werden. Über Marktforschungsdaten sind die Zielgruppen identifiziert worden, die nach ihren Werten am besten zu Schleswig-Holstein passen (ihre Werteprofile sind weitgehend deckungsgleich mit den Werten, für die das Urlaubsland Schleswig-Holstein steht) und die ökonomisch am interessantesten sind (Ausgabeverhalten, heutiger Bevölkerungsanteil, künftiges Wachstum).

Diese Zielgruppen sind folgende (vgl. auch die Veröffentlichung der Tourismusstrategie unter www.wirtschaftsministerium.schleswig-holstein.de):

- Familien mit kleinen Kinder unter 14 Jahren – mittleres/hohes Einkommen (Alter der Eltern zwischen 26 und 50 Jahren; Haushaltsnettoeinkommen über 1.500 Euro)
- Best Ager (Singles und Paare zwischen 56 und 75 Jahren, alle Einkommensschichten)
- Anspruchsvolle Genießer (Singles von 39 bis 55 Jahre; Partnerschaften ohne Kinder von 26 bis 55 Jahre; Partnerschaften bis 55 Jahre mit erwachsenen Kindern; Haushaltsnettoeinkommen über 2.500 Euro)

Diese Kernzielgruppen repräsentieren 52,6 % der Bevölkerung und machen bereits heute zwei Drittel der Übernachtungen in Schleswig-Holstein aus: Schleswig-Holstein spricht diese Zielgruppen also – trotz des nicht gezielt auf sie ausgerichteten Marketings – bereits heute in einem hohen Maße an und hat gute Chancen, weitere Marktanteile bei diesen Gästegruppen zu gewinnen.

Diese Fokussierung auf drei Zielgruppen bedeutet nicht, dass andere Zielgruppen „unerwünscht" sind. Es bedeutet vielmehr eine Konzentration der knappen Mittel auf Gästegruppen, die die größten Chancen für Schleswig-Holstein insgesamt bieten. Es kommt hinzu, dass die genannten drei Zielgruppen ähnliche Werteprofile wie drei weitere Zielgruppen haben, die nicht vorrangig beworben werden sollen: Familien mit großen Kindern (alle Einkommensschichten), Familien mit kleinen Kindern und niedrigem Einkommen, Erlebnissuchende mit mittlerem/niedrigem Einkommen: Dies bedeutet, dass bei der Ansprache und Angebotsgestaltung für die Kernzielgruppen immer auch diese genannten Gästegruppen mit beworben werden. Nur zwei Zielgruppen werden nicht direkt durch diese Strategie angesprochen: Dies sind die Entertainmentinteressierten und die Jugendlichen, die zusammen allerdings auch nur ein Marktvolumen von 10 % aufweisen.

Bei dieser Zielgruppenstrategie konzentriert sich die Tourismuspolitik auf das Kerngeschäft des schleswig-holsteinischen Tourismus, nämlich die Urlaubsreisen. Geschäftsreisen weisen derzeit zwar höhere Wachstumsraten auf, sind jedoch ein zu kleines Segment, um die Übernachtungsverluste im Urlaubstourismus kompensieren zu können. Nach Konsolidierung im Urlaubstourismus können allerdings auch weitere Zielgruppen und Marktsegmente (z. B. also auch die Geschäftsreisen) angegangen werden.

Die ausgewählten Zielgruppen erfordern eine klare Strategie des Qualitätstourismus (kein Luxustourismus): Der schleswig-holsteinische Tourismus muss qualitativ hochwertig und modern, mit einem guten Preis-/Leistungsverhältnis und kundengerechtem Service weiterentwickelt werden.

Die Zielgruppenstrategie bedeutet nicht, dass Themenmarketing seine Bedeutung verliert. Ganz im Gegenteil müssen die Zielgruppen mit solchen Themen angesprochen werden, die ihren Bedürfnissen und Werten entsprechen. Auf Basis einer systematischen Marktforschung ergeben sich dabei folgende Themen:

- Basisthemen mit zielgruppenübergreifender Bedeutung: Gastronomie, Gesundheit, Rad fahren, Strand/Baden (außerdem: Unterkunft); für diese Top-Themen soll ein Großteil der finanziellen und personellen Ressourcen gebündelt werden (vor allem mit Blick auf Infrastruktur und Vermarktung).

- Spezifische Themen: Golf, Kultur, Natur erleben, Reiten, Segeln. Diese Themen sind für einzelne Zielgruppen und Regionen von Bedeutung; sie sollen in der zielgruppenspezifischen Vermarktung genutzt werden, kleinere infrastrukturelle Optimierungsmaßnahmen sind möglich (geringerer Ressourceneinsatz als bei den Basisthemen).

- Sonstige Themen, die vorläufig nicht mehr im Fokus der landesweiten Strategie stehen:
  - Dazu gehören Sondervermarktungsthemen, die bereits in der Entwicklung sind und die in die Vermarktung aufgenommen werden können, soweit sie für die drei Kernzielgruppen geeignet sind (z. B. Kanufahren, Menschen mit Behinderungen, Urlaub auf dem Bauernhof, Camping, Ausland). Keine/geringe Förderung sowie sorgfältige Prüfung einer Fortführung.
  - Darüber hinausgehende Themen (z. B. Angeln, MICE, Surfen, Wandern) erfahren zurzeit keine Unterstützung.

- Daneben gibt es Reiseformen (Kurzreisen, Städtereisen, Tagesausflüge, Gruppenreisen, Busreisen etc.), die auf ihre Eignung für die Kernzielgruppen und ihre Themen jeweils geprüft werden müssen. Zum Beispiel sind Städtereisende überproportional in den drei Kernzielgruppen des Schleswig-Holstein-Tourismus (Best Ager, Familien mit kleinen Kindern, hohes/mittleres Einkommen und anspruchsvolle Genießer) vertreten.

Um das touristische Angebot, die Produkte und das Marketing wirkungsvoll auf die Kernzielgruppen und ihre Bedürfnisse ausrichten zu können, sollen in den nächsten 2 bis 3 Jahren folgende Leitprojekte umgesetzt werden:

1. Umsetzungsmanagement

2. Kommunikationspolitik für die neue Tourismusstrategie

3. Optimierung der Strukturen (Zusammenarbeit Landes- und Regionalebene sowie Verschlankung lokaler Strukturen)

4. Neuausrichtung der Förderpolitik

5. Ansiedlungsmanagement für Beherbergungsbetriebe

6. Design-Kontor Schleswig-Holstein

7. Gastronomiekonzept

8. Optimierung kommunale Infrastruktur

9. Landesweites Marketingkonzept mit den Teilkomponenten

- Angebotsentwicklung für die Kernzielgruppen
- Online-Auftritt mit Buchungsportal/Vertriebssystem
- Marktforschung
- Aufbau eines Tourismus-Fachinformationssystems

10. Ganzheitliches Qualitäts- und Qualifizierungssystem

Die Frage der verkehrlichen Anbindung Schleswig-Holsteins ist ebenfalls im Gutachten untersucht worden. Festgestellt wurde dabei, dass hieraus keine gravierenden Wettbewerbsnachteile resultieren und dass aus Kundensicht keine übermäßig negativen Bewertungen der Verkehrsanbindung zu verzeichnen sind. Daher wurde diesem Thema kein eigenes Leitprojekt gewidmet. Jedoch ist beabsichtigt, die Frage der Verkehrsanbindung im Rahmen des Leitprojektes „Kommunale Infrastruktur" vertiefend zu untersuchen.

3 Erläuterungen zu den einzelnen Leitprojekten

Leitprojekt „Umsetzungsmanagement"

Für den Erfolg der Tourismusstrategie ist es entscheidend, dass es eine effektive Steuerung des Umsetzungsprozesses und eine systematische Erfolgskontrolle gibt. An einer mangelhaften Umsetzungsstrategie sind Tourismuskonzepte der Vergangenheit häufig gescheitert. Das Umsetzungsmanagement und der Steuerungsprozess bestehen aus folgenden Elementen:

- Projektgruppe Tourismus im Wirtschaftsministerium unter Vorsitz der Staatssekretärin. Diese Projektgruppe ist für die Steuerung des gesamten Umsetzungsprozesses zuständig und zugleich Geschäftsstelle für die Interministerielle Arbeitsgruppe (IMAG) Tourismus und den Steuerungskreis (vergleiche unten). Bei Bedarf wird der Umsetzungsprozess durch externe Berater unterstützt.

- Interministerielle Arbeitsgruppe (IMAG) Tourismus unter Leitung der Staatssekretärin im Wirtschaftsministerium und unter Beteiligung der tourismusrelevanten Landesressorts. Diese IMAG dient der Gesamtkoordination des Umsetzungsprozesses und soll eine einheitliche Tourismuspolitik der Landesregierung sicherstellen.

- Steuerungskreis unter Leitung der Staatssekretärin im Wirtschaftsministerium und unter Beteiligung der Mitauftraggeber des Handlungskonzeptes. Der Steuerungskreis entscheidet über die operative Umsetzung von Leitprojekten sowie über die Weiterentwicklung des Handlungskonzeptes, soweit es sich nicht um Grundsatzfragen handelt (Sache der IMAG Tourismus)

Leitprojekt „Kommunikationspolitik"

Ziel ist es, möglichst alle Tourismusakteure und politisch Verantwortlichen im Lande über die neue Tourismusstrategie zu informieren und sie zum Mitmachen bei der Umsetzung zu motivieren. Dieses Projekt besteht aus mehreren Komponenten:

- Broschüre „Das Tourismuskonzept für unser Land": Die Broschüre informiert über die wesentlichen Inhalte der Tourismusstrategie des Landes, über deren Umsetzung und insbesondere die Zielgruppenstrategie.

- Regionale Informationsveranstaltungen 2006: Auf regionalen, von den Touristischen Marketingorganisationen mit getragenen Informationsveranstaltungen sind in einem kleinen Kreis von Touristikern einerseits der derzeitige Umsetzungsstand des Handlungskonzeptes präsentiert, andererseits die Anregungen und Kritikpunkte der

Touristiker diskutiert worden. Die Ergebnisse dieser Diskussionsforen werden bei der Umsetzung des Handlungskonzeptes berücksichtigt.

- Informationsveranstaltungen 2007: In diesem Jahr werden weitere Informationsveranstaltungen im Lande in Teilregionen durchgeführt, um möglichst viele Touristiker zu erreichen.

- Eine weitere Informationsbroschüre zum Umsetzungsstand der Tourismusstrategie ist zum Tourismustag im November 2007 erschienen.

Leitprojekt „Optimierung der Strukturen (Zusammenarbeit Landes- und Regionalebene sowie Verschlankung lokaler Strukturen)"

Eine zentrale Rolle bei der Umsetzung der Tourismusstrategie nehmen die Tourismusmarketingorganisationen auf Landes- und Regionalebene ein. Nur wenn diese Organisationen an einem Strang ziehen, die Zielgruppenstrategie gemeinsam und arbeitsteilig umsetzen und zusätzlich die Orte (und auch die Betriebe) in die Umsetzungsstrategie eingebunden werden, kann es gelingen, Schleswig-Holstein mit einem klaren Profil am Urlaubsmarkt zu positionieren. Eine Führungsrolle nimmt dabei die TASH ein, die sich eng mit den TMOs, die ihrerseits vor allem das Bindeglied zu den Tourismusorten im Lande sind, abstimmen muss. Folgende Schritte sind vorgesehen:

- Abstimmung eines landesweiten strategischen Marketingkonzeptes, das auf der neuen Tourismusstrategie des Landes basiert

- Festlegung der Inhalte und der Form der Zusammenarbeit zwischen TASH und TMOs in Form eines Rahmenvertrages

Weitere Abstimmungsbedarfe hinsichtlich der Umsetzung der Tourismusstrategie ergeben sich zwischen der TASH und dem Tourismusverband Schleswig-Holstein sowie zwischen der TASH und ihren übrigen Gesellschaftern (zum Beispiel Heilbäderverband, Arbeitsgemeinschaft Urlaub auf dem Bauernhof, Verband der Campingplatzunternehmer, Deutsches Jugendherbergswerk).

Besondere Probleme im Tourismus bestehen vor allem auf örtlicher Ebene wegen der Kleinteiligkeit der Strukturen, der Zersplitterung von Kräften, der fehlenden Professionalität, wegen ineffizientem Mitteleinsatz und unfokussiertem Marketing. Dies gilt natürlich nicht für jeden Ort und jede Teilregion und es gibt auch bereits viele gute Ansätze der Kooperation und Professionalisierung (z.B. Flensburger Förde, Schleiregion, Ostseeferienland, Dithmarschen, Föhr). Zu dieser Thematik ist nach vorbereitenden internen Beratungen die Erstellung eines vertiefenden Konzeptes durch ein externes Beratungsunternehmen vorgesehen. Die Federführung hat hierbei der Tourismusverband Schleswig-Holstein übernommen. Auf dieser Basis sollen ggf. Pilotprojekte gefördert sowie Beratungshilfen für Kooperationen/Zusammenschlüsse auf örtlicher Ebene entwickelt werden. Die Landesregierung setzt bei dieser Thematik grundsätzlich auf Freiwilligkeit.

Leitprojekt „Neuausrichtung der Förderpolitik"

Um die Gestaltung touristischer Angebote und Infrastrukturen sowie das touristische Marketing optimal auf die drei Zielgruppen sowie die Basisthemen (nachrangig die spezifischen Themen) auszurichten und einen möglichst großen Effekt zu erzielen, müssen die tourismusrelevanten Förderprogramme der Landesregierung schwerpunktmäßig auf die neue Tourismusstrategie ausgerichtet werden. Das Wirtschaftsministerium hat hierzu die Programme und Maßnahmen der Ressorts mit Tourismusrelevanz erfasst. Anschließend wurde zwischen den fördernden Ressorts und dem Wirtschaftsministerium festgelegt, wie diese Fördermaßnahmen auf die neue Tourismusstrategie ausgerichtet werden (Festlegung eines Abstimmungsverfahrens). Die IMAG „Tourismus" hat dieses Abstimmungsverfahren für die wichtigsten tourismusrelevanten Förderprogramme am 29.06.2007 beschlossen. Auf der anderen Seite ist auch die direkte Tourismusförderung des Wirtschaftsministeriums (insbesondere die Förderung der touristischen Infrastruktur) auf die neue Tourismusstrategie ausgerichtet worden: In die Förderrichtlinien werden (neben bereits heute vorhandenen Kriterien wie Mitgliedschaft in der jeweiligen TMO, kundenorientiertes Buchungssystem, Klassifizierung der Unterkünfte) weitere Kriterien aufgenommen werden (insbesondere strategiekonformes Tourismus- und Marketingkonzept).

Leitprojekt „Ansiedlungsmanagement für Beherbergungsbetriebe"

Damit Schleswig-Holstein sich besser gegenüber den Kernzielgruppen positionieren kann, bedarf es auch strategie- bzw. zielgruppenkonformer Beherbergungsangebote. Gerade bei Hotelangeboten hat Schleswig-Holstein ein deutliches Defizit gegenüber Mitbewerbern (deutlich niedrigerer Hotelanteil; wesentlich weniger 4- und 5-Sterne-Häuser, ungünstigere Altersstruktur der Betriebe). Dem soll durch zwei Maßnahmen begegnet werden:

- Bei der Wirtschaftsförderung und Technologietransfer Schleswig-Holstein GmbH (WTSH) ist mit Förderung aus dem Wirtschaftsministerium die Stelle einer Ansiedlungsmanagerin für größere Hotel- und sonstige Beherbergungsangebote etabliert worden. Diese soll als zentrale Ansprechstelle für Investoren, Betreiber, Projektentwickler und Kommunen fungieren. Die Ansiedlungsmanagerin wird zunächst bei prioritären Projekten (große Konformität mit der neuen Strategie, hohe Umsetzungswahrscheinlichkeit) dafür sorgen, dass eine zügige Realisierung erfolgt. Parallel wird sie aber auch aktiv auf Investoren und Betreiber zugehen, um deren Standortanforderungen kennen zu lernen, um sie über die neue Tourismusstrategie zu informieren und sie für Schleswig-Holstein zu gewinnen.

- Bei planungsrechtlichen Problemen, die auf Arbeitsebene nicht kurzfristig zu lösen sind, wird der Investitionsbeauftragte der Landesregierung eingeschaltet, der gemeinsam mit den betroffenen Fachressorts nach Lösungswegen suchen wird. In Konfliktfällen wird die IMAG Tourismus eingeschaltet.

Leitprojekt „Design-Kontor Schleswig-Holstein"

Die Qualität des Unterkunftsangebotes (insbesondere die Ausstattung) spielt bei der Umsetzung der Strategie und der Positionierung Schleswig-Holsteins als modernes Urlaubsland eine große Rolle. Um die Beherbergungsbetriebe (Ferienwohnungen und Ferienhäuser, Hotels) zu Ausstattungskonzepten (z.B. Möbel, Leuchten, Stoffe) zu motivieren, die zu den Zielgruppen und zu Schleswig-Holstein passen, soll ein Design-Kontor geschaffen werden. Das Konzept für dieses Design-Kontor und seine Aufgabenstellungen wird zurzeit unter Federführung der IHK Kiel erarbeitet.

Leitprojekt „Gastronomiekonzept"

Das gastronomische Angebot ist, wie die Analyse der Urlaubsaktivitäten zeigt, von besonderer Bedeutung für die drei Kernzielgruppen Schleswig-Holsteins. Dabei geht es sowohl um die „Hardware" (Ausstattung/Einrichtung von Gastronomiebetrieben) als auch um die „Software" (Rezepte, Zutaten, Service, Veranstaltungen, Vermarktung etc.). Im Frühjahr 2007 ist hierzu ein erster Gastronomiewettbewerb durchgeführt worden, mit dem innovative Betriebe prämiiert wurden. Des Weiteren ist ein spezieller Themenmanager Gastronomie bei der TASH eingestellt worden, der für die Entwicklung und Vermarktung von zielgruppengerechten gastronomischen Angeboten zuständig ist und auch weitergehende Überlegungen zur Verbesserung des gastronomischen Angebotes anstellen und umsetzen soll.

Leitprojekt „Optimierung kommunaler Infrastruktur"

Das Erscheinungsbild der Tourismusorte und die Qualität der touristischen Infrastruktureinrichtungen sind wichtige Faktoren, um im Wettbewerb mit anderen Tourismusdestinationen bestehen zu können. Nicht von ungefähr hat die Landesregierung daher die Förderung der touristischen Infrastruktur zu einem Schwerpunkt im bis Ende 2006 gelaufenen Regionalprogramm 2000 gemacht: Über 100 Millionen Euro sind dort für die Attraktivitätssteigerung der tourismusrelevanten Infrastruktur bereitgestellt worden. Auch im neuen Zukunftsprogramm Wirtschaft wird es angemessene Fördermöglichkeiten für diese Zwecke geben. Die Förderung wird sich dabei vor allem auf etablierte Tourismusstandorte mit ausreichender Nachfrage konzentrieren müssen, weil dort auch die größten Effekte für eine Neuausrichtung des Tourismus in Schleswig-Holstein zu erwarten sind. Für die Umsetzung dieses Leitprojektes gibt es mehrere Ansatzpunkte:

- Weiterführung der Ortsbildanalyse, die im Jahre 2006 im Rahmen des Tourismusbarometers durchgeführt wurde (z. B. Entwicklung eines Kriterienkataloges mit Gestaltungshinweisen für Ortsbilder, die der neuen Tourismusstrategie entsprechen und die Kernzielgruppen besonders ansprechen, Etablierung eines Wettbewerbes für Orte, Workshops mit Best-Practice-Beispielen, Architekturwettbewerbe)

- Rückbau- und Umnutzungskonzepte: Identifizierung von nicht mehr zeitgemäßen und/oder unwirtschaftlichen Infrastrukturangeboten und Entwicklung von Rückbau- und Umnutzungskonzepten in den Orten (gegebenenfalls Flankierung durch die Förderpolitik)

- Erstellung von Tourismuskonzepten in den Orten, die die Vorgaben der neuen Tourismusstrategie ortsbezogen umsetzen (insbesondere im Bereich der Infrastrukturentwicklung und der Ortsbildgestaltung)

- Weiterentwicklung der Förderpolitik der Landesregierung (Integration der Vorgaben der neuen Tourismusstrategie in die Förderkriterien, Prüfung von speziellen Fördermöglichkeiten für die Gestaltung von Ortsbildern)

Zur weiteren Konkretisierung des Handlungsbedarfs ist im Sommer 2007 eine externe Analyse in Auftrag gegeben worden. Die Federführung für dieses Projekt hat der Tourismusverband Schleswig-Holstein übernommen.

Leitprojekt „Landesweites Marketingkonzept"

Die Umsetzung der neuen Tourismusstrategie („Zielgruppenstrategie") in das Marketing wird nur Erfolg haben, wenn die TASH und die TMOs in enger Abstimmung ein gleichgerichtetes und gebündeltes Marketing vollziehen. Über die TMOs müssen wiederum die Orte in dieses gemeinsame Marketing integriert werden. Als Basis dieser gemeinschaftlichen Aktivitäten müssen TASH und TMOs ein landesweites Marketingkonzept entwickeln. TASH und TMOs haben bereits einen ein Rahmenvertrag geschlossen, der insbesondere die Arbeitsteilung und die Finanzierung von gemeinsamen Marketingaktivitäten umfasst. Bei der zielgruppenorientierten Vermarktung werden die etablierten Marken „Ostsee" und „Nordsee" mitgeführt werden. Das landesweite Marketingkonzept besteht aus vier Komponenten:

- Angebotsentwicklung für die Kernzielgruppen:
  Das landesweite Marketing soll in Zukunft primär auf die genannten drei Kernzielgruppen ausgerichtet sein, die mit Themen (Basisthemen und spezifischen Themen) angesprochen werden müssen. Für diese Zielgruppen müssen maßgeschneiderte Angebote entwickelt und in die Vermarktung gebracht werden. Ein erstes Konzept für die Zielgruppe „Familie" ist bereits entwickelt worden; zurzeit läuft die Angebotsakquisition, der Start der Marketingkampagne ist für Frühjahr 2008 vorgesehen. Anschließend werden die anderen beiden Zielgruppen („Best Ager" und „Anspruchsvolle Genießer") bearbeitet werden.

- Online-Auftritt mit Buchungsportal und Vertriebskonzept:
  Die Neugestaltung des Internetauftritts der TASH muss sich an der neuen Tourismusstrategie ausrichten und primär einen zielgruppenorientierten Zugang ermöglichen. Mit den Regionen ist im Rahmen des landesweiten Marketingkonzeptes abzustimmen, wie ihre Internetauftritte auch auf die neue Zielgruppenstrategie ausgerichtet und mit der Landesebene verknüpft werden können.

- Im Rahmen des landesweiten Marketingkonzeptes wird die TASH gemeinsam mit den TMOs auch ein Vertriebskonzept entwickeln, das alle Vertriebskanäle (einschließlich Reisebüros und Reiseveranstalter) berücksichtigt. Hierbei ist auch die Frage der Online-Buchbarkeit auf Landesebene (über das vorhandene Online-Buchungsportal hinaus, das die vorhandenen Buchungssysteme im Lande durch technische Schnittstellen verknüpft) zu prüfen.

- Marktforschung:
  Eine umfassende Marktforschung ist wesentliche Grundlage für die Umsetzung der neuen Tourismusstrategie und die Steuerung des Umsetzungsprozesses. Daten sind insbesondere erforderlich über das Reiseverhalten (Reiseanalyse, Gästebefragungen etc.) und über die Werteprofile der Urlaubsgäste. Darauf aufbauend soll das Wissen über die Zielgruppen (insbesondere die von Schleswig-Holstein anzusprechenden Kernzielgruppen) vertieft werden.

- Aufbau eines Tourismus-Fachinformationssystems T-Fis:
  Das Institut für Management und Tourismus (IMT) der Fachhochschule Westküste plant in enger Abstimmung mit der TASH den Aufbau eines touristischen Gesamtinformationssystems in Form eines zentralen Internetportals. Damit sollen alle vorhandenen Daten und Kennziffern zum Tourismus gesammelt, nutzerfreundlich aufbereitet und allen interessierten touristischen Stellen zur Verfügung gestellt werden. Damit sollen betriebswirtschaftliche und marketingorientierte Entscheidungen von Orten und Tourismusorganisationen auf eine bessere Grundlage gestellt und zugleich eine bessere Überprüfbarkeit von Maßnahmen gewährleistet werden. Hinzu kommt die Möglichkeit des Benchmarkings, also des Vergleichs der eigenen Entwicklung mit anderer Orte oder Destinationen. T-Fis unterstützt die Marktforschungsaktivitäten der TASH.

Leitprojekt „Ganzheitliches Qualitäts- und Qualifizierungssystem"

Die zentrale Ausrichtung der neuen Tourismusstrategie geht in Richtung eines Qualitätstourismus. Um diese Zielsetzung umsetzen zu können, ist als Querschnittsaufgabe die Verbesserung der Qualität der touristischen Angebote und des Services sowie die ständige Qualifizierung der Beschäftigten im Tourismus erforderlich. Das Institut für Management und Tourismus (IMT) der Fachhochschule Westküste ist dabei, ein Projekt zu dieser Thematik in enger Abstimmung mit den wichtigsten touristischen Organisationen des Landes (Tourismusverband, Tourismus-Agentur, Hotel- und Gaststättenverband, Industrie- und Handelskammern) zu realisieren Dieses Projekt besteht aus zwei Komponenten:

- Qualitätsmanagementsystem:
  Ziel ist es, ein Qualitätsmanagementsystem für touristische Betriebe, Touristinformationen und Tourismusorganisationen (sowie auch für tourismusrelevante Betriebe wie Einzelhandel oder Verkehrsbetriebe) einzuführen. Die Betriebe sollen in die Lage versetzt werden, ihre gesamte Dienstleistungskette und die Qualität ihrer Angebote zu überprüfen und zu verbessern. Eine erfolgreiche Beteiligung an diesem System wird mit einem (befristeten) Zertifikat abgeschlossen. Dieses System soll auf dem bereits in mehreren Bundesländern eingeführten System „Schweizer Modell/Service-Q" basieren.

- Qualifizierungssystem:
  Die Qualität der touristischen Angebote und des Services sowie generell die Wettbewerbsfähigkeit des Tourismus hängen sehr stark vom Qualifizierungsniveau der Beschäftigten ab. Auch die Umsetzung der neuen Tourismusstrategie setzt entsprechende fachliche Qualifikationen der Touristiker im Lande und eine ständige Fort- und Weiterbildung voraus. Bereits vor einigen Jahren wurde in Schleswig-Holstein die Fortbildungsagentur im Tourismus e.V. (FIT) gegründet, deren Aufgaben in der Motivation zur Weiterbildung, in der Identifikation von Weiterbildungsbedarfen, der Weiterbildungsberatung und der Anregung von neuen Weiterbildungsmaßnahmen bestand. FIT ruht zurzeit. Im Rahmen des FHW-Projektes sollen FIT und die dahinter stehende Idee neu belebt, weiterentwickelt und mit dem Qualitätssystem verknüpft werden: Qualitätsmängel können häufig durch entsprechende Fortbildungsveranstaltungen für die Inhaber und die Beschäftigten behoben werden. Beide Komponenten (Qualitätsmanagement und Qualifizierung) sollen in einem QQ-Kontor zusammengeführt werden, das vom bisherigen FIT e.V. (mit entsprechender Satzungsänderung) getragen werden und dessen Geschäftsführung beim IMT liegen soll.

4 Raumrelevanz der neuen Tourismusstrategie

Die neue Tourismusstrategie hat direkte und indirekte Auswirkungen auf die räumliche Verteilung von touristischen Kapazitäten, die Inanspruchnahme von Räumen und die Lenkung der touristischen Nachfrage. Hierzu ist vor allem auf Folgendes hinzuweisen:

- Die Strategie hat generell zwar keine direkte Raumrelevanz, wohl aber eine indirekte, indem z.B. eine Steuerungswirkung auf die Orte ausgeübt wird, die sich an der neuen Strategie orientieren. Dies wird durch die Förderpolitik, die Ansiedlungspolitik für neue Hotelprojekte oder die Schaffung neuer Infrastruktureinrichtungen verstärkt, aber auch durch das touristische Marketing.

- Von daher haben vor allem die Leitprojekte „Neuausrichtung der Förderpolitik", Ansiedlungsmanagement für Beherbergungsbetriebe" und „Optimierung der kommunalen Infrastruktur" eine direkte Raumrelevanz, alle anderen Leitprojekte zumindest eine indirekte Wirkung.

- Des Weiteren wird die Zielgruppenstrategie auch raumwirksame Bedeutung für die Tourismusorte haben, da sich diese jeweils auf eine oder mehrere Zielgruppen spezialisieren und dafür die entsprechenden Angebote schaffen werden.

- Die neue Tourismusstrategie wird auch Eingang in den neuen Landesentwicklungsplan finden und als Ausgangspunkt für die Festlegung touristischer Raumkategorien dienen. Besonders bedeutsam erscheint in diesem Zusammenhang der partielle „Paradigmenwechsel": Im bisherigen Landesraumordnungsplan standen Qualitätsverbesserungen alleine im Vordergrund, touristische Ordnungsräume mit hoher Verdichtung sollten möglichst keinen weiteren Kapazitätsausbau erfahren. Nunmehr wird es möglich sein, auch und gerade in touristischen Zentren weitere Kapazitäten zu schaffen, um dort die Ressourcen zu bündeln und einer weiteren Zersiedlung der Landschaft vorzubeugen. Voraussetzung für eine solche Entwicklung in den künftig im Landesentwicklungsplan ausgewiesenen Schwerpunkträumen für Tourismus und Erholung ist aber immer ein touristisches Entwicklungskonzept des Ortes oder des Raumes, das auf der Landesstrategie fußt und aus dem sich schlüssig die Notwendigkeit zusätzlicher Kapazitäten ergibt oder ggf. eine positive raumordnerische Abstimmung hinsichtlich des Standortes bestimmter, auch in der Tourismusstrategie benannter Unterkunftseinrichtungen. Darüber hinaus soll durch die Möglichkeit, in den Regionalplänen Entwicklungsgebiete für Tourismus und Erholung auszuweisen, eine weitere Schwerpunktentwicklung des Tourismus auf regionaler Ebene, z. B. im Hinblick auf eine touristische Infrastrukturplanung, erreicht werden. Mit diesen Raumkategorien soll also auch eine räumliche Steuerung und Entwicklung der Zielsetzungen der Tourismusstrategie forciert werden.

5 Ausblick

Die Tourismusstrategie bzw. ihre Umsetzung sind kein statisches Gebilde:

- Tourismus ist ein lebendiger Wirtschaftszweig, der ständig von Veränderungen betroffen ist. Auf diese externen Veränderungen muss sich der Umsetzungsprozess einstellen.

- Genauso mag es sein, dass bei der Umsetzung von Maßnahmen festgestellt wird, dass sie nicht in dem Maße wirksam gewesen sind wie erwartet. Auch dies bedingt Anpassungen bei einzelnen Maßnahmen, gegebenenfalls aber auch den Verzicht auf bestimmte Umsetzungsschritte.

- Schließlich müssen möglichst viele Akteure im Lande bei der neuen Strategie und ihrer Umsetzung mitgenommen werden. Wenn es zur Akzeptanzsteigerung erforderlich ist, muss auch über Veränderungen von Maßnahmen gesprochen werden, soweit damit im Endergebnis ein Effizienzgewinn verbunden ist.

Die notwendige Flexibilität in der Umsetzung bedeutet andererseits nicht, dass damit die grundsätzliche Ausrichtung der Strategie in Frage gestellt würde. Die Bewertung, Moderation und ggf. Anpassung des Umsetzungsprozesses der neuen Tourismusstrategie ist Aufgabe der genannten Gremien (Umsetzungsmanagement, Steuerungskreis, IMAG „Tourismus").

Frank Liebrenz

Die Integration des Tourismus in die Landes- und Regionalplanung Schleswig-Holsteins

1 Ausgangslage

2 Raumkategorien

3 Tourismus als Teil der Siedlungs- und Freiraumentwicklung

4 Integriertes Küstenzonenmanagement als Handlungsrahmen für die Entwicklung eines nachhaltigen Tourismus im Küstenraum

1 Ausgangslage

Die neuen Herausforderungen der Tourismus- und Naherholungsdestinationen im Lande (vgl. Beiträge von Rohr und Homp) führen nicht nur zu einer Anpassung der Tourismuskonzeption Schleswig-Holsteins (vgl. Beitrag Helle), sondern auch die Raumordnung ist aufgefordert, ihr Zielsystem sowie ihre Instrumente auf den Prüfstand zu stellen und diesen Veränderungen gegenüber anzupassen. Seit der Aufstellung des Landesraumordnungsplans 1998 (LROPl) vor über zehn Jahren haben sich darüber hinaus auf internationaler und nationaler Ebene, aber auch in Schleswig-Holstein selbst, die Rahmenbedingungen für die Steuerung der räumlichen Entwicklung des Landes insgesamt verändert. Das Landesplanungsgesetz Schleswig-Holstein sieht vor, dass die Raumordnungspläne nach etwa der Hälfte des Planungszeitraums (15 Jahre) der Entwicklung anzupassen sind. Ziel ist es daher, in dieser Legislaturperiode (2005–2010) einen Landesentwicklungsplan (LEP) aufzustellen, der den LROPl ersetzt. Dabei sind auch die Auswirkungen der von der Landesregierung angestrebten Verwaltungsstruktur- und Funktionalreform zu berücksichtigen, die sich im Hinblick auf eine Kommunalisierung der Regionalplanung ergeben werden.

Für die Landesplanung in Schleswig-Holstein ergeben sich in diesem Zusammenhang aus tourismusfachlicher Sicht folgende Fragestellungen an die Darstellung tourismusrelevanter Aussagen im künftigen LEP:

- Welches ist der geeignete Ausgangspunkt für die Förderung des Tourismus in Schleswig-Holstein? Besteht dieser in touristischen Leitzielen, die in „Räumen" angestrebt und mit anderen landesplanerischen Zielsetzungen abgewogen werden? Oder: Sollte der Ausgangspunkt – wie derzeit im LROPl – in „tourismusorientierten" Raumkategorien auf der Basis technischer Indikatoren bestehen?

- Sind die derzeit gültigen Zielsetzungen zur marktgerechten Gestaltung des Tourismus geeignet?

- Haben die „Ziele" und „Grundsätze" noch Gültigkeit? Welche sind zu ergänzen, welche möglicherweise zu streichen?

- Welche speziellen Zielsetzungen/Anforderungen sind an die regionale Ebene zu stellen?

- Wie kann die Steuerungswirkung bzw. Vermeidung von Fehlentwicklungen optimiert werden? D.h., wie kann eine nachhaltige Tourismusentwicklung insbesondere im Küstenraum im Rahmen des Integrierten Küstenzonenmanagement (IKZM) sichergestellt bzw. umgesetzt werden?

Vor diesem Hintergrund hat die Abteilung Landesplanung im November 2005 mit ausgewählten Vertreterinnen und Vertretern aus den Bereichen Tourismuswirtschaft und -verbänden, Wirtschaftsförderung, Kommunalverwaltung sowie Wissenschaft ein Werkstattgespräch „Tourismus und Erholung im Landesraumordnungsplan 1998 – Überprüfung und Anpassung der Ziele und Grundsätze" durchgeführt. Ziel dieser Veranstaltung war es, aus dem Blickwinkel der tourismusfachlichen Sicht konkrete Hinweise für eine Anpassung der Ziele und Instrumente in diesem Themenbereich für den neuen LEP zu bekommen.

Die folgende Darstellung spiegelt die wesentlichen Ergebnisse dieser internen Fachdiskussion und der internen Vorarbeiten der Abteilung Landesplanung und Vermessungswesen im Innenministerium Schleswig-Holstein für die Aufstellung des LEP wieder. Diese Ergebnisse wurden darüber hinaus durch Vertretrinnen und Vertretern der Kreise und kreisfreien Städte im Jahr 2006 bestätigt. Weiterhin bildet die neue Tourismusstrategie des Landes eine weitere wesentliche Grundlage für den LEP-Entwurf. Von inhaltlichen Änderungen und Korrekturen im Zuge der weiteren Entwurfserarbeitung und Abstimmung, insbesondere durch das offizielle Anhörungs- und Beteiligungsverfahren, ist jedoch auszugehen.

Darüber hinaus ist für den LEP ein neues Gliederungssystem vorgesehen. Während im LROPl 1998 das Thema noch über mehrere Fachkapitel verteilt abgehandelt wurde, ist im LEP eine klare Strukturierung innerhalb eines Kapitels vorgesehen.

LROPl 1998:	
4.2.2	Ordnungsräume für Tourismus und Erholung
5.1.1	Räume und Gebiete mit besonderer Bedeutung für Tourismus und Erholung
7.3	Flächenordnung in Räumen mit besonderer Bedeutung für Tourismus und Erholung
7.4	Wochenendhausgebiete, Ferienhäuser, Zelt- und Campingplätze sowie Golfplätze

LEP:	
7.7	Tourismus und Erholung
7.7.1	Schwerpunkträume für Tourismus und Erholung
7.7.2	Entwicklungsgebiete für Tourismus uns Erholung
7.7.3	Tourismus- und erholungsbezogene Infrastruktur.

Im Folgenden werden die geplanten wesentlichen Änderungen gegenüber dem LROPl 1998 dargestellt.

2 Raumkategorien

Der LROPl 1998 setzt hinsichtlich der Formulierung von Zielen und Grundsätzen für die Tourismusentwicklung des Landes an zwei Raumkategorien an:

- Ordnungsräume für Tourismus und Erholung
- Räume/Gebiete mit besonderer Bedeutung für Tourismus und Erholung

Ausgangspunkt für die Förderung des Tourismus in Schleswig-Holstein sind im LEP nicht die Raumkategorien, sondern die Tourismusstrategie des Landes wird dargestellt (vgl. Beitrag Helle). Auf dieser Grundlage sollen die touristischen Planungen und Maßnahmen auf einen Qualitätstourismus ausgerichtet werden. Die touristischen Leitziele dieser Strategie sollen künftig in den folgenden zwei Raumkategorien erreicht werden:

- Schwerpunkträume für Tourismus und Erholung
- Entwicklungsgebiete für Tourismus und Erholung

Aufgrund der bereits erreichten Konzentration der touristischen Infrastruktur, der Nutzungsansprüche durch Urlaubsgäste und Erholungssuchende sollen sich in den Ordnungsräumen der Tourismus und die Erholung nur noch zurückhaltend ausweiten. In den letzten Jahren haben sich jedoch insbesondere in den Ordnungsräumen für Tourismus und Erholung – z. T. ausgelöst durch die Konversion von militärischen Liegenschaften – Planungen für touristische Großprojekte wie Hotelanlagen, Ferienhausgebiete, großflächige Campingplatzerweiterungen vollzogen bzw. stehen aktuell an. Größere Projekte und Vorhaben scheinen insbesondere in diesen Räumen marktgerecht zu sein. Daher ist zu konstatieren, dass Maßnahmen zur Struktur- und Qualitätsverbesserung sowie zur Saisonverlängerung in der Regel mit Kapazitätserweiterungen einhergehen. Um dieser Tatsache stärker Rechnung zu tragen und um die wirtschaftlichen wie planerischen Möglichkeiten im Hinblick auf touristische Bauvorhaben in diesen Räumen zu erweitern, sollen im LEP künftig „Schwerpunkträume für Tourismus und Erholung" dargestellt werden. In ihnen soll dem Tourismus und der Erholung besonderes Gewicht beigemessen werden. Damit soll in diesen Räumen gegenüber den bisherigen Ordnungsräumen mehr „Luft" für den gewerblichen Tourismus gegeben werden. Gleichwohl sind zur Flächensteuerung in diesen Räumen auch ordnende Instrumente wie Baugebietsgrenzen, regionale Grünzüge und eine raumordnerische Abstimmung bei größeren touristischen Bauvorhaben sowie die Berücksichtigung der städtebaulichen Grundsätze vorgesehen. Darüber hinaus bilden die Schwerpunkträume ebenso räumliche Anhaltspunkte für eine grenzüberschreitende touristische Infrastrukturplanung der Kommunen, möglichst auf der Basis integrierter Tourismuskonzepte.

Die Auswahl der Gemeinden für die Festlegung von Schwerpunkträumen für Tourismus und Erholung erfolgte auf der Basis der gleichen angebotsorientierten Kriterien wie im LROPl 1998 für die Ordnungsräume für Tourismus und Erholung. Dieses sind:

- Gesamtzahl der touristisch genutzten Betten und der Standplätze auf Campingplätzen > 1000

- Gesamtzahl der touristisch genutzten Betten und der Standplätze auf Campingplätzen je Einwohner (31.12.2005) > 1

- Gesamtzahl der touristisch genutzten Betten und der Standplätze auf Campingplätzen je Hektar Gebäude- und Freifläche (31.12.2005) > 10

Im Ergebnis decken sich die künftigen Schwerpunkträume zu einem Großteil mit den bisherigen Ordnungsräumen für Tourismus und Erholung. In die Schwerpunkträume sollen künftig erstmals Teile des Küstenmeeres (1-Kilometer-Streifen – „Surfzone") einbezogen werden. In diesen Bereichen soll die wassertouristische Attraktivität und Erlebbarkeit dieser Räume für Wassersportler und anderer Nutzergruppen erhalten und verbessert werden.

Auf der regionalen Ebene (Regionalplanung) soll künftig die Ausweisung von „Entwicklungsgebieten für Tourismus und Erholung" ermöglicht werden. Diese Vorbehaltsgebiete eignen sich aus regionaler Sicht aufgrund ihrer natürlichen und landschaftlichen Voraussetzungen sowie ihrer Infrastruktur für Tourismus und Erholung in besonderer Weise. Konkrete Kriterien für die Abgrenzung dieser Räume, außer der Berücksichtigung von besonders wertvollen Landschaftsräumen gem. Landschaftsprogramm Schleswig-Holstein, werden bewusst nicht vorgegeben. Während die Schwerpunkträume die landespolitischen Schwerpunkte darstellen sollen, stellen die Entwicklungsgebiete die aus regionalpolitischer Sicht geeigneten Bereiche für eine nachhaltige Tourismusentwicklung dar. Diese Entwicklungsgebiete ersetzen damit die bisherigen Vorbehaltsgebiete für Tourismus und Erholung sowie die Möglichkeit, darüber hinaus in den

Regionalplänen Schwerpunktbereiche für Tourismus und/oder für Erholung und kleinräumige Erholungsgebiete auszuweisen.

Abb. 1: Überlegungen zu Schwerpunkträumen für Tourismus und Erholung im Landesentwicklungsplan Schleswig-Holstein

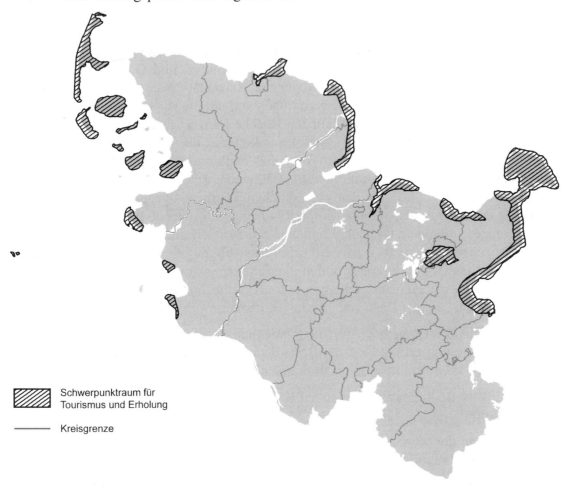

Quelle: Innenministerium des Landes Schleswig-Holstein, Abt. Landesplanung und Vermessungswesen, IV 524 07/2007

Für die regionale Ebene bzw. eine kommunalisierte Regionalplanung sind künftig im Rahmen der Regionalplanaufstellung trotz der relativ starken Regelungsdichte auf der Landesebene im LEP – neben der informellen Erarbeitung von regionalen Entwicklungskonzepten – folgende verbindliche Gestaltungsmöglichkeiten im Bereich Tourismus und Erholung vorgesehen:

- die konkretisierende (nachrichtliche) Darstellung der Schwerpunkträume für Tourismus und Erholung, einschließlich einer inhaltlichen Vertiefung;
- die Festlegung von Baugebietsgrenzen oder die Ausweisung von regionalen Grünzügen in diesen Räumen;
- die Ausweisung von Entwicklungsgebieten für Tourismus und Erholung, einschließlich inhaltlicher Konkretisierungen, z.B. im Hinblick auf die touristische Infrastrukturplanung sowie
- die inhaltliche Konkretisierung im Zuge der Darstellungen des Orientierungsrahmens für Städte und Gemeinden, z.B. auf der Basis örtlicher oder interkommunaler Tourismuskonzepte.

Im Rahmen eines kommunalisierten regionalplanerischen Vollzugs würde den Trägern der Regionalplanung auch die raumordnerische Abstimmung bei größeren tourismusbezogenen Bauvorhaben obliegen. Insgesamt kommen der regionalen Ebene mit diesen Maßnahmen nicht nur mehr direkte Gestaltungsmöglichkeiten, sondern auch mehr Verantwortung zu.

3 Tourismus als Teil der Siedlungs- und Freiraumentwicklung

Die räumliche Ausprägung des Tourismus findet zu einem Großteil in tourismusbezogenen Bauvorhaben statt. Diese sind wiederum als Teil der Siedlungs- und Freiraumentwicklung zu betrachten. Während der LROPl 1998 an verschiedenen Stellen Aussagen zur Flächenordnung in den Tourismusräumen oder zu verschiedenen Beherbergungsarten trifft, werden diese – wie oben dargestellt – im künftigen LEP in einem Kapitel zusammengefasst.

Um die Zielsetzungen der Tourismuskonzeption des Landes umzusetzen, um Planungssicherheit für Kommunen und Investoren zu schaffen, aber auch um den Ansprüchen des Natur- und Landschaftsschutzes sowie den Ansprüchen der Allgemeinheit an Erlebbarkeit und Zugänglichkeit von Natur und Landschaft zu entsprechen, werden für die Planung und Errichtung von größeren tourismusbezogenen Bauvorhaben wie Hotels, Ferien- und Wochenendhausgebieten, Campingplätzen sowie von weiteren flächenbeanspruchenden touristischen Anlagen dezidierte Ziele und Grundsätze aufgestellt. Hier soll eine Neujustierung der im Grundsatz bewährten und zum Teil bereits praktizierten raumordnerischen Instrumente stattfinden. Diese beinhalten u. a.

- die Erfordernis für eine raumordnerische Abstimmung für größere tourismusbezogene Bauvorhaben;
- besondere Regelungen oder der Ausschluss von Hotels, Ferienhäusern, Campingplätzen und Wochenendhäusern in einzelnen Raumkategorien wie Ordnungsräumen, Stadt- und Umlandbereichen, Vorranggebieten für Naturschutz, Vorbehaltsgebieten für Natur und Landschaft und regionalen Grünzügen;
- Einzelfestlegungen zu den verschiedenen Beherbergungsarten (Hotels, Ferienhäuser, Campingplätze und Wochenendhäuser). Zum Beispiel soll als landesplanerisches Ziel für die Ausweisung eines Ferienhausgebietes das Vorliegen eines Nutzungs- und Betreiberkonzeptes, das ein Dauerwohnen ausschließt, festgelegt werden.

Neben diesen Instrumenten und Regelungen zur Steuerung von tourismusbezogenen Bauvorhaben im Rahmen der Siedlungs- und Freiraumentwicklung wäre darüber hinaus auch ein pro-aktives Vorgehen der Regionalplanung möglich oder anzustreben, um z. B. den Wirtschaftsförderungsgesellschaften Hinweise an die Hand zu geben, wo aus Sicht der Regionalplanung z. B. noch Standorte für Hotels, Ferienhäuser oder andere tourismusbezogene Einrichtungen möglich erscheinen. Dieses könnte in Abstimmung mit den kommunalen Akteuren eine Grundlage für ein verbessertes Marketing darstellen. Diese Standorte sollen sich in örtliche oder interkommunale Tourismuskonzepte einfügen.

4 Integriertes Küstenzonenmanagement als Handlungsrahmen für die Entwicklung eines nachhaltigen Tourismus im Küstenraum

Der LEP-Entwurf greift vor dem Hintergrund der gestiegenen Nutzungsdrucke auf das Küstenmeer und die Ausschließliche Wirtschaftszone erstmals das Küstenmeer als übergeordnete Raumstruktur und die integrierte Küstenzonenentwicklung in Schleswig-Holstein als gesondertes Querschnittsthema auf.

Der Entwurf enthält Aussagen zur nachhaltigen Nutzung und Entwicklung der Potentiale des Küstenmeeres und des landseitigen Küstenbereiches (Küstenzone).

Im Rahmen eines Integrierten Küstenzonenmanagements (IKZM) sollen

- regionale Entwicklungsstrategien entwickelt werden, um die Potentiale der Küstenzone von Nord- und Ostsee zu identifizieren und nachhaltig zu nutzen, sowie
- bei den unterschiedlichen Raumnutzungsansprüchen und Entwicklungen frühzeitig Nutzungskonflikte vermieden und bestehende Nutzungskonflikte minimiert werden.

Vor diesem Hintergrund soll ein Abstimmungsgebot für unterschiedliche Raumnutzungsansprüche in der Küstenzone eingeführt werden. Dieses schließt auch die Abstimmung mit Planungen und Maßnahmen im Küstenmeer Schleswig-Holsteins mit den Planungen und Maßnahmen in den angrenzenden Küstenmeeren der Nachbarländer und -staaten sowie denen der Ausschließlichen Wirtschaftszone mit ein. Darüber hinaus wird die Integration des Meeres- und Küstenraumes insgesamt durch entsprechende Aussagen in den Teilkapiteln des LEP stärker berücksichtigt. Eine raumordnerische Steuerung des Küstenmeeres Schleswig-Holsteins findet aufgrund der Zuständigkeit des Landes für das Küstenmeer ausschließlich auf der Ebene des LEP statt.

Neben den Rahmenvorgaben der Raumordnungspläne kommt dem IKZM für die Umsetzung dieser Entwicklungsziele eine besondere Bedeutung zu. Dabei spielt der Kommunikationsprozess, durch den die besonderen Potenziale der Küstenzonen identifiziert, entsprechende Projekte generiert und in das öffentliche Bewusstsein transportiert sowie Lösungen für Konflikte und Probleme entwickelt werden sollen, eine besondere Rolle. Durch Information, Abstimmung und Zusammenarbeit aller Beteiligten soll eine größtmögliche Akzeptanz der Planungen und Projekte erreicht werden. Das Management (im Einzelfall zu bestimmen) übernimmt im Idealfall die Moderation, sichert die Transparenz der Prozesse durch eine offensive Information der Beteiligten und ist für eine effiziente Entscheidungsvorbereitung verantwortlich.

An diesem „Kommunikationsprozess" ist die Raumordnung in Schleswig-Holstein mit folgenden Instrumenten beteiligt:

- Information und Abstimmung über Projekte und Planungen im Rahmen der kontinuierlichen Beratung der Kommunen bei der Bekanntgabe der Ziele der Raumordnung (landesplanerische Stellungnahmen nach § 16 Landesplanungsgesetz (LaplaG)),
- Zielabweichungsverfahren gem. § 4 Abs. 3 LaplaG,
- Raumordnungsverfahren gem. § 14 LaplaG,
- Runderlasse „Grundsätze zur Planung von Windenergieanlagen" (Amtsbl. Sch.-H. 1995: 478 und 2003: 893) und
- künftig: Raumordnerische Abstimmungsverfahren.

Mit diesen Instrumenten und Verfahren soll eine hinreichende Transparenz sowie Planungssicherheit für die Projekte und Planungen hergestellt werden. Daneben erfolgt eine umfassende Abwägung mit anderen Nutzungen und Fachplanungen.

Probleme bei der Beurteilung von touristischen Planungen und Maßnahmen ergeben sich häufiger durch fehlende oder unzureichende Projekt- und Planungsunterlagen, die Aussagen zum Standorterfordernis bzw. zu Standortalternativen, zur Machbarkeit bzw. Wirtschaftlichkeit, zur Sicherung des gewerblichen Tourismus und zur Berücksichtigung anderer Belange enthalten. Dieses Defizit ist – bezogen auf den Tourismus – durch entsprechende Zielsetzungen hinsichtlich raumordnerischer Abstimmungsverfahren auf der Basis geeigneter Bewertungsunterlagen – wie touristische Leitbilder, integrierte Tourismusentwicklungskonzepte, Machbarkeitsstudien – in den Raumordnungsplänen abzubauen.

Darüber hinaus können zur nachhaltigen Tourismusentwicklung in Schleswig-Holstein folgende Instrumente eingesetzt werden:

- Regionale Entwicklungskonzepte
- Regionalmanagements

Beispiele für diese Instrumente sind das kreisübergreifende Tourismuskonzept der Kreise Plön und Ostholstein oder das Regionalmanagement „Maritime Wirtschaft" der Wirtschaftsförderungsgesellschaft des Kreises Ostholstein (egoh GmbH)[1], das Regionalmanagement „Tourismus" der Technologie-Region K.E.R.N. e. V.[2] oder das Projekt „Erlebnistour Ostseeküste"[3]. Durch diese Instrumente werden regionale Entwicklungspotenziale identifiziert und einer Umsetzung zugeführt. Daneben werden regionale Netzwerke gestärkt und optimiert, d. h. die regionale oder auch interregionale Kooperation insgesamt wird verbessert. Diese Instrumente sind verstärkt in den Küstenräumen anzuwenden.

Gerade durch den teilweise sehr intensiven Tourismus – insbesondere in den Küstenräumen des Landes – kommt es natürlich auch zu Konflikten mit anderen Nutzungen. Im Zuge der Erarbeitung des Raumordnungsberichtes „Küste und Meer" 2005[4], der u. a. als Vorarbeit für den LEP diente, konnten folgende Hauptkonfliktfelder des Tourismus identifiziert werden:

- Naturschutz
- Windenergie
- Küstenschutz
- Siedlungsentwicklung
- Kulturerbe
- Tourismus

In dem Raumordnungsbericht sind Situation, Planungen und Perspektiven sowie die Auswirkungen und die Nutzungskonflikte ausführlich dargestellt.

Bei den Konflikten ist generell zwischen potenziellen und tatsächlichen Nutzungskonflikten zu unterscheiden. Weiterhin gibt es Nutzungen, die eher von anderen Nutzungen als konkurrierend empfunden werden, als dass sie selbst in Konkurrenz zu anderen Nutzungen stehen. Das gilt in Teilen auch für den Tourismus.

Im Zuge der Optimierung des IKZM für die Entwicklung eines nachhaltigen Tourismus im schleswig-holsteinischen Küstenraum werden aus landesplanerischer Sicht folgende Handlungserfordernisse gesehen:

---

[1] www.egoh.de/de/rmanage/index.php

[2] www.kern.de

[3] www.schoenberg.de/html/index2.php?s=305

[4] Innenministerium des Landes Schleswig-Holstein (Hrsg.): Raumordnungsbericht Küste und Meer 2005. – Kiel 2006. Landesplanung in Schleswig-Holstein, Heft 32; www.landesplanung.schleswig-hostein.de

- Um zu weiteren innovativen Projekten für integriertes Management auf der örtlichen und regionalen Ebene zu kommen, sind die maritimen Entwicklungspotenziale, Entwicklungshemmnisse und Nutzungskonflikte dieser Ebenen systematisch zu ermitteln. Dabei sind auch geeignete Organisationsstrukturen für die Umsetzung zu berücksichtigen. Ziel muss es sein, das Bewusstsein und das Engagement auf regionaler und örtlicher Ebene zu wecken.

- Wie für eine nachhaltige Regionalentwicklung insgesamt sind auch bei der Tourismusentwicklung künftig neben einer intraregionalen Zusammenarbeit noch stärker interregionale und in Teilbereichen internationale Kooperationen erforderlich. Aber auch der Verknüpfung von wasser- und landseitigen Angeboten kommt eine besondere Bedeutung zu. Weiterhin sind fachliche Grenzen zu überwinden, um die Chancen der Wechselwirkungen verschiedener Nutzungen und Wirtschaftssektoren zu nutzen. Maritime Entwicklungskonzepte können hierfür eine geeignete Handlungsplattform für ein entsprechend ausgerichtetes Regional- bzw. Umsetzungsmanagement darstellen. Diese Aktivitäten könnten wiederum Ansatzpunkte für ein verbessertes Regionalmarketing liefern.

- Im Zuge einer laufenden Raumbeobachtung kann die kontinuierliche Aufbereitung und Bereitstellung von küstenraumrelevanten Daten – auch des Tourismus – zu einem erfolgreichen IKZM beitragen. Der erste Raumordnungsbericht „Küste und Meer" 2005 der Landesplanung Schleswig-Holstein liefert hierzu einen wichtigen Ansatz.

Hiltrud Péron, Rainer Kottkamp, Theodor Stenert

Die Integration des Tourismus in die Landes- und Regionalplanung in Niedersachsen

1　Die Situation in Niedersachsen
1.1　Ausgangslage
1.2　Raumkategorien
1.3　Tourismus als Teil der Siedlungs- und Freiraumentwicklung
1.4　Integriertes Küstenzonenmanagement (IKZM) als Handlungsrahmen für die Entwicklung eines nachhaltigen Tourismus im Küstenraum
1.5　Schlussbetrachtung

Literatur

1　Die Situation in Niedersachsen

1.1　Ausgangslage

Im Flächenland Niedersachsen stellt die Tourismuswirtschaft mit rund 200.000 Beschäftigten und rund 25.000 mittelständischen Betrieben einen der bedeutendsten Wirtschaftszweige dar. Dabei ist insbesondere die Rolle der ländlich strukturierten Gebiete an der Küste, im Harz, in der Heide und im Weserbergland hervorzuheben, die aufgrund der großen Zahl an Besuchern (Tages- und Übernachtungsgäste) als touristische Schwerpunkträume des Landes fungieren.

Gleichzeitig stellen die aktuellen Herausforderungen durch die Globalisierung auch die Tourismuswirtschaft in Niedersachsen vor einen spürbaren Wettbewerbsdruck und Handlungsbedarf. Über das Instrument des Touristischen Masterplans soll in den großen niedersächsischen Tourismusdestinationen (Harz, Lüneburger Heide, Nordsee und Weserbergland) die Wettbewerbsfähigkeit u.a. durch Themen- und Zielgruppenorientierung sowie Qualitätsverbesserung gesteigert werden. Hier ist es erforderlich, zielgruppenadäquate Infrastruktureinrichtungen, insbesondere im Rahmen von privaten und öffentlichen Ansiedlungsvorhaben, zu entwickeln und grundsätzlich defizitäre, nicht marktkonforme Einrichtungen vom Markt zu nehmen. Die Förderperiode 2007–2013 soll dazu genutzt werden, über innovative Produktentwicklung und gebündeltes, professionelles Marketing die Wettbewerbsfähigkeit der Destinationen erheblich zu stärken.

Das Land Niedersachsen weist neben dem Tourismus weitere zukunftsfähige Wirtschaftsbereiche auf, die derzeit u.a. mit national bedeutsamen industriellen und hafenwirtschaftlichen Großvorhaben speziell im Küstenraum vorangetrieben werden. Exemplarisch müssen hier die Bereiche der maritimen Wirtschaft mit der Realisierung des Container-Tiefwasserhafen Jade-Weser-Port und die Entwicklungen in der chemischen Industrie, der Luftfahrt- und Automobilbranche, der Logistik sowie der regenerativen Energien und Ernährungswirtschaft angeführt werden.

Hier kommt es immer wieder zu Nutzungskonkurrenzen mit den Belangen der Tourismuswirtschaft, die im Küstenraum immerhin über 35 % aller Übernachtungen Niedersachsens generiert und deren verträgliche räumliche und branchenorientierte Entflechtung als unerlässlich für eine zukunftsfähige Weiterentwicklung sowohl des Tourismus als auch der maritimen Wirtschaft Niedersachsens angesehen wird. Als übergeordnete Ebene und übergreifende, moderierende Disziplin ist hier wesentlich die Raumordnung gefordert, vorausschauend Handlungsspielräume zu ermitteln und Nutzungskonkurrenzen durch funktional abgegrenzte Schwerpunkträume zu entflechten.

Gleichzeitig machen die Restrukturierungsbemühungen des Landes in seinen touristischen Schwerpunktregionen auch aufgrund des Landkreisgrenzen überschreitenden Charakters (Bsp. Lüneburger Heide: 9 Landkreise plus Celle, Lüneburg; Nordsee mindestens 7 Landkreise plus Cuxhaven, Wilhelmshaven, Emden) eine stärkere Einbeziehung der Raumordnung bzw. den stärkeren Einsatz der Instrumente der Raumordnung erforderlich. Um dieses zu verdeutlichen, soll das Grundkonzept eines sogenannten Masterplans kurz dargestellt werden:

Abb. 1: Räumliche Übersicht Masterplan Harz (exemplarisch)

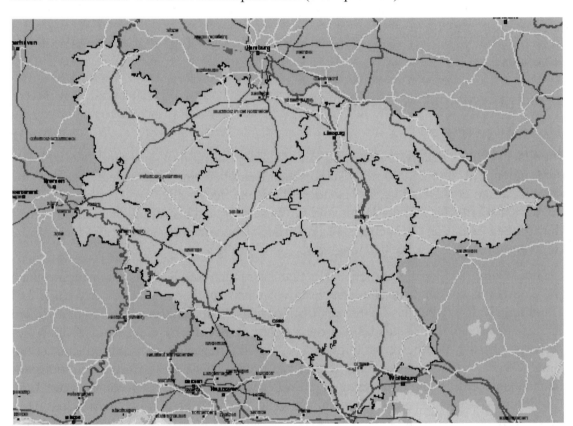

Quelle: Land Niedersachsen, Wirtschaftsministerium (MW) 2007

Zielsetzung eines touristischen Zukunftskonzepts (Masterplan) ist es, Entwicklungspotenziale aufzuzeigen und konkrete Handlungsempfehlungen zu geben, um der Tourismuswirtschaft der jeweiligen Region entsprechende Wege in die Zukunft aufzuzeigen.

Tab. 1: Masterplan – Struktur

Bestandsanalyse	Potenzialanalyse	Bewertung	Empfehlungen	Umsetzung
Aufgabe der Landkreise, Basisangaben dokumentiert im Rahmen Potenzialanalyse auf Basis Angaben der Landkreise	Kernthema des Zukunftskonzeptes Destination 2015: • Nachfragepotenzial • Trends • quantitative und qualitative Anforderungen 2015 • Leitlinien Zielvorstellungen	Erfolgt auf Basis Bestands- und Potenzialanalyse sowie Anforderungen 2015, z. B. im Rahmen von Workshops vor Ort (zu einzelnen Themen, für Teilräume)	Folgschritt zur Bewertung, generelle Hinweise im Rahmen Potenzialanalyse, aber nicht auf einzelne Anlagen bezogen	Aufgabe vor Ort. Steuerung z. B. über jährliche „Regionskonferenzen Tourismus"

Quelle: Land Niedersachsen (MW) 2007

Dazu erfolgt maßgeblich durch die beteiligten Landkreise die Bestandsaufnahme der vorwiegend öffentlich betriebenen touristischen Infrastruktur (Bäder, Museen, Skilifte, Kurhäuser etc.). Außer der aktuellen Situation dieser Infrastrukturbereiche werden die Markt- und Wettbewerbssituation sowie Angebots- und Nachfragetrends in diesen Segmenten untersucht. Nach der Analyse weiterer Determinanten des zukünftigen Bedarfs in qualitativer und quantitativer Hinsicht werden Szenarien der Nachfrage für das Jahr 2015 und darauf abgestimmte Angebotsstrategien entwickelt. Als Determinanten des aktuellen Nachfragepotenzials werden dabei folgende Bereiche beleuchtet: Marktvolumen im Primär-(Einwohner) und Sekundärmarkt (Urlaubsgäste), Kaufkraft, Mobilität, Arbeitszeit, Wettbewerb, Reise- und Freizeitverhalten, Bevölkerungsstruktur, gesamtwirtschaftliche Entwicklung.

Die durch aktuell zu registrierende Trends zu erwartenden Veränderungen dieser Ausgangsdeterminanten haben Auswirkungen auf die quantitativen und qualitativen Anforderungen an das Angebot im Jahr 2015. Wie stark Veränderungen bei den jeweiligen Determinanten sich auf diese Anforderungen auswirken, wird in verschiedenen Grafiken dargestellt.

Im Empfehlungsteil wird die Perspektive über die touristische Infrastruktur hinaus ausgeweitet auf die Aspekte Beherbergungsbetriebe, Badinfrastrukturen etc. Marketing, Organisation und allgemeine Produktentwicklung finden ebenfalls Berücksichtigung. Mit den Leitlinien, den konkreten Handlungsempfehlungen und den Erfolgsbeispielen erhalten die touristischen Akteure eine fundierte Daten- und Entscheidungsgrundlage für ihre zukünftige Arbeit. Im Weiteren werden Leitlinien für die touristische Entwicklung, die natürlich regionsspezifisch ausfallen, festgelegt und Empfehlungen für das touristische Angebot 2015 gegeben:

- Konzentration auf einige wenige Schwerpunktorte einer gegebenen Destination
- Konzentration auf Profilthemen, die kurz und knapp Bezug nehmen auf die wesentlichen Charaktereigenschaften der Destination
- Initiierung von Leuchtturmangeboten und Themen mit herausragender touristischer Ausstrahlung
- Ausbau des Bettenangebotes im Rahmen des Strukturwandels und der weiteren Qualitätsverbesserung

- Saisonverlängerung und Wetterunabhängigkeit, insbesondere angesichts der unvorhersehbaren Entwicklungen des Klimawandels
- Konzentration auf Angebote mit überregionalem Einzugsgebiet
- Privatisierung und fortlaufende Investition in erfolgreiche Einrichtungen
- Public Private Partnership – eine relativ begrenzte, aber durchaus erfolgreiche Entwicklung
- Innovation und Professionalität in allen Bereichen
- Bündelung und Fusion von kommunalen Freizeiteinrichtungen und koordinierter Präsentation in Verbindung mit Arbeitsteilung und synergetischer Nutzung.

Grundvoraussetzung für den Erfolg eines touristischen Masterplans ist die koordinierte und stringente Einbindung aller Akteure in die verschiedensten Themenbereichen der regionalen Tourismuswirtschaft. Es ist klar, dass die Inputs aus der Region nur in Begleitung von Beratungskompetenz und Landesaktivitäten erfolgreich sein können. Das Instrument der Regionalplanung muss um des Erfolges touristischer Masterpläne Willen zukünftig wesentlich stärker in die strukturellen und inhaltlichen Überlegungen mit einbezogen werden.

Im Folgenden soll weiter aufgezeigt werden, inwieweit die Raumordnung in Niedersachsen einen Beitrag zu einer zukunftsfähigen Entwicklung des Tourismus und einer verträglichen Funktionsentflechtung zwischen Erholungsnutzungen und ggf. konkurrierenden Flächenansprüchen leisten kann.

Die Raumordnung in Niedersachsen ist wie folgt aufgebaut (vgl. Niedersächsisches Ministerium für den ländlichen Raum, Ernährung, Landwirtschaft und Verbraucherschutz 2007):

Als oberste Landesplanungsbehörde stellt das Niedersächsische Ministerium für den ländlichen Raum, Ernährung, Landwirtschaft und Verbraucherschutz (ML) das Landesraumordnungsprogramm auf. Als untere Landesplanungsbehörden sind die Landkreise und kreisfreien Städte sowie die Region Hannover und der Zweckverband Großraum Braunschweig für die Regionalplanung (u. a. Regionales Raumordnungsprogramm) verantwortlich. Das aktuell gültige Landesraumordnungsprogramm Niedersachsen (LROP) wurde 1994 rechtskräftig. Änderungen und Ergänzungen wurden themenbezogen in den Jahren 1998, 2002 und 2006 vorgenommen. Auf der Ebene der kommunalisierten Regionalplanung verfügen 32 Landkreise über einen rechtskräftigen Regionalplan (Regionales Raumordnungsprogramm, RROP) mit einer Gültigkeitsdauer von zunächst 10 Jahren, zwei Landkreise befinden sich in der Aufstellung.

Aktuell ist die Landesraumordnung in Niedersachsen durch eine Neuordnung und Umstrukturierung und die grundlegende Modifikation des LROP Niedersachsen geprägt. Der aktuell vorliegende Verordnungsentwurf der Gesamtnovellierung[1] 2006 ist Teil eines Gesamtkonzeptes mit dem Ziel einer grundlegenden Überarbeitung, Deregulierung und Aktualisierung der Inhalte des Landesraumordnungsprogramms aus dem Jahr 1994 und des Raumordnungsrechts. Im Sinne einer schlanken Landes- und Regionalplanung wurden ihre Instrumente bzgl. ihrer Steuerungswirkung und -ebene auf den Prüfstand gestellt, um sie ggf. den notwendigen Veränderungen gegenüber anzupassen. Dabei wurden nur noch Darstellungen von Nutzungen getroffen, die einen zwingenden

---

[1] Nach einem öffentlichen Abstimmungs- und Beteiligungsverfahren hat das Kabinett am 26. Juni 2007 einer Entwurfsfassung zugestimmt, die nunmehr dem Niedersächsischen Landtag zu einer Stellungnahme vorliegt. Der Verfahrensabschluss wird zum Jahresende 2007 erwartet.

Raumbezug haben. Das Land Niedersachsen verfolgt nachstehende Ziele (Land Niedersachsen, Niedersächsisches Ministerium für den ländlichen Raum, Ernährung, Landwirtschaft und Verbraucherschutz 2007 (LT Ds 15/ 3890)):

- Das geänderte Landesraumordnungsprogramm soll in den verbindlichen Festlegungen auf die Themen und Regelungsgehalte reduziert werden, die über die kommunalen Gestaltungsmöglichkeiten sowie die kommunalen und fachlichen Zuständigkeiten eindeutig hinausgehen und für die Entwicklung des Landes und seiner Teilräume von grundlegender Bedeutung sind. Auf Regelungen, die in die Verantwortung der kommunalen Ebene gestellt werden können, soll verzichtet werden.

- Mit der Betonung seines Orientierung gebenden und Rahmen setzenden Charakters überträgt das geänderte Landesraumordnungsprogramm den Kommunen eine größere Verantwortung zur Umsetzung der Raumordnungsziele nicht nur für die Entwicklung der kommunalen und regionalen Planungsräume, sondern zumindest in Teilen auch für die Gesamtentwicklung des Landes. Es stärkt damit die Bedeutung der kommunalen Planungsebenen.

- Größere Abwägungs- und Entscheidungsfreiräume für die regionale und die kommunale Planungsebene ergeben sich insbesondere in Bezug auf die Entwicklung der Siedlungs- und Versorgungsstruktur, der Zentralen Orte und der Freiraumstrukturen.

Der aktuelle Entwurf der Verordnung für das LROP Niedersachsen 2006 hat diese Aussagen entsprechend ihrem landesweit bedeutsamen Regelungs- und Steuerungsgehalt für den Tourismus gestrafft. Hierauf aufbauend ergeben sich im LROP für den Bereich Tourismus folgende Rahmenbedingungen:

- Der Verordnungsentwurf des LROP 2006 formuliert in Form von deutlich gestrafften Grundsätzen der Raumordnung Aussagen sowohl zur infrastrukturellen als auch zur freiraumbezogenen Erholung.[2]

- Die zeichnerische Darstellung des LROP 1994 enthielt keine Zielfestlegungen zum Tourismus, legte jedoch in einer Beikarte „Vorsorgegebiete für Erholung" fest, die durch die Regionalplanung konkretisiert wurden. Dies entfällt im Verordnungsentwurf 2006, sodass keine zeichnerischen Darstellungen bestehen.

Darüber hinaus stehen weitere Instrumente zur Verfügung, deren Ausgestaltung mit entsprechenden Kriterien und deren Umsetzung auf der Grundlage des LROP 1994 jedoch nur auf der Ebene der Regionalplanung erfolgte (s. u.).

Eine mit den anderen norddeutschen Bundesländern vergleichbare Tourismusstrategie und entsprechende Zielsetzungen bestehen für Niedersachsen nicht, sondern werden eher als themenorientierten Marketing-Ansätze (z. B. Wasserwandern, Reittourismus) formuliert. Folglich weisen die Aussagen des LROP lediglich Grundsatzcharakter auf (vgl. nachstehende Kapitel).

1.2 Raumkategorien

Die Raumkategorien im LROP bilden den Rahmen für eine grenzüberschreitende touristische Infrastrukturplanung der Kommunen. Die Instrumente der Raumkategorien und Schwerpunktaufgaben für den Tourismus bleiben gemäß Verordnungsentwurf 2006 des LROP zwar auf Landesebene grundsätzlich bestehen, ihre Ausgestaltung und An-

---

[2] Im LROP 1994 wurden ziele und Grundsätze der Raumordnung in zwei Fachkapiteln „3.1 – Wirtschaft und Fremdenverkehr" sowie „3.8 – Erholung, Freizeit, Sport" formuliert.

wendung wird jedoch ausschließlich auf die Ebene der Regionalplanung delegiert. Relevante Grundsätze zur Entwicklung des Tourismus werden primär als Grundsätze zur Entwicklung der Freiraumstrukturen und Freiraumnutzungen formuliert und auf die landschaftsgebundene Erholung bezogen, u. a.:

- Gebiete, die sich aufgrund ihrer Struktur, Ungestörtheit oder Erreichbarkeit für die landschaftsgebundene Erholung eignen, sollen für diese Nutzung erschlossen werden. Sie sollen in allen Teilräumen gesichert und weiterentwickelt werden.

- Durch die Nutzung von Natur und Landschaft für Erholung, Freizeit und Tourismus sollen die ökologischen Funktionen des Naturhaushalts und das Landschaftsbild nicht beeinträchtigt werden.

- In allen Räumen, insbesondere auch in denen mit nachteiligen Verdichtungserscheinungen, sowohl im engeren Siedlungsbereich als auch im weiteren Umland, sollen Erholungsräume gesichert und so entwickelt werden, dass der Erholungswert der Landschaft für die Bevölkerung dauerhaft erhalten bleibt. Dabei sind Nutzungskonflikte zu vermeiden und der Naturhaushalt ist mit seinem ökologischen Wert zu schützen. Es sollte aber auch die Chance genutzt werden, durch gezielte Informationen zu dem Naturraum Erholungssuchende für die Belange des Natur- und Umweltschutzes zu sensibilisieren.

In den Regionalen Raumordnungsprogrammen können die nachstehenden Raumkategorien und Schwerpunktaufgaben ausgewiesen werden. Im Einzelnen sollten folgende Kriterien für die Abgrenzung gelten, wobei ein aktueller Landschaftsrahmenplan als Grundlage dienen sollte:

- Vorbehaltsgebiet Erholung: Erholungsräume von regionaler Bedeutung:
  Merkmale für die Abgrenzung dieser Gebiete sind ihre landschaftliche Vielfalt, Schönheit und Eigenart, die aktuelle und potenzielle Eignung für verschieden Erholungsaktivitäten, die natur- und kulturgeschichtliche Bedeutung oder die aktuelle Naherholungs- und Fremdenverkehrsbedeutung.

- Vorranggebiet ruhige Erholung in Natur und Landschaft:
  Gebiete, die aufgrund ihrer landschaftlichen Attraktivität für naturbezogene, ruhige Erholung und für ungestörtes Erleben der Natur und Landschaft geeignet sind. Schutzwürdige Teile von Natur und Landschaft dürfen dadurch nicht beeinträchtigt werden.

- Vorranggebiet Erholung mit starker Inanspruchnahme der Bevölkerung:
  Gebiete mit einem vielseitigen, konzentrierten Angebot an Freizeiteinrichtungen, insbesondere Einrichtungen des Freizeitwohnens, Badestellen, Freibäder, Spiel- und Sportanlagen. Sie sollen durch Öffentlichen Personennahverkehr erreichbar sein. Diese Gebiete liegen in der Regel innerhalb oder am Rand der Vorbehaltsgebiete Erholung. In Naherholungsgebieten kommen dabei solche Bereiche in Betracht, die – ohne Vorhandensein besonderer Freizeiteinrichtungen – in starkem Maße von Erholungssuchenden beansprucht werden. Dies ist z. B. in Ordnungsräumen der Fall, wenn Teile der Vorbehaltsgebiete Erholung wegen der unmittelbaren Zuordnung zu Wohnsiedlungsbereichen herausgehobene Bedeutung haben.

- Regional bedeutsamer Erholungsschwerpunkt:
  Standorte, an denen ein gebündeltes Angebot an Nah- und Kurzzeiterholungseinrichtungen gesichert oder entwickelt werden sollen, wie z. B. Freizeitparks, Center-Parks etc.

- Regional bedeutsame Rad- und Wanderwege

Folglich bestehen landesweit keine quantitativ konkretisierenden einheitlichen Standards oder Zielsetzungen zur Ausgestaltung von Schwerpunktaufgaben sowie von Vorrang- und Vorbehaltsgebieten für Erholung. Vor diesem skizzierten Hintergrund werden im Folgenden die im RROP Landkreis Friesland 2003 festgelegten Kriterien zur Festlegung der o. a. Raumkategorien und Schwerpunktaufgaben exemplarisch für eine Konkretisierung vorgestellt (vgl. RROP Landkreis Friesland 2003):

- Der Stellenwert des Fremdenverkehrs im Landkreis Friesland ist aufgrund seiner natürlichen bzw. landschaftlichen Voraussetzungen im Küstenraum und der Erholungseignung der Nordsee durch geeignete, standörtlich differenzierte Maßnahmen zu entwickeln.

- Zur Vermeidung von Überlastungserscheinungen Realisierung und Einhaltung einer teilräumlichen Arbeitsteilung zwischen ruhiger und intensiver Erholungsnutzung.

- Priorität für qualitative Weiterentwicklung des bestehenden Angebotes gegenüber dem quantitativen Neubau von Ferienangeboten.

- Abgrenzung von Standorten mit der Schwerpunktaufgabe Fremdenverkehr.

- Steuerung der Ansiedlung touristischer Großprojekte in geeigneten Lagen im Nahbereich der Zentralen Orte, an Standorten mit der besonderen Schwerpunktaufgabe Fremdenverkehr oder Erholung sowie in Vorranggebieten für Erholung mit starker Inanspruchnahme durch die Bevölkerung.

Die raumverträgliche Planung und Errichtung tourismus- und erholungsbezogener Infrastruktur[3] wird sowohl im LROP 1994 als auch im Änderungsentwurf 2006 als Einzelfallentscheidung und damit nicht als landesweit abstimmungsrelevant beurteilt. Niedersachsenweit einheitliche und vergleichbare Prüfkriterien existieren nicht.

In Niedersachsen werden diese touristischen Vorhaben primär durch Raumordnungsverfahren (ROV) auf ihre raumordnerische Verträglichkeit hin überprüft. Aktuelle Kriterien mit z. B. Vorschriftscharakter existieren nicht. Allgemein Anwendung als Beurteilungsrahmen für eine entsprechende Raumrelevanz finden die sog. „Hinweise und Materialien zur Durchführung von Raumordnungsverfahren" aus dem Jahr 1995. Hier werden u. a. Aufgreifschwellen für touristische Großprojekte wie Feriendörfer/Ferienwohnanlagen, Campinganlagen, Freizeitparks, Tierparks/Tierfreigehege und Golfplätze (in der Praxis zunehmend eingeschränkt relevant) formuliert. Den abschließenden Rahmen legt jedoch die zuständige Landesplanungsbehörde ggf. unter Berücksichtigung weiterer relevanter Aspekte fest.

Um die Zielsetzungen der Tourismuskonzeption im Rahmen von regionsspezifischen Masterplänen des Landes umzusetzen, um Planungssicherheit für Kommunen und Investoren zu schaffen, aber auch um den Ansprüchen des Natur- und Landschaftsschutzes sowie den Ansprüchen der Allgemeinheit an Erlebbarkeit und Zugänglichkeit von Natur und Landschaft zu entsprechen, bedarf es einer weitergehenden fachspezifischen Konkretisierung. Die Touristischen Masterpläne müssen Vernetzungsmöglichkeiten und mögliche Synergieeffekte mit den Programmen und Plänen der Raumordnung berücksichtigen bzw. die Raumordnung kann hier unterstützend bei der Umsetzung der konkurrierenden und sich ergänzenden Belange der einzelnen Nutzungen wirken, um die strukturpolitischen Effekte schneller zu erreichen.

---

[3] Größere tourismusbezogene Bauvorhaben wie Hotels, Ferien- und Wochenendhausgebiete, Campingplätze sowie weitere Flächen beanspruchende touristische Anlagen.

Die Orientierung von Masterplänen an Destinationen wirkt über die kommunalisierte Regionalplanung hinaus und kann sich nicht an Kreisgrenzen orientieren. Die o. g. Vorstellungen und Bedürfnisse der Tourismuswirtschaft im globalen Wettbewerb erfordern zukünftig verstärkt einen integrativen Ansatz der (Landes)Raumordnung.

1.3 Tourismus als Teil der Siedlungs- und Freiraumentwicklung

Es besteht ein enger Bezug zwischen der Realisierung von Infrastruktureinrichtungen für Erholung und Fremdenverkehr sowie der Siedlungsentwicklung, wird hier der Bedarf an Koordinierung von raumbeanspruchenden/-beeinflussenden touristischen Planungen/Maßnahmen und der Siedlungsentwicklung doch am deutlichsten.

Auf der Ebene der Regionalplanung ist hervorzuheben, das dass RROP insbesondere bei der planungsrechtlichen Sicherung z. B. von touristischen Großprojekten und in der Bauleitplanung zu berücksichtigen ist. Eine entsprechende Darstellung von touristischen Zielsetzungen im RROP bedingt, dass bestimmte Grundlagen für Planungen im RROP schon vorab diskutiert und geklärt worden sind. Hierdurch entsteht wichtige Planungssicherheit für Investoren, Gemeinden und Privatpersonen.

Zum einen stellt auch der Verordnungsentwurf 2006 des LROP zwischen Tourismus und der Entwicklung der Siedlungs- bzw. Freiraumentwicklung einen bedeutsamen funktionalen Bezug her. Diese Aussagen weisen Grundsatzcharakter auf und enthalten gleichfalls den Konkretisierungsauftrag für die Regionalplanung.

In den Regionalen Raumordnungsprogrammen können entsprechend den regionalen und überregionalen Erfordernissen besondere Entwicklungsaufgaben in den Gemeinden festzulegen sein. Dies können z. B. sein:

- Standorte mit der besonderen Entwicklungsaufgabe Tourismus innerhalb von Gemeinden mit herausragenden touristischen Funktionen, wenn entsprechende Einrichtungen besonders gesichert, räumlich konzentriert und entwickelt werden sollen.

- Standorte mit der besonderen Entwicklungsaufgabe Erholung, wenn die natürliche Eignung der umgebenden Landschaft für Erholung und Freizeit, die Umweltqualität, die Ausstattung mit Erholungsinfrastruktur sowie das kulturelle Angebot vorhanden und zu sichern sowie weiterzuentwickeln sind.

Exemplarisch werden nachstehende die Kriterien für die Vergabe der besonderen Entwicklungsaufgabe Fremdenverkehr anhand des RROP Landkreis Friesland 2003 vorgestellt:

- deutliche Ausrichtung auf die Mittel- und Langzeiterholung, Naherholung und Kurzzeittourismus spielen eher eine untergeordnete Rolle,

- besondere Bedeutung des Kurwesens mit zahlreichen Heil- und Kureinrichtungen,

- ausgeprägtes Fremdenverkehrsangebot sowie eine deutliche räumliche Konzentration und Entwicklung von Einrichtungen des Fremdenverkehrs,

- hohe natürliche Eignung und Attraktivität der umgebenden Landschaft und Vorhandensein von besonders attraktiven landschaftlichen und/oder kulturellen Anziehungspunkten,

- hohe Umweltqualität,

- hohes Besucheraufkommen (mindestens 400.000 Übernachtungen/Jahr),

- klare Bemühungen der Gemeinde zur Stärkung der Entwicklungsrichtung „Fremdenverkehr,
- hohe Übernachtungszahl von durchschnittlich mindestens 8 Tagen.

Auf die Gesamtsituation in Niedersachsen übertragen, werden diese Kriterien für die räumlich abgegrenzten Bereiche der drei Touristischen Masterpläne Niedersachsens weitestgehend erfüllt. Dabei gilt es zukünftig, die regionalplanerischen Feststellungen mit den Anforderungen der Tourismuswirtschaft wie Kundensicht, Marktforschung (Mafo-Analysen), Markendurchdringung, strukturpolitischen Effekten sowie ökonomischer, ökologischer und sozialer Nachhaltigkeit in Einklang zu bringen.

Weiterhin können entsprechend regionalen und überregionalen Erfordernissen für den Planungsraum oder für Teile des Planungsraumes, die durch Tierhaltungsanlagen erheblich belastet sind oder in denen im Hinblick auf die weitere Siedlungsentwicklung, die Tourismusentwicklung oder die Sicherung von Freiraumfunktionen bestimmte Bereiche künftig von raumbedeutsamen Tierhaltungsanlagen gemäß § 35 Abs. 1 Satz 1 Nr. 4 des Baugesetzbuchs (BauGB) freigehalten werden sollen, Vorranggebiete mit Ausschlusswirkung oder Eignungsgebiete für Tierhaltungsanlagen festgelegt werden.

Bei der Realisierung von touristischen Großprojekten soll gewährleistet sein, dass neue touristische Einrichtungen mit den vorhandenen Gegebenheiten (Infrastruktur, Siedlungszusammenhang, vorhandenes touristisches Angebot, Landschaft) abgestimmt und möglichst verträglich eingebunden werden.

Exemplarisch sei hier gleichfalls auf die Küstenregion des Nordseeraumes verwiesen. In teilweise engen Teilräumen gilt es hier, eine intensive Beanspruchung durch den Tourismus in Einklang mit den im ROKK dargestellten Nutzungen, mit Natur und Landschaft, der Landwirtschaft und der Siedlungsentwicklung (Wohnen und Gewerbe, Kulturerbe) zu entwickeln.

Die Teil-Novellierungen des LROP in Teilabschnitten in den Jahren 2002 (Tierhaltungsanlagen) und 2004 (Offshoreplanungen) haben einige dieser Fragestellungen bereits zum Inhalt gehabt. Der Verordnungsentwurf 2006 trifft folglich zu einigen mit der Tourismusentwicklung in einem differenzierten Wirkungsgefüge stehenden Nutzungen landesweit bedeutsame Aussagen. Durch die unterschiedlich umfangreiche Formulierung von Grundsätzen und Zielen der Raumordnung (Flächen und Texte) bzgl. einzelner Nutzungen im LROP darf jedoch kein Ungleichgewicht oder fehlende Zuständigkeit bei der Entflechtung von Nutzungskonkurrenzen auf Landesebene entstehen. Hier müssen mit Augenmaß informelle Abstimmungsprozesse und Entwicklungskonzepte ggf. fehlende verbindliche Abstimmungen auf Ebene der Landesraumordnung ersetzen.

1.4 Integriertes Küstenzonenmanagement (IKZM) als Handlungsrahmen für die Entwicklung eines nachhaltigen Tourismus im Küstenraum

Vorlauf

Schon seit einigen Jahren ist integriertes Küstenzonenmanagement (IKZM) Gegenstand vieler Projekte auf EU-, Bundes-, Länder- und kommunaler Ebene. Erfolgreicher Abschluss verschiedener Projekte war die Konferenz vom 18/19.06.2001 in Cuxhaven, auf der Beteiligte aus Verwaltung, Politik, Wissenschaft, Wirtschaft, Kammern und Verbänden nach intensiver Diskussion die „Cuxhavener Erklärung" verabschiedet haben, die folgende Kernpunkte beinhaltet:

- die Küstenzone räumlich zu verstehen als einen Bereich, der von den Außengrenzen der Ausschließlichen Wirtschaftszone (AWZ, Gebiet zwischen 12 und 200 Seemeilen vor der Küste) bis hin zum meeresorientierten, festen Land reicht,
- Schaffung von Leitzielen für eine konsensfähige, nachhaltige regionale Entwicklung der Küstenzone,
- Erfordernis eines Raumordnungs- und Raumnutzungsmanagements für die deutsche Küstenzone, d.h. integrierte Gesamtplanung, und
- wegen der besonderen Dynamik und Offenheit des Meeres eine grenzüberschreitende Zusammenarbeit benachbarter Länder und Staaten zur Anpassung von Entwicklungszielen und Abstimmung von Maßnahmen.

Vor diesem Hintergrund beschloss die Niedersächsische Landesregierung am 09.07.2002, den interministeriellen Arbeitskreis „Integriertes Küstenzonenmanagement" mit der Erarbeitung des Raumordnungskonzeptes als ersten Baustein für ein IKZM zu beauftragen. Die Erarbeitung des Entwurfs oblag der damaligen Bezirksregierung Weser-Ems in Zusammenarbeit mit der Bezirksregierung Lüneburg.

Raumordnerisches Gesamtkonzept für das niedersächsische Küstenmeer (ROKK)

Die Regierungsvertretung Oldenburg (Nachfolgebehörde) hat 2005 erstmalig für das gesamte Niedersächsische Küstenmeer ein raumordnerisches Konzept fertiggestellt, welches textliche und kartenbezogene Leitbilder/Zielaussagen enthält.

Eine formelle Bindungswirkung erhalten die Zielaussagen des ROKK erst, wenn sie in förmliche Raumordnungspläne übernommen werden. Das ROKK ist eine wesentliche Grundlage für das neue Landesraumordnungsprogramm (LROP) und seine Zielaussagen im Küstenraum.

Anlass für ein ROKK war der immer größer werdende raumordnerische Handlungsbedarf (aktuelle Stichworte: Offshore Windenergie, Kabelkorridore, Sandgewinnung) und auch der externe Erwartungsdruck von Investoren nach geordneten, sicheren Rahmenbedingungen.

Einen integrativen Ansatz in Form eines koordinierten fachübergreifenden Planes für das Küstenmeer gab es bisher nicht. Einige Fachverwaltungen hatten bislang aus ihrer spezifischen Sicht Pläne aufgestellt. Jedoch kann nur durch sektorübergreifende Instrumente die zwangsläufig auf jeweils eine Nutzungsform fixierte beschränkte Sichtweise bestehender fachplanerischer Ansätze überwunden werden.

Ziel des ROKK-Prozesses war es, ein von allen regionalen Akteuren weitgehend mitgetragenes Konzept zu erhalten.

In Zusammenhang mit dem Begriff „niedersächsisches Küstenmeer" sind drei Zuständigkeitsbereiche zu unterscheiden:

- der landseitige Küstenbereich begrenzt durch die MThw-Linie (Land und Landkreise zuständig)
- die 12 sm-Zone (das Küstenmeer), (Land zuständig)
- die Ausschließliche Wirtschaftszone (AWZ), (Bund zuständig).

Der zentrale und originäre Aussagebereich des ROKK betrifft das Niedersächsische Küstenmeer. Auch wenn die AWZ und die landseitigen Küstenbereiche nicht zum eigentlichen Planungsraum gehören, werden für diese Bereiche Aussagen getroffen, soweit dies inhaltlich sinnvoll ist.

Das ROKK formuliert erstmalig ein durchgängiges und geschlossenes System von raumordnerischen Grundsätzen und Zielvorstellungen für das niedersächsische Küstenmeer. Methodisch werden dazu abgestuft von allgemeinen Grundsätzen über Planungsleitlinien sachbezogene Zielaussagen zu den wesentlichen, das Niedersächsische Küstenmeer prägenden Raumnutzungen, Nutzungsansprüchen und Potenzialen entwickelt. Die Verzahnung der einzelnen Bereiche wird durch die systematische Analyse der Wechselwirkungen und Konfliktbereiche zu anderen Nutzungen bzw. Potenzialen veranschaulicht.

Das ROKK formuliert konkrete Zielaussagen nach einer einheitlichen Struktur (kurze Situationsbeschreibung, Wechselwirkungen und Konfliktbereiche, wesentliche Lösungsansätze, darauf aufbauende Zielaussagen, Visionen/noch nicht ausreichend untersuchte Handlungsansätze) zu folgenden Sachkapiteln:

- Hafenentwicklung
- Verkehr, insbesondere Schifffahrt
- Energie, insbesondere Windenergie
- Tourismus
- Fischerei
- Rohstoffgewinnung
- Naturschutz
- Schutz der Kulturlandschaften und der kulturellen Sachgüter
- Küstenschutz
- Katastrophenschutz, zivile Verteidigung
- Militärische Verteidigung

An dieser Stelle werden nur die ROKK-Zielaussagen für Tourismus wiedergegeben.

Für den Meeresbereich

- Bei der Errichtung von baulichen Anlagen im Küstenmeer sind die Belange des Tourismus angemessen zu berücksichtigen. Befürchtungen, dass Windkraftanlagen die Weitsicht beeinträchtigen, sind von großem Gewicht. Ihnen ist durch die Vorsehung ausreichender Mindestabstände zur Küste und zu den Inseln Rechnung zu tragen.

- Unter Berücksichtigung der ökologischen Belange des Nationalparks sollen im Wattenmeer auch künftig die Nutzung von Wattwanderwegen sowie eine vertretbare Ausübung der Sportschifffahrt möglich sein.

- Der Wassersport ist für die Küstenregion nicht nur ein wichtiger Wirtschaftsfaktor für viele Klein- und Mittelbetriebe, sondern auch touristischer Anziehungspunkt. Die Sportboothäfen bieten die Chance, an der an traditioneller Seefahrt ausgerichteten Sportausübung teilzunehmen, und bedürfen entsprechender Entwicklungsmöglichkeiten.

Für den Landbereich

- Auf den Inseln und an der Küste ist, unter Beachtung der Vorschriften des Nationalparkgesetzes, die touristische Nutzung zu sichern und zu entwickeln. Die außergewöhnliche Naturlandschaft und das Wattenmeer müssen durch spezielle Angebotsformen für den Touristen erlebbar gemacht werden.

- Die touristische Infrastruktur (Verkehrsanbindung/Bahn) und das touristische Angebot, insbesondere die maritimen und wassergebundenen Urlaubsformen, sollen gesichert und weiter verbessert werden.
- Die Freizeitschifffahrt ist insbesondere zur Belebung des Tourismus in der „3. Reihe" zu fördern und durch geeignete Infrastrukturmaßnahmen (Anlage von Sportboothäfen/Steganlagen, Vernetzung nutzbarer Gewässer, Schleusenbetrieb, Übersetzhilfen) weiterzuentwickeln.
- Das Angebot im Wellness- und Gesundheitsbereich ist auszubauen.
- Es bedarf eines Marketingkonzeptes, das mit der „Nähe" wirbt und zum Erleben der regionalen Besonderheiten einlädt. Gutes Beispiel hierfür ist das „Melkhus"-Angebot, das Fahrradtouristen auf ihren Routen zur Rast einlädt und die Milch als regionale Köstlichkeit zum Verzehr anbietet.

Die Visualisierung der räumlich darstellbaren Inhalte des ROKK erfolgt anhand dreier Karten. Karte 1 enthält vorhandene und planerisch festgestellte Nutzungen, in Raumordnungsprogrammen festgelegte Ziele und Darstellungen genehmigter Flächennutzungspläne, Karte 2 geplante Nutzungen und Karte 3 originäre „Zielsetzungen".

Das gesamte ROKK ist im Internet auf den Seiten des niedersächsischen ML-Raumordnung/Regierungsvertretung Oldenburg einzusehen.

IKZM im neuen Landes-Raumordnungsprogramm Niedersachsen

Derzeit wird das LROP neu aufgestellt. Erstmalig schließt es in differenzierterer Weise als bisher auch die Küstenzone mit ein und enthält in Teil II, Punkt 1.4 eigene Zielsetzungen mit umfangreicher Begründung zum IKZM, die auf dem ROKK basieren. An dieser Stelle mag die Darstellung der – nicht sehr ausführlichen – IKZM-Zielsetzungen zum Tourismus reichen:

- Touristische Nutzungen in der Küstenzone sind zu sichern und nachhaltig zu entwickeln.
- Die touristischen Schwerpunkträume auf den Ostfriesischen Inseln sind zu sichern und zu entwickeln.
- Die kulturhistorischen und landschaftlichen Besonderheiten des Küstenraumes sollen als Identität stiftende Merkmale für die maritime Landschaft erhalten werden. Sie sollen in die touristische und wirtschaftliche Nutzung einbezogen werden, wenn es ihrem Erhalt dient.
- Der freie Blick auf das Meer und den unverbauten Horizont soll als Landschaftserlebnis erhalten werden.

Einen neuen Impuls für die Weiterentwicklung des IKZM-Prozesses hat die am 09.07.2007 in Lübeck durchgeführte Folgekonferenz (von Cuxhaven) zum Thema „Integriertes Küstenzonenmanagement – was wurde bisher getan, was ist in Zukunft zu tun?" gegeben. Die hier von den Ländern Niedersachsen, Schleswig-Holstein und Mecklenburg-Vorpommern unterzeichnete „Gemeinsame Erklärung von Lübeck 2007 zum Integrierten Küstenzonen-Management" betont nochmals Synergien zwischen formeller und informeller Planung: „Für die Raumplanung bietet IKZM die Chance, ihre schwierigen und komplexen Koordinations- und Managementaufgaben im engen Zusammenspiel mit allen anderen einer nachhaltigen Raumentwicklung verpflichteten Akteuren noch effizienter zu erledigen und dabei wichtige Beiträge, insbesondere auch für den Klimaschutz und die Folgen des Klimawandels in den Küstenzonen, zu leisten. Diese Chance muss konsequent genutzt werden."

1.5 Schlussbetrachtung

Zusammenfassend sollen die Leitgedanken dahingehend beleuchtet werden, welche Handlungsspielräume und Grenzen der Steuerungsfähigkeit auf der Ebene der Regionalplanung und auf Landesebene entstehen und wo sich Effizienzgewinne für die Formulierung und Umsetzung von touristischen Zielen ergeben können.

Zur Gewährleistung der Vergleichbarkeit wird diese Fragestellung auf folgende Aspekte bezogen:

1. Die Kompetenz der Raumordnung bei der Steuerung von touristischen Projekten wird in Niedersachsen vorrangig auf die Ebene der Regionalplanung gemäß dem „Bottom-up-Ansatz" delegiert. Eine Darstellung von touristischen Zielen erfolgt im Rahmen von informellen Entwicklungskonzepten und verbindlichen Gestaltungsmöglichkeiten im Bereich Tourismus in den Regionalen Raumordnungsprogrammen.

2. Die Landesraumordnung misst zukünftig einer übergeordneten und ganzheitlichen Betrachtung der Nutzungen im Küstenraum (IKZM, RROK) eine zunehmende Bedeutung bei. Dies ermöglicht die Chance einer effizienten Vernetzung der Planungsinstrumente (insbesondere der Raumbeobachtung) und einer erweiterten Steuerungsfunktion und -wahrnehmung.

3. Die regionale Ebene bzw. eine kommunalisierte Regionalplanung hat künftig aufgrund der geringen Regelungsdichte auf der Landesebene im LROP neben der informellen Erarbeitung von regionalen Entwicklungskonzepten eine größere planerische Verantwortung für verbindliche Gestaltungsmöglichkeiten im Bereich Tourismus und Erholung. Für Niedersachsen werden dabei vergleichend folgende Handlungsfelder gesehen:

    - Darstellung der Schwerpunkträume für Tourismus und Erholung, einschließlich einer inhaltlichen Vertiefung und im Hinblick auf die touristische Infrastrukturplanung sowie
    - die inhaltliche Konkretisierung im Zuge der Darstellungen des Orientierungsrahmens für Städte und Gemeinden und ihre Bauleitplanung
    - Steuerung und Sicherung der raumordnerischen Verträglichkeit bei grenzübergreifenden Projekten
    - Entflechtung von konkurrierenden Nutzungen auf der Ebene der Regionalplanung als unmittelbar der Bauleitplanung übergeordnete Ebene zur Schaffung von Planungs- und Investitionssicherheit (Vorhersehbarkeit und schnellere Verfahren der Planungen)
    - Vernetzung der Raumordnung und (Erstellung und Umsetzung) der Masterpläne Tourismus

Eine zukunftsorientierte Entflechtung der einzelnen Raumnutzungen wird auch weiterhin Aufgabe sowohl der Landes- als auch der Regionalplanung sein. Aufgrund der o. a. Aufgabenteilung zwischen Land und Regionen kommt dabei der Regionalen Ebene eine besondere Verantwortung zu, die sie wahrnehmen und auch politisch umsetzen muss. Neben formellen Instrumenten wird dabei noch in verstärktem Maße die informelle interkommunale Abstimmung an Bedeutung gewinnen. Zur Gewährleistung einer leistungsfähigen und effizienten Weiterentwicklung des Tourismus und der verträglichen Entflechtung von Nutzungskonkurrenzen gilt es, exemplarisch in folgenden Bereichen zielführende Steuerungsinstrumente zwischen Landes- und Regionalplanung zu finden und wahrzunehmen:

- Realisierung einer zukunftsfähigen Arbeitsteilung zwischen Land und Region mit übergeordneten und regionalen Bündelungs- und Entscheidungskompetenzen
- Förderung regionaler Kooperationen und Netzwerke mit entsprechender Verbindlichkeit
- Herausarbeiten von Synergieeffekten zwischen vordergründig konkurrierenden Nutzungen (z. B. Industrie und Tourismus)
- Überwindung unterschiedlicher Genehmigungsverfahren und Zuständigkeitsebenen z. B. bei der Realisierung von Offshore-Windparks und ihrer meer-/landseitigen Netzan-/einbindung
- Konsequente Umsetzung des BauGB und des Bauordnungsrechtes

Dabei können die raumordnerischen Steuerungsinstrumente nur soweit ihre Gestaltungswirkung entfalten, als ihr Zuständigkeitsbereich der formalen Regional- und Landesplanung es zulässt. Aufgrund der formal und zeitlich aufwändigen Änderungsverfahren der Raumordnungspläne können sie vorrangig einen übergeordneten Orientierungsrahmen bieten und gegenüber konkurrierenden Nutzungen die Restriktionen und Eignungsfaktoren sowie den Abwägungs- und Entflechtungsvorgang transparent und nachvollziehbar gestalten. Neben einer Bestandsdarstellung muss aber auch eine rahmengebende Darstellung von Entwicklungsgedanken formuliert werden, die jedoch flexibel und zukunftsfähig, z. B. durch informelle Strukturen, auszugestalten sind. Sonst besteht die Gefahr, dass die Weiterentwicklung des Tourismus folglich nicht auf der Ebene der interdisziplinären Raumordnung diskutiert wird, sondern fast ausschließlich den Fachdisziplinen vorbehalten bleibt. Hierdurch können wichtige Synergieeffekte durch die Steuerungsinstrumente der Raumordnung ungenutzt bleiben.

Ein integrierter strategischer Handlungsrahmen muss formuliert und bedarfsgerecht und zukunftsfähig im Einzelfall bewertet werden. Die Raumordnung kann hier unterstützend bei der transparenten Darstellung der konkurrierenden und sich ergänzenden Belange der einzelnen Nutzungen wirken. Die Bereitstellung aktueller raumbezogener Daten sowie einer fundierten GIS-gestützten Raumbeobachtung ermöglicht neben der Bestandsdarstellung weitergehende Erkenntnisse, die sich sowohl auf Planungsinhalte, die Diskussions- und Entscheidungsprozesse in Politik und Öffentlichkeit und auf den Vollzug der Planung auswirken (vgl. Dehrendorf, Heiß 2004).

Die Implementierung der Ziele und Handlungsansätze des IKZM ist auf unterer Planungsebene noch wenig ausgefüllt. Die Neuaufnahme des IKZM als Grundsätze in den Verordnungsentwurf des LROP Niedersachsen kann einen weiteren Anstoß zur Umsetzung auf regionaler Ebene darstellen. Eine klare Definition der Inhalte und Rahmenbedingungen der informellen Ebene des IKZM insbesondere gegenüber den bereits bestehenden formellen Planungen und Netzwerken wird hier eine wichtige Basis für das Gelingen des Prozesses sein.

Der Verzicht auf landesweit einheitliche Standards zur Ausgestaltung von Entwicklungsaufgaben sowie von Vorrang- und Vorbehaltsgebieten für Erholung und Fremdenverkehr trägt einerseits der differenzierten Struktur des Tourismus und der Multifunktionalität der regionalen Teilräume in Niedersachsen angemessen Rechnung. Für eine landesweite Beurteilung z. B. bei der Verteilung von Fördergeldern ist es jedoch notwendig, diesen integrativen Ansatz der raumordnerischen Zielsetzungen aufzugreifen und in Einklang mit den Entwicklungsabsichten der teilregionalen Masterpläne zu bringen. Sowohl verbindliche als auch informelle Konzepte sind hier notwendig, um den Anforderungen einer zukunftsfähigen Tourismusentwicklung unabhängig von kommunalen Grenzen Rechnung tragen zu können und u. a förderpolitisch verschiedene Ausrichtungen zu bündeln.

Literatur

Dehrendorf, M.; Heiß, M. (2004): Geo-Informationssysteme in der kommunalen Planungspraxis. Norden.

Land Mecklenburg-Vorpommern, Niedersachsen, Land Schleswig-Holstein (2007): Gemeinsame Erklärung von Lübeck 2007 zum Integrierten Küstenzonen-Management. Lübeck.

Landkreis Friesland (2003): Regionales Raumordnungsprogramm Landkreis Friesland 2003. Jever.

Niedersächsisches Ministerium für den ländlichen Raum, Ernährung, Landwirtschaft und Verbraucherschutz (2007): Raumordnung und Landesentwicklung. http://www.ml.niedersachsen.de/master/C302531_N14739_L20_D0_I655.html

Niedersächsisches Ministerium für den ländlichen Raum, Ernährung, Landwirtschaft und Verbraucherschutz (2007a): Entwurf einer Verordnung zur Änderung der Verordnung über das Landesraumordnungsprogramm Niedersachsen – Teil II. Hannover.

Land Niedersachsen, Niedersächsisches Ministerium für den ländlichen Raum, Ernährung, Landwirtschaft und Verbraucherschutz (2007): LT Ds 15/ 3890. Hannover.

Niedersächsisches Ministerium für Wirtschaft, Arbeit und Verkehr (2006): Zukunftskonzept Tourismus Harz 2015; Touristisches Zukunftskonzept Lüneburger Heide /Elbtalaue 2015; Masterplan Nordsee. Hannover.

Carola Schmidt

Die Integration des Tourismus in die Landes- und Regionalplanung Mecklenburg-Vorpommerns

1　Ausgangslage

2　Raumkategorien

3　Tourismus als Teil der Siedlungs- und Freiraumentwicklung

4　Tourismus und Erholung als Teil des Integrierten Küstenzonenmanagements

5　Abgeleitete Empfehlungen

1　Ausgangslage

Nach dem gesellschaftlichen Umbruch 1989 war auch die Tourismuswirtschaft Mecklenburg-Vorpommerns einem grundlegenden Wandel unterworfen. Die Konsequenzen und die Auswirkungen auf die Raumnutzung waren vielfältig. Beispielhaft seien genannt: leer stehende Großobjekte (Ferienheime, Ferienlager), ungeklärte Eigentumsverhältnisse, Abriss und Neubau auf bereits versiegelten Flächen, Umbau und Erweiterung vorhandener Gebäude, Entstehen neuer Beherbergungseinrichtungen nach neuestem Standard, Veränderung der Siedlungsstruktur, Verdichtung der Bebauung in den Ortslagen, Verdrängung der Wohnfunktion aus den attraktiven Ortslagen durch touristische Nutzungen, Verkehrsprobleme durch Zunahme des Individualverkehrs, stark anwachsende Nachfrage nach Sportbootliegeplätzen und enormer Raumdruck in den landschaftlich attraktiven Räumen. Innerhalb kürzester Zeit entstanden während dieses strukturellen Umbruchs wettbewerbsfähige Tourismusangebote. Von einigen wenigen Ausnahmen abgesehen, ist die gesamte Küstenregion des Landes Mecklenburg-Vorpommern wirtschaftlich sehr stark auf den Tourismus ausgerichtet. Angesichts der rasanten Veränderungen hat sich die Raumordnung bisher vor allem auf die Rahmensetzung beschränkt.

Das erste Landesraumordnungsprogramm Mecklenburg-Vorpommern (LROP M-V) wurde 1993 rechtskräftig, die räumlich untersetzenden Regionalen Raumordnungsprogramme (RROP) folgten für die Region Mittleres Mecklenburg/Rostock 1994, Westmecklenburg 1996, Vorpommern und Mecklenburgische Seenplatte 1998. Generell war die gesamte Zeit von allgemeiner Aufbruchstimmung gekennzeichnet, es ging schwerpunktmäßig um die Steuerung von extensiven räumlichen Entwicklungen. Wachsende Übernachtungszahlen und die Schaffung neueR Beherbergungseinrichtungen trieben sich wechselseitig an. Der Tourismus als Wirtschaftszweig hatte ein eigenes Kapitel in den Raumordnungsprogrammen.

Das nächste raumordnerische Grundsatzdokument wurde – nunmehr als Landesraumentwicklungsprogramm Mecklenburg-Vorpommern (LEP M-V) – 2005 rechtskräftig. Ihm liegt ein neues Gliederungssystem zugrunde; entfallen ist die sektorale Gliederung nach Fachbereichen. Das führt dazu, dass sich die Programmsätze zur Tourismusentwicklung jetzt auf insgesamt fünf Kapitel verteilen:

- Kapitel 3 Gesamträumliche Entwicklung – 3.1.3 Tourismusräume
- Kapitel 4 Siedlungsentwicklung – 4.3.3 Größere Freizeit- und Beherbergungsanlagen

- Kapitel 5 Freiraumentwicklung – Erholung in Natur- und Landschaft
- Kapitel 6 Infrastrukturentwicklung – 6.2.4 Fahrrad- und Fußgängerverkehr
- Kapitel 7 Integriertes Küstenzonenmanagement und Raumordnung im Küstenmeer – 7.4 Tourismus, Erholung

Nach der gleichen Systematik werden derzeit die Regionalen Raumentwicklungsprogramme (RREP) fortgeschrieben, wobei hier das Kapitel 7 zum Integrierten Küstenzonenmanagement und zur Raumordnung im Küstenmeer entfällt, da die Planungshoheit der Kommunen, die die Träger der Regionalplanung sind, an der Mittelwasserlinie endet.

Seit 1990 gab es drei Landestourismuskonzeptionen – 1993, 1997 und 2004. Sie waren die Grundlage für die jeweilige strategische Ausrichtung der Tourismuspolitik in Mecklenburg-Vorpommern. Seit den späten 1990er Jahren sind die Förderräume für den Tourismus identisch mit den raumordnerisch bestimmten Tourismusräumen.

2 Raumkategorien

Auf Landesebene gibt es die Kategorie der Tourismusräume (vormals Räume mit besonderer Eignung für Fremdenverkehr und Erholung). Sie haben Vorbehaltscharakter. Die Tourismusräume des Landes können auf der regionalen Ebene in Tourismusschwerpunkt- und Tourismusentwicklungsräume differenziert werden. Im LEP M-V 2005 ist in Programmsatz 3.1.3 (2) formuliert, dass die (Landes-)Tourismusräume bei der Tourismusförderung eine besondere Berücksichtigung finden sollen (PS 3.1.3 (2) LEP M-V, S. 22).

In Mecklenburg-Vorpommern sind etwa zwei Drittel der Landesfläche als Tourismusräume ausgewiesen. In den vier Planungsregionen weicht dieser Anteil leicht nach oben oder unten ab.

Als Tourismusräume wurden im LEP M-V jene Räume des Landes ausgewiesen, die aufgrund ihrer natürlichen und infrastrukturellen Ausstattung einen Beitrag zur Stärkung und Weiterentwicklung der regionalwirtschaftlichen Bedeutung des Tourismus leisten können. Die Räume wurden nach den folgenden Kriterien abgegrenzt:

- Räume mit sehr hoch bewertetem Landschaftsbild (gemäß Einstufung im Gutachtlichen Landschaftsprogramm),
- Gemeinden mit direktem Zugang zur Küste und Gemeinden mit direktem Zugang zu Seen > 10 km²
- Biosphärenreservate
- Naturparks
- Übernachtungsrate (Gemeinden mit > 7 000 Übernachtungen / 1 000 EW)
- Bettenzahl absolut (Gemeinden mit > 100 Betten)
- Kulturelles Angebot von landesweiter Bedeutung

Für die Aufnahme einer Gemeinde in den (Landes-)Tourismusraum muss *eines* der genannten Kriterien erfüllt sein.

Von den Tourismusräumen ausgenommen sind große militärisch genutzte Bereiche sowie die in den Regionalen Raumordnungsprogrammen festgelegten Vorranggebiete „Naturschutz und Landschaftspflege" und „Rohstoffsicherung" sowie die „Eignungsgebiete für Windenergieanlagen" (Kapitel 3.1.3 LEP M-V: 22 ff.).

Insgesamt hat die Zugrundelegung landesweit einheitlicher Kriterien nach Ansicht der Verfasserin zu einer starken Transparenz bei der Ausweisung der Tourismusräume geführt.

Mit der Ausweisung der Tourismusräume ist sowohl auf landes- als auch auf regionaler Ebene eine Reihe raumordnerischer Zielvorstellungen verbunden. Gemeinsam und entscheidend ist, dass die spezifischen Potenziale der jeweiligen Räume für den Tourismus in Wert gesetzt und gleichzeitig geschützt werden, dass sie nicht durch andere Raumnutzungen sowie durch Übernutzung gefährdet werden und dass diese Potenziale auch für die Zukunft erhalten bleiben.

Dazu gehört, dass die Aufnahmekapazität der intensiv genutzten Bereiche der Außenküste und der Inseln nur noch behutsam weiterentwickelt werden kann und soll (PS 3.1.3 (4) LEP M-V: 22). Grenzwerte dafür werden nicht benannt.

Inzwischen wird in einigen Gemeinden an der Außenküste gelegentlich eine ausschließliche Beschränkung auf Ersatzneubau von Beherbergungseinrichtungen ohne Erweiterung diskutiert. Eine derartige raumordnerische Rahmensetzung wurde bisher jedoch angesichts der Tatsache, dass qualitativ hochwertige Angebote aus betriebswirtschaftlichen Gründen eine bestimmte Anzahl von Betten voraussetzen und dass deshalb durch entsprechende Beschränkungen touristische Entwicklungen behindert werden könnten, wieder verworfen. In der landesplanerischen Bewertung von Planungsanzeigen ist daher immer die Einzelfallentscheidung erforderlich. In den genannten intensiv genutzten Bereichen haben Maßnahmen der qualitativen Verbesserung und Differenzierung bestehender Aufnahmekapazitäten sowie Maßnahmen zur Saisonverlängerung eine größere Bedeutung als rein quantitative Entwicklungen.

Bei der Umsetzung der Ziele in die Praxis haben in den letzten Jahren die Flächennutzungspläne an Bedeutung gewonnen. Grund dafür ist die Novellierung des Baugesetzbuchs. Für eine vertiefte Folgenabschätzung muss häufig eine sachinhaltliche Qualifizierung vieler Flächennutzungspläne, insbesondere im Begründungsteil, gefordert werden. So werden die Gemeinden aufgefordert, darzulegen, wie ihre Bettenkapazitäten derzeit strukturiert sind (privat – gewerblich, Hotels, Ferienwohnungen, Ferienanlagen, Rehabilitationseinrichtungen, Beherbergungseinrichtungen mit weniger als 9 Betten etc.) und zu begründen, warum welche Entwicklungen angestrebt werden. Diese Darlegungen setzen eine gemeindliche Auseinandersetzung mit den Konsequenzen voraus, z. B. damit, welche Quell-Ziel-Verkehre mit der Entwicklung der touristischen Infrastruktur (witterungsunabhängige Angebote, Zugänglichkeit für die Öffentlichkeit etc.) verbunden sind und wie damit umgegangen werden soll.

Die inhaltliche Diskussion in den Gemeinden kann nach Ansicht der Verfasserin durch die Erarbeitung von Tourismuskonzeptionen, die sich auf die Raumnutzungsansprüche des Tourismus und weniger auf Zielgruppen, Marketingstrategien etc. konzentrieren, befördert werden. Im Idealfall stimmen sich auf diese Weise mehrere Nachbargemeinden bei der Lösung gemeinsamer Probleme ab. In der Planungsregion Vorpommern wird den Gemeinden der Tourismusschwerpunkträume dringend die Erarbeitung entsprechender regional abgestimmter Tourismuskonzeptionen empfohlen. Es hat sich bewährt, diese gemeindliche Diskussion anzuregen, es gibt jedoch bisher keine rechtliche Grundlage, um die Vorlage solcher Konzeptionen einzufordern. In den Entwurf des RREP Vorpommern wurde jetzt ein entsprechender Programmsatz aufgenommen.

Die Randgebiete des Küstenraums und das Küstenhinterland sollen gemäß LEP M-V als Entlastungs- und Ergänzungsgebiete für die Hauptferienorte entwickelt werden (PS 3.1.3 (5) LEP M-V: 22). Dabei sollte nach Ansicht der Verfasserin auf Angebote mit einem Alleinstellungsmerkmal (USP) hingewirkt werden, die Schaffung von „normalen" Bettenkapazitäten reicht in diesen Räumen für einen mehrmonatigen bzw. ganzjährig wirtschaftlichen Betrieb nicht aus. Zwar war in den letzten guten Sommern zu verzeichnen, dass die Urlauber in der Hochsaison mangels freier Betten an der Küste verstärkt auf das Küstenhinterland ausgewichen sind. Die Urlauber sind dann von hier aus regelmäßig an die Außenküste gefahren und haben hier als Tagesausflügler durch neue Quell-Ziel-Verkehre zu zusätzlichen Belastungen beigetragen. Daraus ergibt sich zweierlei: Urlauber, die an die Küste wollen, beziehen nicht 15 km davor Quartier – es sei denn, sie haben einen guten Grund dafür, z.B. ein attraktives, auf sie zugeschnittenes Angebot. Und wenn die Urlauber da sind, muss es gelingen, sie weitgehend am Übernachtungsort zu halten.

Gemäß LEP M-V sollen die Potenziale im Binnenland stärker als bisher vor allem für die landschaftsgebundene Erholung und für sportliche Betätigung genutzt werden. Bei der Schaffung von Beherbergungseinrichtungen liegen sowohl im Küstenhinterland als auch im Binnenland die Schwerpunkte auf Ferienhäusern und Ferienwohnungen (PS 3.1.3 (6) LEP M-V: S. 22).

Landesweit soll die Erreichbarkeit der Tourismusräume verbessert werden, wobei Maßnahmen zur Lösung der saisonal auftretenden Verkehrsprobleme auf den Inseln und ihren Zufahrten eine besondere Bedeutung haben (PS 3.1.3 (3) LEP M-V: S. 22). Nach der Fertigstellung der Küstenautobahn BAB 20 und des Rügenzubringers mit der Brücke über den Strelasund liegen die Schwerpunkte der regionalplanerischen Arbeit vor allem in der moderativen und gutachterlichen Unterstützung verkehrslenkender Maßnahmen.

Hinsichtlich der touristischen Angebote werden im LEP M-V der Wasser-, Radwander-, Reit-, Gesundheits- und Wellnesstourismus sowie Tourismusformen, die auf die Nutzung des kulturhistorischen Potenzials ausgerichtet sind (z.B. Schlösser- und Herrenhausreisen, Parks- und Gärtenreisen, Kultur- und Städtereisen), ausdrücklich genannt (PS 3.1.3 (7), (9), (10) und (11) LEP M-V: 22/23). Damit wird dem weiteren Entwicklungsbedarf in diesen Segmenten und den Schwerpunktsetzungen auf Landesebene, wie sie u. a. in der Tourismuskonzeption des Landes Mecklenburg-Vorpommern formuliert sind, Rechnung getragen. Bei den Hafenanlagen geht es sowohl um die qualitative Verbesserung der bestehenden Anlagen als auch um die Schließung von Netzlücken (PS 3.1.3 (8) sowie 7.4 (3), (4), (5) und (6) LEP M-V: 22 bzw. 72).

Die Programmsätze des LEP M-V zum Tourismus sind durchgehend als Grundsätze formuliert. Durch die Darstellung der Tourismusräume auf der rechtsverbindlichen Grundkarte im Maßstab 1:100 000 werden sie räumlich konkretisiert. Die Programmsätze sind so gehalten, dass bei landesplanerischer Beurteilung von Planungsanzeigen je nach konkreter Situation der Schwerpunkt auf eine vornehmlich qualitative oder ergänzend auch auf eine quantitative Entwicklung gelegt werden kann. Der größte Ordnungsbedarf besteht an der Außenküste, insbesondere auf den Inseln Rügen und Usedom sowie der Halbinsel Fischland-Darß-Zingst. Das ist angesichts der Tatsache, dass 80% der Übernachtungen des gesamten Landes im Küstenraum, und dabei vorrangig in der vorpommerschen Küstenregion, realisiert werden, nicht verwunderlich.

Die Differenzierung der (Landes-)Tourismusräume in Schwerpunkt- und -entwicklungsräume auf der regionalen Ebene entspricht diesem besonderen Handlungsbedarf im Küstenraum. Wenn in den RREP Tourismusschwerpunkträume ausgewiesen werden, dann sollen das jene Räume sein, die durch eine überdurchschnittlich hohe touristische Nachfrage und ein überdurchschnittlich hohes touristisches Angebot gekennzeichnet sind (PS 3.1.3 (12) LEP M-V: S. 23). Die zukünftige Entwicklung soll sich hier vor allem unter qualitativen Gesichtspunkten vollziehen.

Die Tourismusräume des Landes sollen und dürfen auf regionaler Ebene nur in Ausnahmefällen erweitert werden. Das kann z. B. dann der Fall sein, wenn es in den letzten zehn Jahren eine Steigerung der Übernachtungsrate von mindestens 100 % oder eine regional bedeutsame Tourismusentwicklung in einem landschaftlich attraktiven Bereich gegeben hat. Damit sind die Tourismusräume, die gleichzeitig die räumliche Förderkulisse des Landes bilden, im Wesentlichen festgeschrieben (ebenda).

Die Verfasserin merkt dazu kritisch an, dass durch die der Ausweisung zugrunde liegenden Kriterien vor allem bisherige, statistisch erfassbare Entwicklungen dokumentiert werden. Behutsame, noch nicht quantifizierbare Ergebnisse der Tourismusentwicklung im ländlichen Raum, die vor allem auf einem zielgerichteten Engagement auf der lokalen und der kreislichen Ebene basieren, werden bei der Ausweisung der Tourismusräume nicht berücksichtigt. Die o. g. Initiativen und Entwicklungen werden in den Regionalprogrammen in der Regel mit einem Programmsatz unterstützt. Jedoch wäre nach Ansicht der Verfasserin eine gleichzeitige Ausweisung in der Karte wirkungsvoller, da bei Strategiegesprächen häufig vorrangig mit der Karte gearbeitet wird. So könnten z. B. entsprechende Räume mit einer speziellen Signatur in die RREP aufgenommen werden. Eine entsprechende Kennzeichnung wäre nach Ansicht der Verfasserin auch angesichts der neuen EU-Förderprogramme für den ländlichen Raum, die auf eine komplexe Entwicklung der endogenen Potenziale (einschließlich der Tourismuspotenziale) ausgerichtet sind, hilfreich.

In den Tourismusräumen können auf regionaler Ebene Siedlungsschwerpunkte für den Tourismus benannt werden (Kapitel 3.3 LEP M-V: S. 33). Diese Siedlungsschwerpunkte ergänzen das Zentrale-Orte-Netz, obgleich ihre Ausweisung nicht mit finanziellen Zuweisungen nach dem Finanzausgleichsgesetz verbunden ist. Eine Gemeinde kann dann als Siedlungsschwerpunkt für Tourismus definiert werden, wenn sie zusätzlich zu ihren Einwohnern saisonal begrenzt für eine erhebliche Zahl von Gästen Aufgaben im Rahmen der Grundversorgung (insbesondere medizinische Versorgung, Einzelhandel) erfüllen muss, entsprechende Neuausstattungen aber an eine Zentrale-Orte-Funktion gebunden sind.

3 Tourismus als Teil der Siedlungs- und Freiraumentwicklung

Auf die Gliederung der Raumentwicklungsprogramme ist es zurückzuführen, dass einzelne mit touristischen Angeboten verbundene Themen, die im Zusammenhang mit den Tourismusräumen bereits behandelt worden sind, in den nachfolgenden Kapiteln zur Siedlungs- bzw. zur Freiraumentwicklung nochmals aufgegriffen und dadurch in gewisser Weise verstärkt werden.

Ungeachtet dessen muss festgestellt werden, dass die raumordnerischen Steuerungsmöglichkeiten und damit auch die Unterstützung von Tourismusentwicklungen durch die Raumordnung begrenzt ist. Voraussetzung für das Wirken der Raumordnung ist die Beanspruchung eines konkreten Raumes. Aktuelle Trends wie z. B. das Freizeitwohnen, das Bauen auf dem Wasser oder der Gesundheitstourismus werfen vor dem Hintergrund der Siedlungsentwicklung eher baurechtliche denn raumordnerische Fragen auf.

Für alle Planungen und Maßnahmen gilt, dass sie unabhängig vom Umfang ihrer Flächeninanspruchnahme den Grundsätzen des sparsamen Umgangs mit Grund und Boden folgen, das Siedlungsgefüge nicht beeinträchtigen und sich in das Siedlungs- und Landschaftsbild einfügen sollen. Der größte Raumdruck ist in den landschaftlich attraktiven Gebieten zu verzeichnen.

Spezielle Fälle der Siedlungsentwicklung stellen größere Freizeit- und Beherbergungseinrichtungen dar (Kapitel 4.3.3 LEP M-V: S. 41). Sie sollen in der Regel im Zusammenhang mit bebauten Ortslagen errichtet werden, sind jedoch auch an Einzelstandorten zulässig, wenn zu erwarten ist, dass von ihnen Entwicklungsimpulse auf das Umland ausgehen. Größere Freizeit- und Beherbergungseinrichtungen sind z. B. Hotelkomplexe, Feriendörfer, Camping- und Mobilheimplätze, Sportboothäfen, Golfplätze, Freizeitbäder und Vergnügungsparks. Größere Freizeit- und Beherbergungseinrichtungen spielen eine wichtige Rolle für die Saisonverlängerung und damit für die Schaffung von ganzjährigen Arbeitsplätzen. Ein Erlass vom 06.05.1996 regelt, für welche von ihnen ein Raumordnungsverfahren durchzuführen ist (Definition von großen Einrichtungen für die Ferien- und Fremdenbeherbergung und großen Freizeitanlagen entsprechend § 1 Nr. 15 der Raumordnungsverordnung des Bundes).

Etwa 90 % aller Raumordnungsverfahren in Mecklenburg-Vorpommern betreffen Tourismusvorhaben. Besonders stark vertreten sind derzeit Raumordnungsverfahren für Golfplätze und für Sportboothäfen, worin sich aktuelle Entwicklungstrends widerspiegeln. Die Notwendigkeit vertiefter raumordnerischer Verfahren für die Bewertung von Sportboothäfen ist angesichts der Tatsache, dass etwa ein Viertel der Land- und ein Großteil der küstennahen Wasserflächen Mecklenburg-Vorpommerns mit einem Schutzstatus belegt und deshalb Raumnutzungskonflikte vorprogrammiert sind, nicht verwunderlich. Die Einzelfallprüfung bei größeren Freizeit- und Beherbergungsanlagen und die Minimierung von Raumnutzungskonflikten über Raumordnungsverfahren hat sich bewährt.

Der Regionale Planungsverband Vorpommern hat für seine Planungsregion ein Gutachten zur Entwicklung des Golfsports erarbeiten lassen. Es kommt vor allem als Argumentationshilfe bei Plangesprächen und bei der landesplanerischen Bewertung entsprechender Vorhaben zum Einsatz. In dem Gutachten werden Aussagen zu einer für die Region Vorpommern wirtschaftlich tragfähigen Anzahl und zu geeigneten Makrostandorten (Räume mit einem hohen Touristenaufkommen) gemacht. Auch das beste Gutachten kann ein Raumordnungsverfahren für die Einzelfallprüfung nicht ersetzen, es kann aber bei der Standortfindung und bei der Vermeidung von Fehlentscheidungen helfen. Trotz einer klaren Empfehlung für zukunftsfähige und für die regionale Entwicklung wichtige Standorträume werden durch das Gutachten Planungen an anderen Standorten nicht von vornherein ausgeschlossen.

Diese Vorgehensweise – Empfehlung ohne kategorischen Ausschluss – wird durch die Verfasserin begrüßt. Nach ihrer Ansicht ist es nicht sinnvoll, für einzelne touristische Angebote und Maßnahmen Vorrang-, Vorbehalts- oder Eignungsgebiete auszuweisen, wie es gelegentlich vorgeschlagen wird. Die Gründe, warum manche Tourismusbetriebe an Standorten mit günstigen Entwicklungspotenzialen mit Gewinn arbeiten und andere nicht, sind sehr komplex und raumordnerisch nicht fassbar. Den Tourismusräumen wird ein für die Entwicklung der Tourismuswirtschaft insgesamt günstiges natürliches und infrastrukturelles Potenzial zugesprochen, ohne einzelne Tourismusformen besonders herauszuheben.

Einem speziellen Problem der Siedlungsentwicklung insbesondere in den ländlichen Räumen widmet sich seit einigen Jahren im Rahmen projektorientierten Arbeitens der Regionale Planungsverband Vorpommern. In der Planungsregion gibt es über 700 Guts- und Herrenhäuser. Diese stellten mit ihren Guts- und Parkanlagen einstmals den Mittelpunkt der Dörfer dar, heute sind sie z. T. in einem desolaten Zustand. Der Regionale

Planungsverband hat sich zum Ziel gesetzt, das Potenzial der Herrenhäuser sowie Guts- und Parkanlagen in der Region zu erfassen, positive Beispiele der Vitalisierung der Anlagen zu verbreiten und neue Initiativen zu unterstützen. Dabei steht nicht die direkte touristische Nutzung der Anlagen im Vordergrund, sondern die indirekte touristische Wirksamkeit über intakte Anlagen. Dieses sehr vielschichtige Projekt wurde im RREP-Entwurf des Regionalen Planungsverbandes Vorpommern mit entsprechenden Programmsätzen unterstützt.

Viele aktuelle Tourismusentwicklungen wirken auf die Siedlungsstruktur, ohne dass sie raumordnerisch wirksam gesteuert werden können. Ein besonders komplexes Problem entsteht durch die Ferienwohnungen. Ferienwohnungen sind Investitions- oder Anlageobjekte, sie können gewerblich oder privat genutzt werden, von Eigentümergemeinschaften oder einzelnen Personen, über das ganze Jahr hinweg oder nur wenige Wochen im Jahr. Manchmal entwickeln sie sich mit der Zeit zu Zweitwohnsitzen, später vielleicht zu Altersruhesitzen. Die Übergänge zwischen Freizeitwohnen und Dauerwohnen sind fließend. Baurechtlich und ordnungsrechtlich gibt es jedoch klare Bestimmungen.

Für Wochenendhäuser, Ferienhäuser und Campingplätze sieht die BauNVO die sogenannten Sondergebiete, die der Erholung dienen, vor. Diese Gebiete sind nicht für Dauerwohnen geplant und ausgelegt, in der Praxis findet an touristisch attraktiven Standorten aber zunehmend eine Umwandlung von Freizeit- in Dauerwohnsitze statt. Bei der raumordnerischen Beurteilung von Ferienwohnungen wird regionalplanerisch immer klar im Interesse der Tourismuswirtschaft sowie der ausgewogenen siedlungsstrukturellen und regionalen Entwicklung auf eine gewerbliche Nutzung der Ferienwohnungen durch einen ständig wechselnden Personenkreis entschieden. Trotzdem ist inzwischen in einigen Tourismusgemeinden an der Küste eine negative Beeinflussung der Wohnraumversorgung der örtlichen Bevölkerung und der tourismuswirtschaftlichen Entwicklung der Gemeinde durch überwiegend eigengenutzte Freizeitwohnungen zu verzeichnen.

Auch von einer anderen Seite wird die (Dauer-)Wohnfunktion geschwächt, ohne dass raumordnerisch wirksam gegengesteuert werden kann. So werden z. B. von Küstengemeinden in attraktiver Lage Wohnbauplanungen angezeigt und mit einem dringenden Wohnbedarf für die ortsansässige Bevölkerung begründet. Die gleichen Wohnungen werden dann häufig vom Bauträger überregional als Eigentumswohnungen angeboten, verkauft und in der Folge meist von Nicht-Einheimischen für wenige Wochen im Jahr als Ferienwohnung genutzt. Die negativen Auswirkungen auf die Wohnungsversorgung der ortsansässigen Bevölkerung sind inzwischen nachweisbar, welche Folgen sich für den Tourismus ergeben werden, lässt sich bisher nur vermuten. Tatsache ist, dass in einigen Küstengemeinden inzwischen Bodenpreise verlangt und gezahlt werden, die deutschlandweit Spitzenplätze erreichen. Auch vor diesem Hintergrund gibt es noch keine einheitliche raumordnerische Position zur Ansiedlung und Entwicklung von Altersruhesitzen, über die Zuzüge nach Mecklenburg-Vorpommern generiert werden könnten.

Es wurde bereits darauf hingewiesen, dass Raumordnung nur bei einer direkten Rauminanspruchnahme Wirkung entfalten kann. Beispielsweise kann die tourismuspolitische Zielsetzung des Landes Mecklenburg-Vorpommern, den medizinischen Gesundheits- und den Wellnesstourismus zu entwickeln, nur bedingt raumordnerisch unterstützt werden. Nach der Baunutzungsverordnung (BauNVO) sind z. B. Schank- und Speisewirtschaften sowie Betriebe des Beherbergungsgewerbes in allgemeinen Wohngebieten (WA), besonderen Wohngebieten (WB), Dorfgebieten (MD), Mischgebieten (MI) und Kerngebieten (MK) zulässig, in reinen Wohngebieten (WR) sind immerhin noch kleine Betriebe des Beherbergungsgewerbes zulässig, hingegen keine Schank- und Speisewirtschaften. Insofern kann die touristische Nutzung generell räumlich gesteuert werden. Welche Angebote Beherbergungsbetriebe zusätzlich zur Übernachtung offerieren (z. B. Schwimmbad, Massage, Ayurveda), ist für die Raumnutzung unerheblich, kann also auch nicht raumordnerisch beeinflusst werden. Es gelten die generellen Ziele der Tourismusentwicklung, Unterstützung ist über die Regionalpolitik und das Regionalmanagement möglich.

Eine neue raumordnerische Herausforderung stellt das Bauen auf dem Wasser dar, wobei es sich bisher um schwimmende Ferienhäuser handelt. Gemäß LEP M-V sind Bau- und Siedlungsflächen auf dem Wasser nur in begründeten Ausnahmen, nach Prüfung der Raumverträglichkeit, insbesondere hinsichtlich der städtebaulichen, naturschutzfachlichen und erschließungstechnischen Auswirkungen sowie der Auswirkungen auf das Landschaftsbild und den Hochwasser- und Küstenschutz, zulässig (PS 4.1 (9) LEP M-V: S. 35). Durch diese neue Entwicklung verstärkt sich der Raumnutzungsdruck im unmittelbaren Küstenraum durch eine Ausweitung der Wohnnutzung auf die Wasserflächen.

Im Zusammenhang mit der Freiraumentwicklung ist hinsichtlich des Tourismus vor allem die Erholung in Natur und Landschaft zu betrachten. Grundsätzlich gilt, dass das natürliche Potenzial des Landes für Erholungszwecke genutzt werden soll, ohne dieses Potenzial zu zerstören. Durch das LEP M-V werden erlebnis-, gesundheits-, sport- und ruheorientierte landschaftsgebundene Erholungs- und Urlaubsformen unterstützt. Schutzgebiete sollen der Allgemeinheit zugänglich gemacht werden, soweit der Schutzzweck dies zulässt. In diesem Zusammenhang sind auch die großen Flusstalmoore zu nennen, die stärker als bisher für Erholungszwecke nutzbar gemacht werden sollen (Kapitel 5.2 LEP M-V: S. 49/50).

In den Regionalprogrammen werden voraussichtlich, je nach Schwerpunktsetzung der Planungsverbände, zusätzlich Ziele zur Entwicklung einzelner Tourismussegmente formuliert. Es ist z. B. davon auszugehen, dass in allen Planungsregionen in der Grundkarte im Maßstab 1:100 000 ein Netz regional bedeutsamer Radwege ausgewiesen wird. Damit wird planerisch ein aktuell für Mecklenburg-Vorpommern zu verzeichnender Tourismustrend unterstützt – immerhin sind inzwischen 20 % aller Urlauber des Landes Radwanderer. Gleichzeitig leisten die Planungsverbände damit einen wichtigen Beitrag zur sinnvollen Verknüpfung der straßenbegleitenden Radwege, der Radfernwege, der regionalen und der kommunalen Radwege zu einem attraktiven und finanzierbaren Gesamtnetz. Die Finanzierung des Ausbaus, des Erhalts und der Beschilderung der Wege bleibt jedoch das Hauptproblem bei der Schaffung des Radwegenetzes. Wanderwege, Wasserwanderwege und Reitwege werden zwar nicht in der Karte 1:100 000 ausgewiesen, jedoch mit Programmsätzen unterstützt. Zu allen Wegenetzen hat es in den Planungsregionen entsprechende projektorientierte Aktivitäten gegeben. Auch hier sind etwaige Entwicklungshemmnisse weniger raumordnerisch-planerischer denn finanzieller Art.

4 Tourismus und Erholung als Teil des Integrierten Küstenzonenmanagements

Das Integrierte Küstenzonenmanagement soll dazu beitragen, die unterschiedlichen Raumnutzungsansprüche und Entwicklungen in der Küstenzone konfliktarm zu gestalten (PS 7 (1) LEP M-V: S. 69). Der hohe Stellenwert dieser Aufgabe wird angesichts der Tatsache deutlich, dass die Küstenlinie Mecklenburg-Vorpommerns der Ostsee-(außen)küste 340 km und an den Bodden- und Haffgewässern insgesamt 1.130 km lang ist. Landseitig handelt es sich bei dem geforderten Konfliktmanagement um die herkömmliche Aufgabe der Raumordnung. Nunmehr wird das Konfliktmanagement auch auf die Wasserflächen ausgedehnt. Daran sind neben der Raumordnung weitere Ressorts beteiligt.

In Mecklenburg-Vorpommern wird hinsichtlich des IKZM ein Bottom-up-Prinzip verfolgt. Derzeit arbeiten die oberste Landesplanungsbehörde und das Umweltministerium anhand von Erfahrungen aus konkreten Projekten, von regionalen Fragestellungen und Erfordernissen an der Entwicklung von Ansätzen für eine landesweite Integrierte Küstenzonenentwicklungsstrategie (IKZE). Dabei sollen über das Management von Konflikten hinaus nachhaltige Entwicklungsansätze für die Küstenzone als Natur-, Wirtschafts- und Sozialraum aufgezeigt werden. In Vorpommern lief mit dem „Integrierten Küstenzonenmanagement in der Odermündungsregion (IKZM-Oder)" in den Jahren 2004–2007 eines der beiden – durch das Bundesministerium für Bildung und Forschung (BMBF) initiierten nationalen Referenzprojekte zum Küstenzonenmanagement. Durch die Einbindung polnischer Partner wurde es zu einem internationalen Referenzprojekt.

Die Raumordnungsbehörden in Mecklenburg-Vorpommern haben sich bereits vor einigen Jahren ihrer Verantwortung für eine nachhaltige Raumnutzung gestellt und im Landesraumentwicklungsprogramm Mecklenburg-Vorpommern (2005) u. a. Vorbehaltsgebiete für Tourismus im Küstenraum ausgewiesen (PS 7.4 (2) LEP M-V: S. 72). Das sind Räume, in denen das Landschaftsbild nach Gutachtlichem Landschaftsprogramm „sehr hoch" bewertet wurde. Außer den Nationalparkgebieten, in denen der Naturschutz Vorrang hat, gehören alle Bodden- und Haffgewässer sowie die unmittelbar der Küste vorgelagerten Wasserbereiche dazu. Diese Bereiche haben für die Entwicklung des maritimen Tourismus eine besondere Bedeutung. Gleichzeitig handelt es sich in weiten Teilen um Vorbehaltsgebiete für Naturschutz- und Landschaftspflege.

Potenzialanalysen haben ergeben, dass an den Ostsee-, Bodden- und Haffküsten Mecklenburg-Vorpommerns trotz einer starken Erhöhung der Liegeplatzzahlen für Sportboote in den letzten Jahren (allein 1995–2003 ca. 5.200) ein Bedarf an weiteren 7.000 Liegeplätzen besteht. Diese sollen vorzugsweise an vorhandenen Standorten eingerichtet werden, neue Sportboothäfen sollen vor allem dem Lückenschluss im Netz dienen (PS 7.4 (4) LEP M-V: S. 72). Netzlücken gibt es in der Regel dort, wo die natürlichen Bedingungen, insbesondere die Strömungsverhältnisse, eine Hafenentwicklung bisher verhindert haben. Nichtsdestotrotz wären aber hier gerade zur Verknüpfung der einzelnen Wassersportreviere und unter dem Aspekt der Sicherheit des Sportbootverkehrs neue Standorte wichtig.

In jedem Falle steht einer wachsenden Nachfrage nach Sportbooten und Sportbootverkehr der Schutzbedarf der marinen Tier- und Pflanzenwelt auf großen Wasserflächen vor der Küste gegenüber. Insbesondere die Boddengewässer haben eine herausragende Bedeutung als Vogelrast- und Überwinterungsgebiet. Zur Lösung des Nutzungskonflikts werden gesamträumliche, zeitlich differenzierte Entwicklungskonzeptionen für die wassersportliche Nutzung angestrebt. Entsprechende Konzeptionen wurden bisher für die Wismar-Bucht, den Greifswalder Bodden und die Odermündung (Kleines Haff, Peenestrom und Achterwasser) erarbeitet. Im Greifswalder Bodden gibt es seit 2005 eine freiwillige Vereinbarung aller Wassersport- und Angelvereine über räumliche und zeitliche Befahrensregelungen der Wasserflächen. Auf diese Weise kann bei gleichzeitiger Schonung ökologisch sensibler Gewässerbereiche die wassertouristische Attraktivität und Erlebbarkeit dieser Räume für Wassersportler erhalten und verbessert werden. Der Raumordnung kommt die Aufgabe zu, für solche Vereinbarungen, die nach Ansicht der

Verfasserin Küstenzonenmanagement i.e.S. darstellen, die fachlichen Grundlagen zusammenzustellen und entsprechende Konfliktlösungen durch Moderation zu befördern.

5 Abgeleitete Empfehlungen

- Die Raumordnung in Mecklenburg-Vorpommern konnte in ihrer jetzigen Organisationsstruktur und Ausprägung eine hohe Steuerungswirkung bei gleichzeitiger Anpassungsfähigkeit an die konkreten Bedingungen entfalten. Dazu haben insbesondere beigetragen: die Aufgabenteilung zwischen der Landes- und der Regionalebene, eine Konzentration auf die Rahmensetzung ohne Überregulierung, die Durchführung von Raumordnungsverfahren und landesplanerischen Abstimmungen zur raumverträglichen Ausgestaltung von Planungen und Maßnahmen, moderierende Plangespräche.

- Raumordnung ist ein querschnittsorientiertes, rahmensetzendes Ressort. Für den Tourismus, der schnellen Änderungen unterworfen ist, ist die Inanspruchnahme von Fläche nur ein Aspekt, genauso wichtig sind die weiteren Raumnutzungen vor Ort und in der Umgebung. Deshalb ist die Ausweisung von Tourismusräumen, in denen es für die Tourismusentwicklung gute Potenziale gibt, wichtig und richtig. Im Interesse der Transparenz der raumordnerischen Entscheidungen sollten diese Ausweisungen auf der Basis landesweit einheitlicher Kriterien erfolgen. Eignungsräume für spezielle Tourismusangebote sind nicht sinnvoll.

- Die Raumordnung verfügt über keine eigenen finanziellen Mittel zur Umsetzung ihrer Ziele. Deshalb ist es wichtig, dass die Tourismusförderung die über die Raumnutzung bestimmten Tourismusräume berücksichtigt. Ebenso wichtig wäre, dass Gleiches für die Förderung durch andere Ressorts (z.B. Landwirtschaft, ländliche Räume, Umwelt) gelten würde. Es sollte jedoch vermieden werden, dass im Umkehrschluss auf lokalem Engagement basierende Entwicklungen außerhalb der Tourismusräume weitgehend von Förderungen ausgeschlossen werden.

- Es hat sich bewährt, mit den Kommunen bei Planungsanzeigen inhaltliche Diskussionen zur Raumnutzung zu führen und die raumordnerische Prüfung nicht darauf zu konzentrieren, ob Größenordnungen eingehalten und Belastungszahlen unter- oder überschritten werden. Dazu gehört auch die Erarbeitung von auf die Raumnutzung ausgerichteten Tourismuskonzepten, denn die Kommunen werden gezwungen, sich intensiv mit den räumlichen Konsequenzen von Planungsentscheidungen auseinanderzusetzen.

- Wirksame Raumordnung setzt ein gutes Zusammenspiel mit den Regelungskompetenzen des Bau- und Ordnungsrechts voraus.

- Entwicklungstrends im Tourismus können nur dann durch raumordnerische Zielformulierungen räumlich gesteuert und unterstützt werden, wenn Fläche in Anspruch genommen wird. Diese Entwicklungen und Ausrichtungen (z.B. Ausbau neuer Tourismussegmente, Gewinnung neuer Zielgruppen, Saisonverlängerung etc.) können mit Programmsätzen verbal unterstützt werden. Gleichzeitig gewinnen für die Verwirklichung raumordnerischer Zielstellungen informelle Instrumente der Raumordnung zur Moderation von Problemlösungen an Bedeutung.

- Integriertes Küstenzonenmanagement ist eine Querschnittsaufgabe, für deren Übernahme die Raumordnung prädestiniert ist. Raumordnung auf dem Wasser ist bisher ausschließlich Landesaufgabe. Es ist zu klären, ob der regionalen Ebene verstärkt Kompetenzen übertragen werden können.

Literatur

Ministerium für Arbeit, Bau und Landesentwicklung Mecklenburg-Vorpommern. (Hrsg.) (2005): Landesraumentwicklungsprogramm Mecklenburg-Vorpommern. Schwerin.

Nachhaltige Tourismusentwicklung an Nord- und Ostsee: Empfehlungen

Die Landesarbeitsgemeinschaft nordwestdeutscher Länder der Akademie für Raumforschung und Landesplanung (ARL) hat im Jahre 2005 eine Arbeitsgruppe von Experten aus Raumplanung und Tourismus mit der Bitte eingesetzt, die landes- und regionalplanerische Relevanz neuer Entwicklungen im Tourismus an Nord- und Ostsee unter besonderer Berücksichtigung ihrer Nachhaltigkeit zu behandeln.

Besonderer Wert wurde darauf gelegt, in die Arbeitsgruppe Vertreter sowohl der Landes- und Regionalplanung als auch touristischer Organisationen wie auch der Forschung aufzunehmen. Weiterhin stand im Fokus, auch die Situation in Mecklenburg-Vorpommern als drittem großen Küstenbundesland soweit wie möglich zu berücksichtigen sowie auch die Entwicklung in den angrenzenden Destinationen der Niederlande und Dänemarks zu beachten. Entsprechend war die Arbeitsgruppe zusammengesetzt:

- Dipl.-Geogr. **Beate Burow** (Geschäftsführung)
  Geschäftsführerin des Umweltrates Fehmarn

- Dr.-Ing. **Oliver Fuchs**
  Verwaltung des Niedersächsischen Landtages

- **Michael Hansen**
  Direktor der Turist Marketing Sønderjylland

- **Rainer Helle**
  Leiter des Tourismusreferats im Ministerium für Wissenschaft, Wirtschaft und Verkehr des Landes Schleswig-Holstein

- **Catrin Homp**
  Geschäftsführerin des Tourismusverbandes Schleswig-Holstein

- Dr. **Rainer Kottkamp**
  Leiter des Tourismusreferats im Wirtschaftsministerium Niedersachsen

- Dipl.-Geogr. **Frank Liebrenz**
  Abteilung Landesplanung und Vermessungswesen des Innenministeriums Schleswig-Holstein

- Dipl.-Geogr. **Hiltrud Péron**
  Fachbereich Planung und Bauordnung, Landkreis Friesland

- Prof. Dr. **Götz von Rohr** (Leiter)
  Christian-Albrechts-Universität Kiel, Geographisches Institut

- Prof. Dr.-Ing. **Dietmar Scholich**
  Generalsekretär der ARL

- Dr. **Carola Schmidt**
  Amt für Raumordnung und Landesplanung Vorpommern

- Dipl.-Ing. **Annette Seitz** M. A.
  RAG Bremen/Niedersachsen

- **Pieter Smit**
  Direktor des VVV (Fremdenverkehrsverein) Ameland

■ Empfehlungen

- Dipl.-Ing. **Christina Stellfeldt-Koch** M. A.
  Projektleiterin FORUM GmbH
- Dipl.-Ing. **Theodor H. Stenert**
  ehemals Bezirksregierung Oldenburg

Die Arbeitsgruppe hat ihre Tätigkeit im Sommer 2007 abgeschlossen. Die Landesarbeitsgemeinschaft nordwestdeutscher Länder hat das Ergebnis der Arbeitsgruppe auf ihrer Sitzung am 29. und 30. November 2007 ausführlich erörtert und darauf aufbauend die folgenden Empfehlungen beschlossen. Ausgangspunkt ist dabei die Tatsache, dass der Tourismus an Nord- und Ostsee und speziell auch an den deutschen Küsten in Anbetracht der derzeitigen nationalen und globalen Trends durchaus Optionen auf eine Stabilisierung und sogar einen Ausbau seiner Marktposition hat:

- Der demographische Wandel lässt das Interesse an deutschen Destinationen unter der Voraussetzung wachsen, dass die Attraktivität zielgruppengerecht ausgebaut wird.

- Die Entwicklung der weltweiten Sicherheitslage bietet Destinationen zusätzliche Chancen, die als sicher und vertraut gelten.

- Mit der Verbesserung der Verkehrsverbindungen in Deutschland und nach Skandinavien steigen die Chancen, besser am wachstumsstarken touristischen Marktsegment der Kurzurlauber partizipieren zu können.

Daraus folgt:

- Das Interesse touristischer Anbieter und insbesondere von Investoren an den deutschen Küstendestinationen und damit an der Inwertsetzung der spezifischen maritim geprägten Kulturlandschaften könnte wachsen. Damit wird die Notwendigkeit unterstrichen, sorgfältig alle Voraussetzungen zu schaffen, sich abzeichnende Entwicklungen in den Dienst einer nachhaltigen Tourismusentwicklung zu stellen.

- Die neuen Möglichkeiten sollten dazu genutzt werden, die Attraktivität der Küstendestinationen deutlich auszubauen, insbesondere den maritimen Charakter der küstennahen Kulturlandschaften im Blick auf die Ansprüche der zukünftigen (und überwiegend schon heutigen) Zielgruppen unverfälscht zur Geltung zu bringen. Dies ist nur möglich, wenn das Nachhaltigkeitspostulat konsequent beachtet wird.

Aus der Sicht der raumwissenschaftlichen Forschung sowie von Landes- und Regionalplanung ergeben sich daraus die folgenden Empfehlungen.

1 Konsequente Nutzung der landes- und regionalplanerischen Instrumente

Landes- und Regionalplanung sollten weiterhin ihre bewährten Instrumente dazu einsetzen, tourismusbezogene Einrichtungen und Maßnahmen in eine geordnete Siedlungs- und Freiraumentwicklung zu integrieren. Damit kann ein wesentliches Fundament der touristischen Entwicklung stabilisiert werden. Insbesondere wird damit die Voraussetzung geschaffen, den maritimen Charakter der küstenbezogenen Kulturlandschaften mit dem umfassenden Anspruch einer nachhaltigen Entwicklungsstrategie zu festigen und zu fördern. Landes- und Regionalplanung sind dabei auf die Zusammenarbeit mit den raumbedeutsamen Fachplanungen und deren Zuarbeit angewiesen. Dies betrifft vor allem:

- den Schutz und die Erlebbarkeit des unmittelbaren Küstenbereiches,
- die Optimierung der Erreichbarkeit aller touristisch interessanten und relevanten Attraktionen,

- die für die beiden genannten Punkte erforderliche Entflechtung von Nutzungskonkurrenzen,
- die daran orientierte nachhaltige Ausrichtung der Investitionstätigkeit im Gastgewerbe und in der „Erlebnisindustrie", die seitens der Raumordnung nur durch das Setzen von Rahmenbedingungen erreichbar ist,
- die Optimierung der kommunalen Infrastruktur,
- die intraregionale, interregionale und internationale Abstimmung zwischen den touristischen Akteuren und den Trägern der räumlichen Planung.

2 Freihalten des unmittelbaren Küstenbereichs von zusätzlicher Besiedlung

Der unmittelbare Küstenstreifen, d.h. die mindestens 100 landseitigen Meter bis zur Wasserlinie, werden von den Touristen – abgesehen von Hafenorten und Seebädern – als die Zone empfunden, in der vor allem Natur, freie Beweglichkeit und durchgängige Sicht erwartet wird. Ein Schutz dieser Zone trägt dem Ziel Rechnung, die Attraktivität von Küstendestinationen erheblich zu fördern. So ist in Schleswig-Holstein in §26 LNatSchG ein Bauverbot im 100-Meter-Küstenstreifen verankert. Auch in Mecklenburg-Vorpommern enthält §19 des Landesnaturschutzgesetzes (§19 LNatGM-V) die Regelung, dass an Küstengewässern bei Baugenehmigungen ein Streifen von 200 Metern land- und seewärts von der Mittelwasserlinie freizuhalten ist. In Dänemark ist seit über 70 Jahren die Freihaltung eines 100-Meter-Streifens gesetzlich festgeschrieben. Zudem verlangt ein Raumordnungserlass der Staatsregierung, eine 3 km breite Zone entlang aller Küsten außerhalb der Ortschaften für den Landschaftsschutz zu sichern.

Die weitestgehenden Regelungen kennen also Mecklenburg-Vorpommern in Bezug auf das Bauverbot und Dänemark in Bezug auf den Landschaftsschutz. Es wird empfohlen, alle Instrumente der informellen Planung (vgl. Empfehlung 3) mit dieser Zielrichtung zu nutzen, soweit eine gesetzliche Verankerung nicht möglich ist.

3 Pro-aktives Flächenmanagement

Die Träger der Regionalplanung sollten in informellen Planungsprozessen unter Einbeziehung der kommunalen und regionalen Akteure frühzeitig die Spielräume aufzeigen, die bei touristischen Investitionen bestehen (Hotellerie, Erlebniszentren, Marinas etc.). Im Rahmen eines solchen pro-aktiven Flächenmanagements übernimmt die Regionalplanung in enger Abstimmung mit der gemeindlichen Bauleitplanung noch stärker die Rolle eines Dienstleisters, der auch auf Anfragen von Investoren tätig wird. Ein solches Flächenmanagement ist Bestandteil eines umfassenden Integrierten Küstenzonenmanagements (IKZM). In seinem Rahmen müssen mit breitestmöglicher Beteiligung der Interessengruppen Lösungen erarbeitet werden, die es erlauben, einerseits Potenziale der Tourismusentwicklung besser zu nutzen und andererseits potenzielle Konflikte zwischen unterschiedlichen Nutzungen und Nutzern zu erkennen, verträglich zu gestalten oder sogar ganz zu vermeiden. So hat es sich bewährt, mit den Kommunen bei Planungsanzeigen inhaltliche Diskussionen zur Raumnutzung zu führen und die raumordnerische Prüfung nicht allein darauf zu konzentrieren, ob Größenordnungen eingehalten und Belastungszahlen unter- oder überschritten werden. Dazu gehört auch die Erarbeitung von an der Raumnutzung orientierten Tourismuskonzepten. Dadurch müssen sich die Kommunen frühzeitig mit den räumlichen Konsequenzen von Planungsentscheidungen auseinandersetzen.

■ Empfehlungen

4 Festigung des Charakters maritimer Kulturlandschaften

Die in den Empfehlungen 1 bis 3 vorgeschlagenen Vorgehensweisen müssen insbesondere darauf zielen, immer wieder den maritimen Charakter der küstenorientierten Kulturlandschaften zu festigen und zu fördern. Dies bedeutet u. a.:

- Gewachsene Häfen und Seebäder müssen besondere Priorität in der Siedlungsentwicklung erhalten, was z. B. Maßnahmen der Sanierung, Wohnumfeldverbesserung oder Infrastrukturförderung betrifft.

- Es müssen die Voraussetzungen dafür geschaffen werden, historische Hafenensembles vor attraktivitätsbehindernden Störeinflüssen zu schützen, beispielsweise durch Auslagerung von gewerblichen Nutzungen an weniger empfindliche Standorte.

- Die Eigenständigkeit der küstenbezogenen Tourismusregionen muss, auch in Relation zu den Metropolregionen, gewahrt bleiben. Die Küstendestinationen sind nicht nur als „Hinterland" der Metropolen Hamburg und Bremen/Oldenburg oder – im Falle Mecklenburg-Vorpommerns – Berlin zu sehen. Kooperationen mit den Metropolregionen im Sinne der sog. großräumigen Verantwortungsgemeinschaften dürfen für die Küstendestinationen nicht den Verzicht auf ihre eigene regionale Identität bedeuten.

- Die Profilierung des Charakters von Kulturlandschaften, hier also maritimer Kulturlandschaften, ist generell ein zentraler Ansatz zur Förderung und Festigung einer nachhaltigen Regionalentwicklung.

5 Förderung der Erlebbarkeit von Natur und Küste

Schon in den bisherigen Empfehlungen wird diese Thematik wesentlich berührt. Ging es dabei jedoch vor allem um koordinierende und investive Maßnahmen, steht an dieser Stelle im Blickpunkt, dass Landes- und Regionalplanung auch Einfluss auf die Erlebbarkeit der unbebauten Landschaft haben. So müssen weiterhin beispielsweise gefördert werden:

- Konfliktausgleichslösungen zwischen Tourismus auf der einen Seite und Natur- und Landschaftsschutz auf der anderen Seite, insbesondere durch sorgfältige Zonierungsansätze; dabei

- Ansätze, mit denen die Windenergiegewinnung und -ableitung sowohl an Land als auch Offshore mit den Anforderungen einer ungestörten Erlebbarkeit von Natur und Küste zur Deckung gebracht werden kann;

- überörtliche Wegesysteme – Wanderwege, Fahrradrouten, Reitwegesysteme, Wasserwanderkonzepte etc., die das Naturerleben möglich machen;

- Bemühungen, nicht nur den Schutz von Natur und Landschaft, sondern auch von küstentypischen Kulturlandschaften durch die Ausweisung von gemeindeübergreifenden Baugrenzen, Grünzügen, aber auch touristischen Einzugsgebieten (Schleswig-Holstein) oder Räumen mit Vorbehaltscharakter (Mecklenburg-Vorpommern) langfristig zu sichern.

Auch dies sind wichtige Themenfelder des Integrierten Küstenzonenmanagements (IKZM).

6 Ausbau der Attraktivität öffentlicher Verkehre

Die Erlebbarkeit von Natur und Küste im Rahmen maritimer Kulturlandschaften hängt für zahlreiche und in ihrer Bedeutung wachsende Gruppen, insbesondere für einen großen Teil der älteren mobilitätseingeschränkten Urlauber, eng damit zusammen, dass die touristischen Ziele mit öffentlichen Verkehren erreichbar sind. Dies betrifft zum einen die Förderung der Attraktivität der An- und Abreise per Schiene bzw. in der Verknüpfung von Schiene und Bus. Auf der anderen Seite geht es um die Mobilität während des Urlaubs per Bus und Schiene. Die Landes- und Regionalplanung muss dazu beitragen, insbesondere noch bestehende oder reaktivierbare Schienenwege in regionalen Entwicklungskonzepten der Länder und Regionen zu verankern (Beispiele: Kiel-Schönberger Eisenbahn oder Schienenanbindung des Fischlands). Es sollte auch darüber nachgedacht werden, ob es möglich ist, gemeindeübergreifende „autofreie" Zonen im Sinne einer nachhaltigen Tourismusentwicklung, aber auch mit Bezug auf die Einhaltung klimapolitischer Vorgaben auszuweisen.

7 Optimierung der touristischen Infrastruktur

Investitionen in die kommunale Infrastruktur sind ein zentraler Ansatzpunkt der Attraktivitätssteigerung von touristischen Destinationen. Da größere Teile der kommunalen Infrastruktur in den gewachsenen Hafenorten und Seebädern vor allem Niedersachsens und Schleswig-Holsteins nicht mehr in allen Facetten zeitgemäß sind, muss ein grundsätzliches Interesse daran bestehen, Investitionspotenziale soweit wie möglich in die Modernisierung und zielgerechte Umgestaltung (vgl. Ziffer 4) der zukunftsfähigen touristischen Orte und dabei insbesondere ihrer Zentren zu lenken. Dadurch, dass Investoren gebremst werden, auf der „grünen Wiese" bzw. am „freien Strand", an naturnahen Uferzonen etc. ihre Planungen zu realisieren, kann die Regionalplanung dazu beitragen, Investitionen in die Zentren der gewachsenen Orte zu lenken. Dies kann durch die Förderung der Aufstellung regionaler Entwicklungskonzepte in touristischen Schwerpunkträumen geschehen. Die Regionalplanung sollte in diesem Zusammenhang die Aufstellung touristischer Leitbilder, örtlicher und regionaler Tourismuskonzepte und einzelner Machbarkeitsstudien bei großen Einzelvorhaben fordern. Auf diese Weise kann der Prozess der Stabilisierung der Häfen und Seebäder als Zentren der maritimen Kulturlandschaften wesentlich gefördert werden, was im Einzelfall auch mit der Erweiterung von Betten- und Besucherkapazitäten verbunden sein kann.

8 Stärkung der gemeinde- und regionsübergreifenden Zusammenarbeit

Zur Gewährleistung einer nachhaltigen Tourismusentwicklung ist noch stärker eine interkommunale, interregionale und damit teilweise auch internationale Kooperation von Kommunen und regionalen Einrichtungen anzustreben. Dabei können und müssen die entsprechenden regionalen und regionsübergreifenden Entwicklungspotenziale identifiziert und Ansatzpunkte ihrer Förderung herausgearbeitet werden. Es ist Wert darauf zu legen, auch ressort- und fachpolitikübergreifend zu arbeiten, um die Chancen zu nutzen, die sich – beispielsweise für die Modernisierung der gewachsenen großen und kleinen Hafenorte und Seebäder – aus der Entwicklung anderer Wirtschaftssektoren ergeben. Von besonderer Bedeutung ist dabei – wie auch bezüglich der vorangegangenen Empfehlungen, insbesondere 3 und 4 sowie 6 und 7 – zweifellos die Zusammenarbeit zwischen räumlicher Planung und regionaler Strukturpolitik. Darüber hinaus ist auch an dieser Stelle auf die Chancen des informellen Ansatzes des IKZM hinzuweisen, das seine Stärken gerade im Gemeinde und Regionen überschreitenden Einsatz hat. Dabei sind insbesondere die maritimen Entwicklungspotenziale der kommunalen und regionalen Ebene, unter Verdeutlichung der Entwicklungshemmnisse und Nutzungskonflikte

■ Empfehlungen

und Benennung geeigneter Organisationsstrukturen für die Umsetzung, systematisch zu ermitteln. Hieraus sind konkrete Projekte für ein integriertes Management zur Umsetzung räumlicher Entwicklungsstrategien in der Küstenzone abzuleiten. Diese Empfehlungen decken sich mit den Forderungen der „Gemeinsamen Erklärung von Lübeck 2007 zum IKZM"[1].

9 Laufende Raumbeobachtung sicherstellen

Für eine nachhaltige Tourismusentwicklung im Küstenbereich müssen die Strukturen und Veränderungsprozesse auf der Basis geeigneter räumlicher Einheiten im Rahmen der laufenden GIS-gestützten Raumbeobachtung, die sich an Land bereits langjährig bewährt hat, erfasst, verfolgt und überprüft werden (Beobachtung, Monitoring, Controlling). Der regionalen Ebene und hier speziell der Regionalplanung kommt dabei eine besondere Bedeutung zu. Diese Empfehlung ist auch Bestandteil der „Gemeinsamen Erklärung von Lübeck 2007 zum IKZM".

10 Nachhaltige Entwicklung durch frühzeitige Einbindung aller Akteure sichern

Eine zentrale Voraussetzung für eine touristische Entwicklung an Nord- und Ostsee, die dem Postulat der Nachhaltigkeit gerecht wird, ist die frühzeitige Einbindung aller Akteure und der von den Entwicklungen Betroffenen. Dies gilt insbesondere auch für die touristischen Akteure (kommunale Institutionen und Verbände auf Regions- und Landesebene), deren Interessen als eigenständig neben denen des Natur- und Artenschutzes, der Landwirtschaft oder der Wirtschaft (vertreten durch die Kammern und Ministerien) betrachtet werden müssen und behandelt werden sollten.

Bei der Sicherung der sozialen Nachhaltigkeit ist in besonderem Maße darauf zu achten, dass die Entwicklung des Tourismus großen Einfluss auf die regionale Identität der einheimischen Bevölkerung hat, die sich sehr wesentlich auch an dem Umgang mit dem kulturellen Erbe, dem Landschaftsbild und dem städtebaulichen Charakter der Siedlungen festmacht. Das Postulat der frühzeitigen Einbindung Betroffener sollte sich hier also über die Beteiligung der kommunalen Verwaltungen und damit der kommunalen Vertretungskörperschaften hinaus auch beziehen auf:

- Denkmal- und Milieuschutz,
- Traditionen pflegende und erforschende Körperschaften,
- Kultur fördernde Einrichtungen.

Über die dabei in Betracht kommenden Organisationen werden viele Bewohner touristischer Destinationen einbezogen, die sich intensiv und vielfach kritisch mit der Tourismusentwicklung auseinandersetzen, jedoch nur teilweise über die Beteiligung der Kommunalverwaltungen erreicht werden können.

---

[1] Schlussfolgerungen der Konferenz „Integriertes Küstenzonen-Management – Was wurde bisher getan, was ist in Zukunft zu tun?" der Akademie für Raumforschung und Landesplanung (ARL), des Innenministeriums des Landes Schleswig-Holstein und des Niedersächsischen Ministeriums für den ländlichen Raum, Ernährung, Landwirtschaft und Verbraucherschutz vom 9. Juli 2007 in Lübeck (www.arl-net.de/Veranstaltungen/Rückblick).

Kurzfassungen / Abstracts

Nachhaltiger Tourismus an Nord- und Ostsee
Steuerungsnotwendigkeiten und -möglichkeiten der Landes- und Regionalplanung

Sustainable development in tourism on the North Sea and Baltic coasts
The need and scope for steering spatial development through state-level and regional planning

Catrin Homp, Carola Schmidt, Annette Seitz, Christina Stellfeldt-Koch

Küstentourismus in Norddeutschland – Daten und Fakten

Der Tourismus in den Küstenländern Mecklenburg-Vorpommern, Niedersachsen und Schleswig-Holstein trägt in erheblichem Maße zu Wertschöpfung und Beschäftigung bei und ist zu einem bedeutenden Wirtschaftsfaktor geworden. Allerdings zeigen sich in der Entwicklung und der Struktur dieser drei Top-Destinationen durchaus Unterschiede. Niedersachsen und Schleswig-Holstein sehen sich nach einem Boom bis in die frühen 1990er Jahre und einer Phase der Stagnation mit schleichenden Rückgängen bei den Übernachtungszahlen konfrontiert. Erst seit 2005 ist ein leichter Anstieg der gewerblichen Übernachtungen zu verzeichnen. In Mecklenburg-Vorpommern konnten nach der Wiedervereinigung enorme Steigerungsraten realisiert werden.

Ein sich verschärfender Wettbewerb der Destinationen im In- und Ausland und geänderte Rahmenbedingungen auf der Nachfrageseite fordern von allen am Tourismus Beteiligten inklusive der politisch Verantwortlichen eine verbindliche zielorientierte Vorgehensweise, um die Weiterentwicklung des Tourismus zu gewährleisten und neue Impulse zu setzen.

Coastal tourism in northern Germany – data and facts

Tourism in the coastal states of Mecklenburg-Western Pomerania, Lower Saxony and Schleswig-Holstein makes a major contribution both to value creation and to employment and has come to represent a significant sector of the economy. However, in respect of development and structure, these three top destinations do display a number of differences. After going through a boom period up to the early 1990s, followed by a period of stagnation, Lower-Saxony and Schleswig-Holstein are now both facing creeping decline in terms of numbers of overnight stays. It is only since 2005 that a slight increase has come about in the number of business-related overnight stays. Following reunification, Mecklenburg-Western Pomerania saw a dramatic rise in demand for accommodation.

Increasing competition among tourism destinations both within Germany and abroad, along with changes in supply-side conditions, call for a committed and targeted approach on the part of all of the stakeholders in tourism (including the political masters) to give a fresh impetus and to ensure that tourism continues to evolve.

Götz von Rohr

Trends im touristischen Nachfrageverhalten in ihrer Bedeutung für die Nord- und Ostseeküste

Das Reiseziel „Deutschland" kann sich vor dem Hintergrund der aktuellen demographischen Trends als Option sowohl für die Haupturlaubsreise als auch für Zweiturlaubsreisen und Kurzurlaube stabilisieren. Ob diese Option gerade auch an der Nord- und Ostseeküste genutzt wird, hängt davon ab, ob sich das touristische Angebot zielgruppengerecht weiterentwickelt. Die beiden wichtigsten Nachfragegruppen, Familien mit kleineren Kindern und mittlerem und hohem Einkommen sowie Urlauber ab 55 Jahre („Best Ager"), werden längerfristig ihre Plätze tauschen. Dazu wird in jedem Fall die Gruppe der „anspruchsvollen Genießer" an Bedeutung gewinnen, also bis 55-Jährige mit gehobenem Einkommen, die ohne Kinder verreisen.

Trends in demand patterns in tourism and their significance for the North Sea and Baltic coasts

Against the backdrop of current trends in demographics, "Germany" as a tourism destination is well placed to stabilise its position as an option both for main holidays and second holidays and for short-stay breaks. Whether this option is in fact taken up, specifically on the North Sea and Baltic coasts, depends on whether offers in tourism evolve in a way which meets the needs of the markets which are targeted. Over the longer term, the two most important groups on the demand side – average- and high-income families with small children, and the over 55s (the "best-agers") – will swap positions. In addition, there will in any case be an increase in the significance of the group of "sophisticated bon vivants", i.e. high-income visitors aged under 55, holidaying without children.

Catrin Homp

Allgemeine Trends im touristischen Angebot am Beispiel von Schleswig-Holstein

Für den Tourismus in Schleswig-Holstein ist die Sicherung der Wettbewerbsfähigkeit vor dem Hintergrund eines weiter zunehmenden Wettbewerbs und eines großen Nachholbedarfs bei Neu- und Ersatzinvestitionen zum Thema Nummer 1 geworden.

In den vergangenen Jahren wurden zwar auch unter Einsatz öffentlicher Mittel erhebliche Summen in die touristische Infrastruktur investiert. Dennoch besteht nach wie vor ein hoher Anpassungsbedarf der Infrastruktur, sowohl im öffentlichen Infrastrukturbereich als auch im Beherbergungsbereich.

In Schleswig-Holstein zeichnet sich eine starke Konzentration der Kräfte auf Verbesserungen der touristischen Infrastruktur und damit eine Modernisierung und Neuausrichtung in eine marktgerechte Angebotsstruktur ab. Schleswig-Holstein ist dabei, seine authentische Profilierung zu finden. Die touristische Basisinfrastruktur wird sich dabei in Zukunft noch stärker an den Gästevorstellungen orientieren und sich im Ergebnis als abgestimmtes Gesamtbild interkommunaler Planungsregionen präsentieren.

General supply trends in tourism as illustrated by Schleswig-Holstein

For tourism in Schleswig-Holstein the top priority is to remain competitive against the backdrop of ever-increasing competition and significant pent-up demand for both new and replacement investment.

Although very significant amounts (partly from public funds) have been invested over recent years in tourism infrastructure, there remains a pressing need to adapt infrastructure both in the public sector and in the private accommodation sector.

In Schleswig-Holstein it is evident that energy is being concentrated very pointedly on improving tourism infrastructure, and thus on modernising, refocusing and restructuring supply to address market needs. Schleswig-Holstein is in the process of finding its authentic profile. Basic tourism infrastructure will in future be oriented much more closely to the expectations of visitors, and, in the final picture it presents, it will appear as a co-ordinated and composite whole shaped by intermunicipal planning regions.

Christina Stellfeldt-Koch, Annette Seitz

Ausgewählte Trends im küstentouristischen Angebot am Beispiel von Niedersachsen

Die regionalökonomische Bedeutung des Tourismus an der niedersächsischen Küste ist sehr hoch. Ein zentrales Instrument zur Sicherung einer positiven Nachfrageentwicklung ist die Angebotspolitik. Die aktuellen Trendentwicklungen im touristischen Angebot an der niedersächsischen Nordseeküste sind sehr vielfältig. Aufgrund der wachsenden Nachfrage und der vorhandenen Angebotspotenziale liegen die Schwerpunkte der Angebotsentwicklung im wasserbezogenen Tourismus, dabei insbesondere in der Inszenierung der maritimen Kulturlandschaft und der Förderung des Sportboottourismus. Andere wichtige Trends sind der Ausbau und Qualitätsverbesserungen im Golf-, Rad- und Reittourismus. Neben der Sicherung und dem Ausbau der Infrastrukturen in diesen Angebotssegmenten liegt ein besonderes Augenmerk darauf, den wachsenden Ansprüchen der Gäste an die Qualität und den Erlebnischarakter der touristischen Angebote Rechnung zu tragen.

Selected supply-side trends in coastal tourism, as illustrated by Lower Saxony

The importance of tourism for the regional economy in the coastal area of Lower Saxony is very high. One key instrument for safeguarding positive development on the demand side is supply-side policy. The current trends on the supply side in tourism along Lower-Saxony's North Sea coast are extremely diverse. To meet the growing demand, and given the potentials which exist to create offers for visitors, the main focus is placed on developing the activities on offer for water-related tourism, in particular on "staging" a maritime landscape and promoting tourism related to the use of sports boats. Other important trends in tourism are developing and improving facilities for golf, cycling and horse riding. In addition to securing and enhancing the infrastructures required for these market segments, great importance is also attached to meeting the rising expectations of visitors with regard to the quality and experience value of the amenities on offer.

■ Kurzfassungen / Abstracts

Michael Hansen, Sonia Caroline Baptista

Tourismus im südlichen Jütland – Entwicklung, Ziele und Handlungsbedarfe

Bei der Analyse der Tourismusentwicklung des südlichen Jütland kann ein divergierendes Verhalten dänischer bzw. deutscher Touristen beobachtet werden. Während die Dänen das Gebiet verstärkt bereisen (Ferienhäuser), nehmen die Besucherzahlen deutscher Touristen stetig ab, was u. a. darauf beruht, dass durch die Wiedervereinigung den deutschen Touristen die Mecklenburgischen Ostseegebiete als Urlaubsregion zur Verfügung stehen. Die nationale dänische Tourismusorganisation, VisitDenmark, verfolgt das Ziel, Dänemark als führende Küstendestination zu stabilisieren. Der Fokus liegt hierbei klar auf Städtetourismus, Aktivurlaub und Tagungs- und Kongressurlaub. Bei den Zielgruppen stehen Paare (Doppelverdiener über 45 Jahre), Familien und Touristen mit speziellen Aktivitätsinteressen im Mittelpunkt. Die Gebietsreform in Dänemark bietet hierbei die Chance, regionale Marketingeinheiten zu definieren, die in sinnvoller räumlicher Abgrenzung jeweils unterschiedliche touristische Produkte anbieten.

Tourism in southern Jutland – development, goals, further action required

Analysis of developments in tourism in southern Jutland reveals a divergence in behaviour on the part of German and Danish visitors. Whilst the region is becoming increasingly popular among Danes (holiday homes), the number of German visitors to the area is steadily declining, due in part to Mecklenburg's coastal regions on the Baltic Sea becoming accessible to German holidaymakers in the wake of reunification. The Danish national tourism organisation VisitDenmark has set itself the goal of stabilising Denmark as a leading coastal destination. Here the focus is placed squarely on city tourism, active holidays, and conference- and congress-related breaks. The main groups being targeted are couples (double earners aged over 45), families and special-interest tourists for activity holidays. The reorganisation of local-authority boundaries in Denmark provides an opportunity to define more suitable spatial units for regional marketing with distinct profiles for tourism.

Pieter Smit

Tourismus auf den Westfriesischen Inseln – Entwicklung, Ziele und Handlungsbedarfe

Die Tourismusentwicklung auf den Westfriesischen Inseln, vornehmlich der Insel Ameland, weist fünf Auffälligkeiten auf. 1. Seit den 1990er Jahren stagnieren die Besucherzahlen im gesamten Gebiet. 2. Die Quellenländer für den Tourismus in dieser Region sind fast ausschließlich die Niederlande und Deutschland. 3. Familien und Paare (Doppelverdiener) dominieren die Besuchergruppen, während Singles kaum erfasst werden konnten. 4. Die Hauptaufenthaltsdauer der Gäste beträgt 14 Tage in der Hauptsaison (Familien). 5. Vor- und Nachsaison werden stark von Paaren im 40-50+-Bereich frequentiert. Ziele zur Weiterentwicklung des Tourismus in dieser Region sind neben der stärkeren Streuung der Quellgebiete die größere Transparenz über die ansässige Mentalität (Gastfreundlichkeit usw.) und die Verbesserung der Kooperation zwischen den Niederlanden und den potenziellen Quellenländern.

Tourism on the West Frisian Islands – development, goals, further action required

The development of tourism on the West Frisian Islands, and particularly on Ameland, is marked by five distinctive features: 1) since the 1990s visitor numbers to the entire area have stagnated; 2) visitors to this region come almost exclusively from the Netherlands and from Germany; 3) there is a preponderance of families and couples (double earners), with lone travellers hardly figuring in the statistics; 4) the most common length of stay for holidays in high season (for families) is 14 days; 5) in the low-season periods (pre and post) the region draws significant numbers of couples aged 40 to 50 and above. The goals for the continued development of tourism in this region include not only attracting visitors from a more diverse geographical area, but also communicating with greater transparency the qualities to be encountered in the region (e.g. hospitality, etc.) and improving co-operation between the Netherlands and potential source countries for visitors.

Rainer Helle

Tourismusstrategie 2006 des Landes Schleswig-Holstein

Die schleswig-holsteinische Landesregierung hat im November 2006 auf Basis eines externen Gutachtens und in enger Abstimmung mit den wichtigsten Tourismusakteuren eine neue Tourismusstrategie beschlossen. Ziel ist es, den Tourismus in Schleswig-Holstein wieder auf einen Wachstumspfad zurückzuführen und Schleswig-Holstein als modernes Urlaubsland mit eindeutigem Profil und eindeutigen Werten zu positionieren. Im Fokus steht eine Strategie des Qualitätstourismus, die sich auf drei Zielgruppen konzentriert, die ökonomisch am interessantesten sind und deren Werteprofile mit denen Schleswig-Holsteins am meisten übereinstimmen. Für eine erfolgreiche Umsetzung ist ein systematisches Umsetzungsmanagement etabliert worden, das für eine Konzentration aller Ressourcen auf die neue Strategie sorgen soll. Die Umsetzung erfolgt schwerpunktmäßig durch Leitprojekte, die besonders gut geeignet sind, die neue Strategie umzusetzen.

Schleswig-Holstein's 2006 strategy for tourism

In November 2006, the state government of Schleswig-Holstein adopted a new strategy for tourism which was both based on an external report and developed in close collaboration with key actors in the tourism sector. The aim of this strategy is to return tourism in Schleswig-Holstein to growth, and to position the state of Schleswig-Holstein as a modern destination for holidaymakers with a distinct profile and clearly recognisable values. The focus of the strategy is on high-quality tourism, concentrating on the three target groups which are deemed to be most interesting in economic terms and whose values profiles chime best with Schleswig-Holstein's own values. In order to facilitate successful implementation, a management structure has been put in place dedicated to systematic implementation and to ensuring that all available resources are concentrated on the new strategy. Implementation is oriented around a number of distinct focal points of the strategy and takes place through flagship projects which are particularly suited to implementing the new strategy.

Frank Liebrenz

Die Integration des Tourismus in die Landes- und Regionalplanung Schleswig-Holsteins

Mit der Aufstellung des Landesentwicklungsplanes Schleswig-Holstein, der den Landesraumordnungsplan 1998 ersetzen soll, sollen auch die Ziele und Grundsätze im Bereich des Tourismus den veränderten Rahmenbedingungen und Herausforderungen angepasst werden. Neben einer Straffung und Bündelung der Aussagen in einem Fachkapitel soll dies u. a. durch die Neuausrichtung der Raumkategorien erreicht werden. Darüber hinaus soll eine Neujustierung der im Grundsatz bewährten und zum Teil bereits praktizierten raumordnerischen Instrumente und Regelungen zur Steuerung von größeren tourismusbezogenen Bauvorhaben im Rahmen der Siedlungs- und Freiraumentwicklung stattfinden. Schließlich soll neben der Integration des Küstenmeeres in die übergeordnete Raumstruktur die integrierte Küstenzonenentwicklung als gesondertes Querschnittsthema aufgegriffen werden. Das Integrierte Küstenzonenmanagement soll hierbei als Handlungsrahmen für die Entwicklung eines nachhaltigen Tourismus im Küstenraum fungieren. Hierzu werden neben den bestehenden Ansätzen auch einige Handlungserfordernisse aufgezeigt.

The integration of tourism within state-level and regional planning in Schleswig-Holstein

One purpose in framing the new State Development Plan for Schleswig-Holstein, which supersedes the 1998 state-level spatial order plan, is to adapt aims and principles in the field of tourism to changed circumstances and challenges which now have to be faced. In addition to condensing and concentrating the content of the plan in one technical chapter, this adaptation also involves a reorientation of spatial categories. It also provides for a readjustment of what are essentially established – and in many cases already utilised – spatial-planning instruments and regulations to steer large-scale, tourism-related construction projects within the context of settlement and open-space development. Finally, in addition to integrating the coastal waters within the superordinate spatial structure, the plan addresses the issue of integrated coastal-zone development as a distinct over-arching topic. In this connection, the concept of integrated coastal-zone management is drawn upon to define the scope for action towards developing sustainable tourism in the coastal area. As well as discussing a number of approaches already being practised, the author also outlines various areas where action is still required.

Hiltrud Péron, Rainer Kottkamp, Theodor Stenert

Die Integration des Tourismus in die Landes- und Regionalplanung in Niedersachsen

Für eine zukunftsfähige Weiterentwicklung sowohl des Tourismus als auch u. a. der maritimen Wirtschaft ist es bedeutsam, vorausschauend Nutzungskonkurrenzen funktional zu entflechten und Synergien zu nutzen. Als übergeordnete und moderierende Disziplin ist hier wesentlich die Landes- und Regionalplanung gefordert. Aktuell ist die Landesraumordnung durch eine grundlegende Neuordnung geprägt. Diese formuliert u. a. zur Umsetzung der Raumordnungsziele für den Tourismus eine größere Verantwortung für die regionale und die kommunale Planungsebene. Neben den verbindlichen

Gestaltungsmöglichkeiten auf der Ebene des Regionalplans gewinnen folglich informelle, grenzübergreifende Entwicklungskonzepte sowie die Förderung regionaler Kooperationen und Netzwerke mit entsprechender Verbindlichkeit an Bedeutung. Eine stärkere Vernetzung der Landes- und Regionalplanung sowie der touristischen Masterpläne kann hier Synergien bieten.

Die Landesraumordnung misst künftig einer übergeordneten Betrachtung der Nutzungen im Küstenraum (IKZM, RROK) eine zunehmende Bedeutung bei. Dies ermöglicht die Chance einer effizienten Vernetzung der Planungsinstrumente (z. B. der Raumbeobachtung) und einer erweiterten Steuerungsfunktion und -wahrnehmung.

The integration of tourism within state-level and regional planning in Lower-Saxony

Safeguarding the continued and sustainable development both of tourism and of the maritime economy entails a forward-looking perspective to disentangle in functional terms the various types of competition over use and to exploit synergies. This task falls essentially to state-level and regional planning as the superordinate and moderating discipline within spatial planning. State-level comprehensive and superordinate spatial planning has recently been fundamentally reconstituted. It now endows the regional and municipal tiers of planning with significantly more responsibility for the implementation of spatial-order objectives related to tourism. In addition to providing binding guidance on the content of the regional plan, it also – and with the same binding force – elevates the importance of informal, cross-border development strategies and of promoting regional partnerships and networks. Here strengthening the connections between state-level and regional planning and masterplans for tourism can offer synergies.

In future state-level spatial-order policy will attach increasing importance to a more comprehensive view of land use in coastal areas (integrated coastal-zone management; regional spatial-order strategies). This provides an opportunity for planning instruments to be combined more efficiently (e.g. spatial observation), and thus to enhance their steering function and awareness of this function.

Carola Schmidt

Die Integration des Tourismus in die Landes- und Regionalplanung Mecklenburg-Vorpommerns

Die Tourismuswirtschaft Mecklenburg-Vorpommerns war nach dem gesellschaftlichen Umbruch 1989 einem grundlegenden Wandel unterworfen, was vielschichtige Konsequenzen für die Raumnutzung hatte. Insgesamt konnte die Raumordnung für tourismusrelevante Planungen und Maßnahmen eine hohe Steuerungswirkung entfalten. Dazu haben insbesondere die Aufgabenteilung zwischen der Landes- und der Regionalebene, eine Konzentration auf die Rahmensetzung ohne Überregulierung, die Durchführung von Raumordnungsverfahren und von landesplanerischen Abstimmungen zur raumverträglichen Ausgestaltung von Planungen und Maßnahmen sowie moderierende Plangespräche beigetragen. Raumordnung kann vor allem dann Tourismusentwicklungen unterstützen und steuern, wenn konkreter Raum in Anspruch genommen wird.

The integration of tourism within state-level and regional planning in Mecklenburg-Western Pomerania

Following the societal upheavals of 1989 in Germany, the tourism economy of Mecklenburg-Western Pomerania underwent a period of drastic change which had quite

■ Kurzfassungen / Abstracts

complex consequences for spatial order and land use. Taken overall, spatial planning has been able to evolve to become highly effective in steering development in respect of tourism-related plans and measures. Important contributory factors were the division of responsibilities between the state-wide and the regional levels, a concentration on setting frameworks without excessive regulation, the use of spatial-order procedures and co-ordination procedures at the state-planning level on the spatial impact of the content of plans and measures, as well as the moderating role adopted in discussions on plans. Comprehensive spatial planning is particularly capable of supporting and steering tourism-related development when concrete proposals for land use are being considered.